わが心の愛するもの

藤井 武記念講演集Ⅰ

佐藤全弘

YOBEL,Inc.

命ある限り
藤井 武先生の信仰に思いをはせ
その思想を伝える場を
備えてくださった
中山博一先生の
主と恩師への愛に
満腔の感謝をもって
本書を献げます

はしがき

ここに提供する二冊の書物は、今ではきわめて珍しい、一人の人物を記念して行われた二十年にもわたる年一回の講演十七篇と、その人の二人の友人の人物記を併せて、計十九篇を二冊に編んだものです。

その一人の人物とは、今では知る人も少なくなった藤井 武であります。藤井武といっても、今ではもう書店に新本として並んでいるその著作は一つもありません。

しかし、藤井武の全集は、昭和年間に、日本のプロテスタント伝道者の中で、一番早く十二冊の全集として、岩波書店から刊行されたのでした。一九三〇年七月十四日、四十二歳でのその没後、矢内原忠雄と塚本虎二の編集によってでした。一九三一年二月に配本を始め、翌一九三二年一月に全巻完了したのでした。（塚本は刊行途中で編者を辞しましたが。）

これは藤井武の信仰の師である内村鑑三の全集二十巻の完結（一九三三年）よりずっと早かったのです。しかも藤井武全集は、戦争中一九三八年十月から一九四〇年六月まで第二次の配本が、戦後一九七一年五月から一九七二年二月までに第三次が、同じ岩波書店から全十巻で刊行されました。

藤井武は、弟子は極めて少なく、集会も殆んど自宅二階一室に入る人数だけ、しかも集会時刻も厳格に守られ、定刻には玄関の戸は施錠される習わしで、遅刻した集会員は、夏二階の窓が開いているなら庭の木に登り、枝に腰かけ、窓から洩れ聞こえてくる声を聴き取ることもあったということです。

また藤井武についての研究も、ほとんど世に出ません。私の二著、『藤井武研究』（一九七九年）と『藤井武の結婚観』（一九八八年）がキリスト教図書出版社から出ているのみです。

今ここに、全十九篇の藤井武記念の小文を世に出すのも、後世の読者に意味があると信じるからです。

これらの講演は、九と十以外は、皆十月一日に近い日曜日に、名古屋で開かれた「藤井 武記念講演会」で述べられたものです。主催者は中山博一《ひろいち》先生です。中山先生は藤井武が内村鑑三から独立した一九二〇年六月当時から、藤井の集会の会員でした。藤井武の死とは内村が死んだ一九三〇年二月二十八日の四か月後の七月十四日ですが、藤井は妻喬子《のぶ》の命日の十月一日を「私の日」にしてほしいと書き遺していたからです。

さらに、一九〇〇年二月二十四日生まれの中山先生は、東京帝大農学部林学科卒業で、一九二七年三月には、藤井武の一九二二年十月一日に召された喬子夫人の一番下の妹西永常子と結婚されました。従って中山先生は藤井武の義弟に当ります。

西永家の兄弟姉妹は少くなかったのですが、皆若くして命を失いました。金沢の武家の出ということを考えますと、太い柱、頑丈な木組、大きな広間、永い冬に備えた外気の入りにくい、日光も当り少ない、こもり切った屋敷は、健康によろしくなく、殊に肺炎や結核を惹し易い環境です。私は金沢の藤井邸というより浅村邸跡（藤井は養子に入った家名）を訪ねました。戦災で焼けて昔の邸は一つもなく、旧浅村邸跡には、ちゃんとした家が何軒も並び建っていました。

中山常子夫人はここを出て、表日本の明るく暖かい地へ嫁がれたので、長寿を与えられたと言ってまちがいありません。博一先生が林学を専攻されたのも、先生自身だけでなく夫人の健康にもプラスに働いたと思います。共に百歳近い天寿に恵まれたのも、天の配剤というほかありません。

中山博一先生が長寿を恵まれたればこそ、私は二十年に及ぶ藤井武記念講演を行うこともできたのでした。それでも先生は、一九九六年七月から十月まで入院され、十月に中山聖書研究会は解放され、後継集会として「ちとせのいわ聖書研究会」が発足し、この講演を二〇〇八年まで主催したのでした。

私が名古屋の「藤井武記念講演」に初めて招かれたのは、一九八四年十月のことで、九二年以後二〇〇八年まで同講演を十七年つづけることになったのは、まさに中山先生の御厚意によることでした。一九九八年四月七日先生のご召天後も、十年名古屋へ赴いています。

中山先生の御導きは、今このはしがきを書きつつも、はっきりと心に憶えるものです。とくに、先生はご自身の信仰誌の短文中で、「藤井の信仰を知る人は少ない。あるいはその真価を伝えうる人は日本人ではなく、外国人であるのかも知れない」とまでお書きになっておられたのを、私の講演を聴かれたのち、お便りをくださり、「信仰誌に〝藤井武を知るはあるいは外国人か〟という主旨の文を書きましたが、あなたの御講演を聴いて、それを取り消すこととしましたからご諒解ください」との有難い御言葉をくださいました。

先生の御信頼にこたえて、本書（I）を先生にお献げいたしたく存じます。

二〇一九年八月一日

佐藤全弘

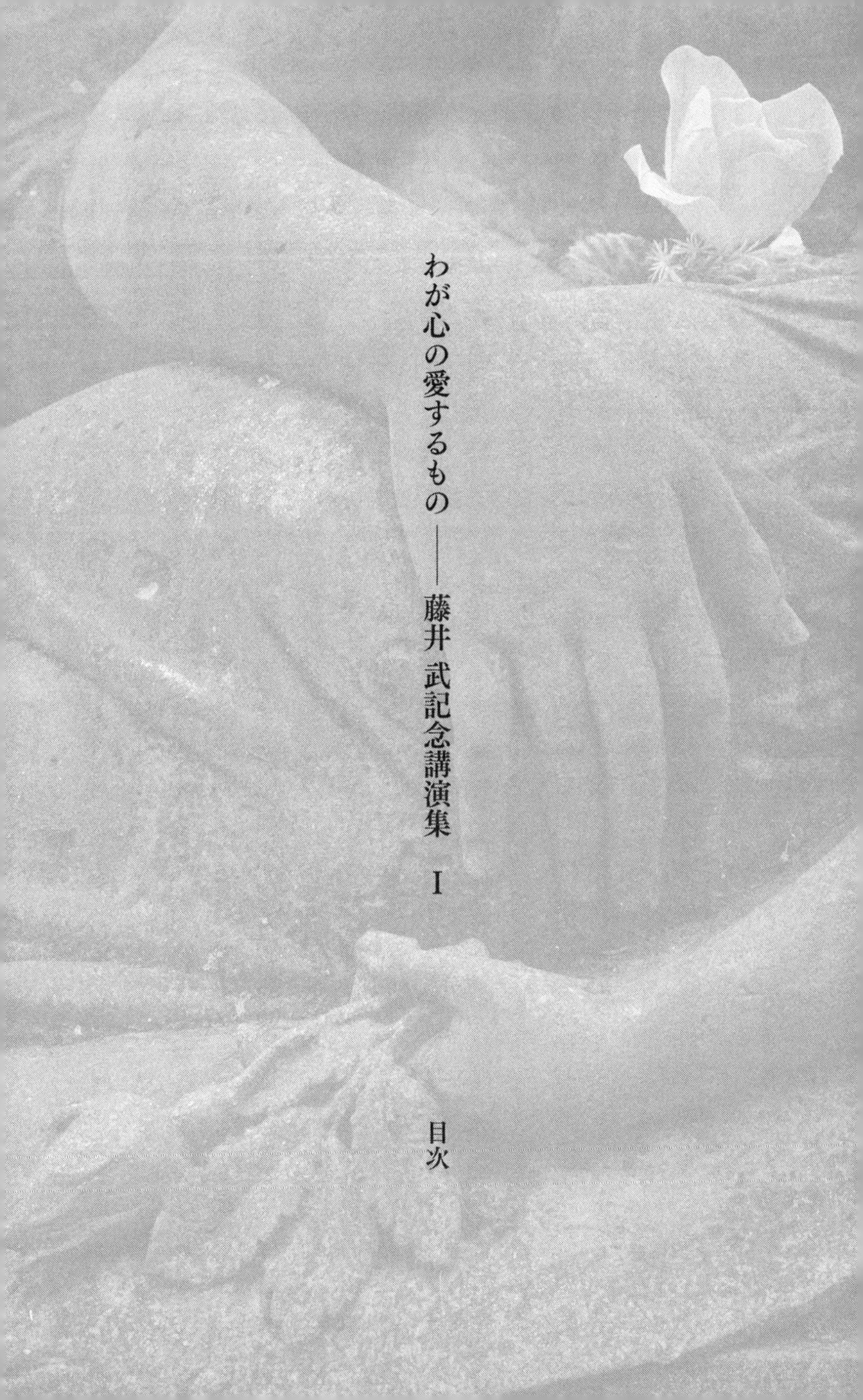

わが心の愛するもの——藤井 武記念講演集 I

目次

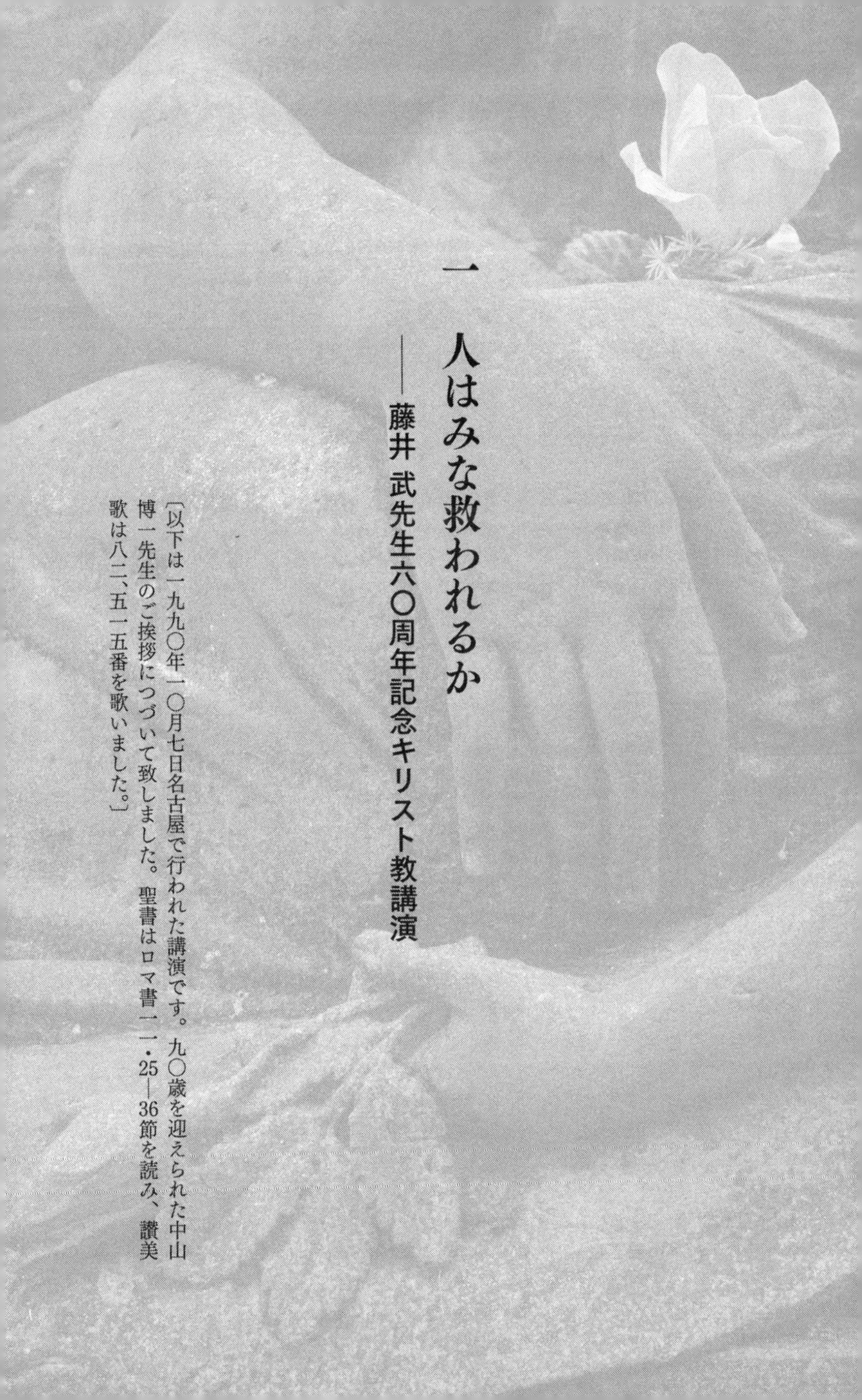

一 人はみな救われるか

——藤井 武先生六〇周年記念キリスト教講演

〔以下は一九九〇年一〇月七日名古屋で行われた講演です。九〇歳を迎えられた中山博一先生のご挨拶につづいて致しました。聖書はロマ書一一・25—36節を読み、讃美歌は八二、五一五番を歌いました。〕

中山博一先生が九〇歳をこえてなお矍鑠《かくしゃく》として、福音の為お働きくださっていることを、心から感謝いたします。私の名古屋での藤井先生記念講演はこれで三度目です。一九八四年には来世信仰のことを、一九八八年には患難の意味を話しました。八八年には三月の内村先生記念にも参り、「希望のありか」と題して話しました。

今日は表題の問題について、資料を用意して、藤井、内村、黒崎の三先生とジョン・ベイリーの考えを学んでみたく思います。

一 藤井 武

藤井先生（一八八八―一九三〇）がこのテーマで書かれたのは、一九二五年八月の「人は悉く救はれる乎」（全集第三巻483―498頁）です。藤井先生は何事についても確信をもって確言される方ですけれど、この問題については疑問を残しておられます。とても重大な問題ですので、他の三人の方の考えをも見てみることにしました。

藤井先生は、最後にとり上げますベイリーと同じく、イギリスの神学者J・H・レッキーの『来世と終局の運命』(Leckie, The World to come and Final Destiny, 1918) によって論じられておられます。レッキーによると、この問題には次の三説があります。

(一) 万人救済説 (Universal Salvation)
(二) 絶滅説 (Annihilation、条件的不滅説 Conditional Immortality ともいう)
(三) 永久刑罰説 (Eternal Punishment)

(一) は神の愛と善は悪よりも強いと信じ、それゆえすべての悪は遂には善に化せられ、全人類はことごとく神に帰る、という考えです。オリゲネス、エックハルト、ベンゲルなど古今の十二人の学者、それにテニソン、ブラウニング、ホイットマンの三詩人など計十七人の支持者があげられています。

(二) は、神に背く者は存在の理由がない、ゆえに遂には全く絶滅して虚無に帰すると信じます。ただキリストを信じれば不滅に与ることができるが、死後の救いにも洩れた者は絶滅のほかはないという考えです。これには殉教者ユスチヌス、イレナエウス、リッチュル、ベルクソンなど古今十四人がかぞえられています。

(三) は道徳的責任の厳粛に立ち、神を斥ける者は地獄において永遠の苦痛を受ける、と考えます。

古代の教父テルトリアヌス、アウグスティヌス、中世の神学者トマス・アキナス、それに詩人ダンテの四人が挙げられています。アウグスティヌスは神の本質は善だと信じ、それゆえ悪の積極的存在を否定するのですが、その罪意識の深刻のゆえ、地獄と永遠の苦痛を信じるのです。トマスは刑罰を体的（火に苦しむ）、知的（過去の罪を悲しむ、他人の幸福を見て憂う）、霊的（悪のみを願い、神を恐れ憎む）の三種に分けて考えています。

これら三つの説についての藤井先生の考えは、まず聖書本文に照して支持し難いゆえ（二）を拒否します。

聖書は滅亡を語りはします。滅びに至る門は大きく、その道は広いとも（マタイ七・13）、神を認めずキリストの福音に従わぬ者は永遠の滅びに至る刑罰を受けるともいいます（Ⅱテサロニケ一・9）。また聖書は焼尽すと言います。聖霊と火のバプテスマを授けられてキリストは、打場をきよめ、麦は倉に納め、穀は消えない火で焼き捨てるとヨハネは言います（マタイ三・11以下）。収穫の日に毒麦は束にして焼かれます（同一三・30、50）。恵みに浴しつつなお罪を犯しつづける者には、審きと焼尽す火があるだけと警告します（ヘブル一〇・27）。

しかし聖書にいう滅亡とは、永遠の生命の反対、永遠に神と共に在る事の逆であり、永遠に神より離れた存在を指し、播く所は刈る所となるという道徳的秩序の厳粛を意味します。神を拒む者は苦痛を経験するであろうが、一様機械的絶滅にはほとんど道徳的意義はない、と藤井先生は判断されます。

では（一）の万人救済説はどうでしょうか。聖書にはこれを支持する個所があります。「主は……ひとりも滅びることがなく、すべての者が悔改めに至ることを望み、あなたがたに対してながく忍耐しておられる」（IIペテロ三・9）とあり、また「わたしがこの地から上げられる時には、すべての人をわたしのところに引きよせるであろう」（ヨハネ一二・32）とイエスは言われました。しかしこれらは悪人の滅亡と両立する、と藤井先生は考えられます。

但し、パウロがエペソ書一章一〇節、ピリピ書二章一〇節、コロサイ書一章二〇節でいうところの、天地万物がキリストを主と告白し、キリストによって神と和解し、キリストに帰一するとの思想は、斥けることができぬ、と考えられます。しかし藤井先生はこの万人救済説には反感を覚えられます。それは罪の重さについての適正感を欠いており、近代的・異教的色彩を帯びているからです。

「私の願望と合致するにかかはらず、その打消しがたき非キリスト教的色彩のゆゑに、私は之に対して明白なる反対を表明しておく。」（全集三巻495頁）

とあります。

最後の永久刑罰説には聖書の支持が到る所にあり、人生の道徳的経験にも確実な反響があるといわれます（マタイ二五・46参照）。

藤井先生の考えでは、刑罰の目的はそれ自体にあるのです。近代では治療とか救済に刑罰の目的を見ますが、もしそうなら永遠の刑罰とは神の失敗を意味します。刑罰は「自由意思の暴行に対する宇宙の秩序の必然的反動」であり、「あるまじき罪に対する神の道徳的整理」であって、これは神の為に必要なのです。

「私としては、この説の信仰的心調に十分の満足を感じながら、なほ之を自分の決定的意見として取上ぐるに躊躇する。……此問題についての聖書の啓示が未だ決定的のものと私にも見えないからである。」（全集三巻497頁）

このためらいの原因はパウロの万物キリスト帰一の言です。藤井先生はこの問題について、終始聖書に立ち、（二）を斥け、（一）に与せず、（三）に心ひかれつつも、なお決定を避けておられます。これは「暗示に適する真理」であろうと言われるのです。一種の判断中止です。

二　内村鑑三

これに対し内村先生（一八六一—一九三〇）は万人救済説で一貫されます。一九〇八年九月一七日に書かれ、翌年十一月「歓喜と希望」に収められた「戦場ケ原に友人と語る——神の無窮の愛について」はそれを述べたものです（『信仰著作全集』第五巻所収）。友人とは銀行員青木義雄です。澄み渡る秋空のもと、日光の高原に乱れ咲く秋草を目にしつつ杖を曳きながら語られたものです。

内村先生は言われます。

自分は早くより秘かにこの思いを抱いていた。余は余の信を悉くまだ聖書で説明できない。「万人救済は余一人の救済のために必要である。」福音は恐怖に訴えるのでなく、愛心に訴え、不信は神の歎きたもう所として伝道すべきである。「キリストの十字架によって、吾人にかかわるすべての呪詛《のろい》は取り除かれた。」神の方面では万人救済の道はすでに完成している、人は悔改めてそれを己がものとするのである。悔改めぬ者を神は永久に待ちたもう。神の歓喜が人の利益である。神の忍耐は無窮、永劫にいたるまで追いかけて救いたもう。伝道とは、美食を山と積みつつ食わぬ人に、資産の分配を受けていながらそれを知らずに貧に悩む人に、すでに救われてあることを伝えることである。キリストの贖罪は少数の善人をあがなう以上の力がある。「余は神の無限を、その能力《ちから》と知識と正義においてのみ見ない。またこれをその愛において認める。その慈悲と憐憫とにおいて認める。」

無限の神の愛は、万人をすでに救ってくださっている、との信仰です。内村先生はまず信じて、しかして聖書に聞いておられるのです。

次に万人救済が論じられるのは、一九〇九年七月に書かれ、やはり「歓喜と希望」に収められた「余の信仰の真髄——人類の普遍的救済」という文です。ここでも救いはすでに成れりとの考えが根底にあります。

神は愛である、神はキリストにあって世を救いたもうた——世とは人類全体のことである。余一人、少数の人たち、教会員だけではない。不信者も、キリストの名を聞かぬ者も、悪人をも救いたもうたのである。「世の罪を負う神の小羊」（ヨハネ一・29）なるキリストは、人類の代表として罰され、死に、復活されたのである。キリストはシナ人、朝鮮人、インド人、キリスト信者、仏教信者、回教信者、無神論者すべての人の罪を負われたのである。ゆえに伝道とは人を救う為ではない、人の力で救うのなら絶望である。伝道とは、神の側ではすでに成就された神との平和の宣伝である。すでに救われていることの承認である。救いは既成の事業である。「われらは楽戦もって、逃ぐる残余の敵を追いつくさんとする」のである。

この文から十七年後、一九二六年十二月の「再び万人救拯《きゅうじょう》説について」（『信仰著作全集』第一二巻所収）は、最も周到の議論です。

内村先生は言われます。教会史は少数救拯説を支え、聖書もそう言う――「招かれる者は多いが、選ばれる者は少い」（マタイ二二・14）とあり、「たとい、イスラエルの子らの数は浜の砂のようであっても、救われるのは、残された者だけであろう」（ロマ九・27）とある。万人救拯なら、努力もいらず、伝道も不要となり、道徳も崩れはすまいか、と思われる。

しかし聖書には万人救拯を支える所もある。「神は、すべての人が救われて、真理を悟るに至ることを望んでおられる。」（Iテモテ二・4）「アダムにあってすべての人が死んでいるのと同じように、キリストにあってすべての人が生かされる」（Iコリント一五・22）。「神はそのひとり子を賜わったほどに、この世を愛して下さった。それは御子を信じる者がひとりも滅びないで、永遠の命を得るためである。」（ヨハネ三・16）とあるその世とは、人類全体のことである。イスラエル人がかたくなになったのは、異邦人が全部救われる時までのことで、イスラエル人も全部救われる（ロマ一一・25以下）。神がエジプトを審きかついやされる日、万軍の主は祝福していわれる、「さいわいなるかな、わが民なるエジプト、わが手のわざなるアッスリヤ、わが嗣業なるイスラエル」と（イザヤ書一九・25）。神は全人類を己が民と見ておられるのである。

万人救拯は実験によっても支えられる。救われる者が少数なら、一体誰が救われるのか。教会員ならすべてか、どの教会でもよいのか、特定の教会か、……とつめてゆくと、ついには自分一人だけとなる。少数救拯は偏狭、排斥、宗教戦争に導く。救が業によらず恵に因るのなら、救われぬ罪人などあろうか。

万人救拯、少数救拯、両説ともに真理である。矛盾は救いの意味にある。救いを福祉に入ることと考えるのは自己中心的解釈であり、それでは万人救拯には不満となる。救いは自己より救われること、即ち自己に死ぬことと考えるべきである。自己に死ぬのは他を救わんが為である。神はこの世全体を愛し、我らをもって世を救う愛を表わされる。神が少数聖者を恵むために宇宙・人類を作られたとは、大異端である。「救うべき者の存する間は救いの聖業は終らない。」「万人救拯は神の愛の証明として有力である。よしや神の愛に狎れてこれを濫用する人ありとするも、（かかる人はたぶん少数ならん）、われらはこの高遠なる説を捨てることはできない。」

内村先生は、少数救済説の言分にも十分の配慮をしながら、神の愛のゆえに万人救済を信じられたのです。それは神学論とか教義ではなくて、信仰の実験によるものであったといえます。

三　黒崎幸吉

では藤井先生の一高時代からの親友であった黒崎先生（一八八六―一九七〇）はどう考えられたで

しょうか。黒崎先生はいわゆる二代目の方々の中で、唯一人神学教育を正式に（ドイツで）受けられた方ですから、この問題をきくにふさわしく思います。

黒崎先生が一九二九年のコリント前後書から、一九五〇年のルカ伝にいたるまで、全十巻、二十一年をかけて完成された『註解新約聖書』は、その信仰の純粋、その学問的厳密、その平明懇切な叙述、その中正周到な釈義で、今なお多くの信徒教職に益を与えており、韓国語にも訳されています。

その『ロマ書』（一九三四年）十一章三二―三六節（全人類の救と神の知識）の要義一「万人救済説について」がまず参考になります。黒崎先生は言われます。聖書から全人類救済は必ずとは断定できぬ。但し神は一人の滅びをも望まず（Ⅰテモテ二・4）、悔改を望んで忍びたもう（Ⅱペテロ三・9）。それゆえ、キリスト以前の死者、福音に接しなかった人々、不信の人たちにも手をのべつつあると信じられる。それは明白な啓示によるのではない。しかし信仰なし、従順なしには救いに与ることはできぬ。人間の自由意志を圧迫せぬゆえ、万人必ず救われるとは断言できぬ。けれども神は万能であるゆえ、遂には何らかの途により、万人を憐みの中へ収めたもうと考えることができる。

同じ『註解新約聖書』の『黙示録』（一九三五年）二十章一一―一五節（全人類の審判）の要義五「再び万人救済説について」は、ロマ書注解を補うものと考えられます。ここでの説明はこうです。この個所は最後の審判において、死者がことごとく復活して、キリストの審きを受けるところであり、一見万人救済を破壊するかに思われるが、そうではない。火の池に投げ入れられるのは復活した死者ではなくて、死と陰府である。ゆえに審判必ずしも火の池投入ではない。また「生命の書」はあっても「死の書」はない。したがって、あくまで救いの希望を捨てさせないように、との神の配慮がここに見られる。

いま一つは、以上二つの注解より先に書かれた「福音は不信の死者に及ぶ」（一九三一年九月）という文です（『続・黒崎幸吉著作集』第三巻99―106頁所収）。そこでの説明はこうです。万人救済説への反対根拠は三つある。

（一）聖書に「信ぜぬ者は審かれる」と明記してある。
（二）予定の教理に反する。
（三）伝道の意味が失われ、教会は存立理由がなくなる。

予定の教理に立っても（三）の結果が出てくる、しかも予定の教理には問題点が多くあるゆえ、結局（一）だけが残ることとなる。

神が叛逆をそのまま許されることはない。しかし現世での不信者が死後信じることは不可能であろうか。この点でも考えは三つに分れる。

（一）生きている時しか信仰できない。
（二）死後も信仰可能。
（イ）更に信・不信に分れる
（ロ）万人救済

聖書には（一）が多いが、それだけでは不十分である。キリストを知らなかった先祖や嬰児はどうなるのか、聖書は語っていない。

しかし（二）を暗示する句は聖書にある。ヨハネ福音書五章二五節に「死んだ人たちが、神の声を聞く時が来る」とあり、第一ペテロ書四章六節には「死人にさえ福音が宣べ伝えられたのは……」とあり、さらに同三章一九節には、キリストが「獄に捕われている霊どものところに下って行き、宣べ伝えることをされた」とあって、その霊どもとは、ノアの箱舟建造中に神の警告を聞き従わなかった人たちだと例示されている。

ところがこの個所を、正統信仰は詭弁をもって説明し去ろうとする。「そして霊においてキリストは、捕らわれていた霊たちのところへ行って宣教されました」（新共同訳。協会訳は傍点の句を欠く）とある霊においては受肉以前のキリストで、ノアに説かせたのだとか（アウグスティヌス）、霊においては霊を受けた使徒たちのことで、捕われている霊どもとは不信者ユダヤ人および異邦人のことだとか（グロティウス）、その霊どもはアブラハム以下の旧約の聖徒だとか（テルトリアヌス、カルヴァン）、いや堕落天使のことだとか（スピッタ）、キリストが下って行ったのは墓にある間だけだったとか（現代注解家）言う。

しかし素朴に聖書をよめば、復活後キリストが、不信のまま死んだ者、先祖や嬰児たちのところへ行き、宣教されたとしか読みようがない。私たちは死者のためばかりでなく迫害者のためにも「赦したまえ」と祈ることができる。聖書には矛盾と見える所は少くないが、矛盾を取り去れば生命は失われる。

黒崎先生の意見をまとめてみれば、万人救済の可能性は有るが、断定することはできない、ただそうであるように願うばかりである、ということになります。

四 ジョン・ベイリー

最後に学びたいと思う人は、スコットランドのエディンバラ大学神学教授でニュー・カレッジの校長、世界教会会議の議長の一人でもあり、とくに素晴しい日々の祈りの本である『朝の祈り夜の祈り』（日本基督教団出版局）で世界のキリスト信徒に知られている、私も大好きなジョン・ベイリー（一八八六―一九六〇）です。永生の希望を論じた著作『そして限りなき命を』（And the Life Everlasting, 1934）は、今日でも英語で書かれたこの問題についての最良の神学書の一つです。ベイリーはこの本を、ニューヨークのユニオン神学校教授時代、最愛の母の死の翌年に世に送りました。その本は母に献げられています。その第七章「永生の本性」の第六節は「永生にあずかるのは少数か全員か」（Eternal Life for Some or for All）と題して万人救済の問題を論じています。そしてベイリーも、藤井先生と同じくレッキーの本によって論を進めているのが好都合です。ベイリーはレッキーの本を「三つの説を英語で論じた最高決定版」と称してもいます。

ベイリーはまず永久刑罰説を斥けます。これは不信の魂は恵から離れて永続すると見るもので、ゲヘナ、ハデス、地獄の思想であり、古くはプラトンの『法律』にも見られる。審判に際して各魂は神からその場を与えられるが、不義の魂は深淵に落とされる、とプラトンは論じている（九〇四以下）。しかしこれは分配の正義あるいは応報の正義であって、報復の気にみちている。キリスト教にもこの地獄観が入ったのは、迫害時代に書かれた著述の影響である（例えば新約偽典のペテロの黙示録や、テルトリアヌス、アウグスティヌスの著作）。けれども、応報を宇宙・精神界の最高法則とするのは正しくない。キリスト教の真理は罪の赦しに基く高次の正義である。そこでは善は悪に勝ち、悪を消し去るのであって、善因善果悪因悪果という単なる公平配分の正義を超える。マタイ福音書二十章一―一六節の「葡萄園の労働者の喩」にあるように、恵みの絶対性にあっては後の者が先になることもある。

永久刑罰説は善悪を同列において対立させている。それは刑罰を目的としており、マニ教的である。アウグスティヌスは「正しく罰せられた罪は悪ではなく善である」というが、賛同できない。それでは、法律が厳正に守られているからといって、刑務所が空《から》の国と、市民の半分が刑務所に入っている国とが同様に理想国だということになる。永久刑罰説はキリスト教に反する、というのです。

次にベイリーは絶滅説を批判します。これは神との交りを許された者のみが永生を受け、他は絶滅すると考えるが、人間は万人ことごとく神の似像である。その似像の痕跡すら失せた魂など、はたして存在するだろうか。希望の可能性さえ無くなった人などあろうか。神の愛がもはや働きえぬ者などいようか。イエスご自身、信仰の種を、むしろ罪人の中に（即ち万人の中に）見られたではないか。ユダヤ社会で爪はじきされ、軽蔑されていた税吏マタイやザアカイ、娼婦マグダラのマリアの中に、神の子の光を認められたではないか。ベイリーはこう問うて絶滅説を否定します。

そこで万人救済説こそがキリスト教的と考えられます。現世で神を知らなかった者も、死後その備えの時を与えられ、遂にはすべての魂が悔改めて、その使命・運命を実現して救われる。但し、悔改めの必要を割引かぬことと、罪と妥協せぬことに心しなければならぬ、とベイリーは述べています。

五　結び

以上の学びをふまえて、もう一度藤井先生の考えを検討してみますと、まずその刑罰観に問題があります。近代の法思想では刑罰の意義は社会秩序維持とか、応報とか、犯罪の予防とかではなくて、矯正と教育におきます。ところが藤井先生は刑罰それ自体を目的と考えられました。問題は実に法律上の罪ではなく、神と人に対する罪です。もしその罪に相応する罰を神が下されるのなら、人は誰一人救われません。そこでその罪の重さと神の義と愛をあらわし、似像としての人間を救うため、神はその独り子を人の形をとって世に下らされたのです。そしてキリストの十字架によって、私たちは赦された罪人として、義とされるのです。私たちが義ではありません。一方的恩恵にのみよるのです。そこには道徳以上の法、世の正義を超える正義、バランス以上の神の愛が現れています。福音はまさにそれであります。藤井先生も十字架の意味を知られなかったわけではありませんが、その厳格な道徳心、法的思考が、この点の理解をあるいは妨げたのでありましょう。

次に聖書の語句解釈の問題があります。藤井先生が永久刑罰説を支持する聖句としてあげられるマタイ福音書二五章四六節を考えてみましょう。いと小さい者の一人に尽すべき義務を果さなかった人たちについて、「彼らは永遠の刑罰をうけ、正しい者は永遠の生命に入るであろう」とイエスは言われます。ここで刑罰と訳されているギリシャ語はコラシス（kolasis）です。新約聖書で刑罰と訳されている語の元の意味をさぐるには、黒崎先生の『新約聖書語句索引（和希）』によるのが一番です。それによりますと〔（ ）内は回数〕

dikē（三）判決執行（IIテサロニケ一・9、ユダ7）

ekdikēsis（一）報復刑（ルカ二一・22）

kolasis（一）矯正の目的の刑罰（マタイ二五・46）

krisis（一）審くこと（マタイ二三・33）

とあり、このコラシスは懲しめという意味で、コラゾー（kolazō）という動詞（切って短くする、剪定する、抑制する）から出ています。植木の剪定は気ままな枝を落し、姿をととのえ、結実を促すためのもので、罰そのものが目的ではありません。コラシスは応報・報復ではなくて、矯正・懲戒・治療の意味です。少くとも苦痛を伴う永久の刑罰の意味はありません。

聖書にはもう一つ timōria（ヘブル一〇・29）も刑罰と訳されますが、これは代価、復讐を意味する timē から来た語で、ティメーとコラシスの区別はギリシャ思想で一貫して明らかです。アリストテレスも『修辞学』（I・10）で、コラシスは受ける人の為、ティメーは課する人の為のものと言っていますし、プラトンも「プロタゴラス」（三二四B）で、悪事を行った者をその事の故のみでコラゾーはしない、それは不当な復讐である。コラゾーするのは二度と不正を行わないようにするためだ、と言っています。永久刑罰説は妥当性をもたないことが、この面でも知られるのです。

最後に万人救済説について、補いとなる観点を三つ申しのべたく思います。

第一は、神は王でありかつ愛する父であるということです。キリストの父なる神は愛にして義なる神です。罪と不義を見すごしにされることはなく、どこまでも追求してやまれませんが、それは人間が真人間となる事を求めておられるからです。義の貫徹、義の勝利を求められつつも、神にはつねに愛の悲しみが伴うのです。激しい怒りと激しい愛、神の内にはこの分裂があります。十字架はそのために立てられたのでした。シナイ山へ登ったモーセが山を下るのが遅いので、民がアロンに金の牛を造らせ拝したとき、神はその民を滅し尽す決心をされたのでしたが、モーセの取りなしで思い直されたのでした（出エジプト記三二・1―14）。旧約以来、神はつねに無限の愛をその民に注いでこられました。万人が救われるまで、神の御心は痛みつづけるのです。このことを忘れることはできません。

第二に、神の恵みは現世を超えるということです。神にあっては千年も一日のごとくであり、神には私たちのいう時間上の区別は当てはまりません。神の恵みの働きを、たかだか八十年にすぎない現世の生のみに限ることは正しいでしょうか。それは神の無限の愛に人間の思いはからいで枠をはめることではないでしょうか。死後にはもはや恵みはないのでしょうか。キリスト以前の人類、とりわけ真の神に接する機会のなかった圧倒的に多数の人類には、神の恵みは及ばないというのは、はたして全地、全宇宙の創造主である神の愛にふさわしいことでしょうか。キリストの名を知らなかった異教の聖人は、はたして滅びに定められているのでしょうか。法然や親鸞には天国の門は未来永久に閉されているのでしょうか。バルト主義を奉じながら戦争中は日本キリスト教を叫び、日本刀を腰にして宮城前や吉野の後醍醐天皇陵にぬかづいた牧師が、戦後書いたものの中に、カントもソクラテスも、孔子も釈迦も地獄の入口行きにした個所がありましたが、そのような偏狭、独善は、「異邦人を照す啓示の光」（ルカ二・32）であるキリストの心を、正しく表わしているのでしょうか。

無教会とクエーカーは、真の神は全人類の神であり、全地すべての民に神に至る道備えとして、それぞれの宗教に一つの光を与えられたと信じます。旧約の日本の存在を信じます。西洋キリスト教の真理独占的独善に対し、広やかな神の配慮を信じます。その信仰もまさに、神の恵みは過去にも未来にも働くのでなければ、成り立ちません。

もちろん神は未来をも支配しておられます。罪に対する懲しめは死後も厳然として存在します。しかしそれは報復や復讐ではなくて、深き愛から出る神の訓練です。このことも忘れてはならぬと思います。

第三に、万人救済説のみが、自然の救済をも含む、完全な統一的宇宙像を与えるということです。いま人類全体にのしかかっている最大問題は、自然環境の破壊です。そのこと自体、まぎれもなく人類の罪の現われです。人間の飽くなき強欲のため、山は荒れ、樹々は伐り倒され、川は涸れ、湖も海も濁り、大気すらその組成を変え、気候さえ変り、花も虫も鳥も獣も死に絶えんとし、魚の背は曲り、神が創造の各日ごとに良しと見られた御手の業は、ことごとく破壊されようとし、それが人間自身にもさまざまの苦しみとなって現われているのです。自然を傷めつけて少しも意に介しない人々は、己が同胞であり等しく神の似像である人々をもしいたげ、搾取して、その欲を遂げようとするのです。今耳をすませば、生きとし生けるものの嘆き、山川草木の悲しい呻きが、私たちにきこえてくるはずです。食物がなく、飲水さえなく、栄養不良・衛生不備のため、毎分三十人ずつ死んでゆく途上国の乳幼児たちの涙の光が、その母親たちの号泣が、私たちの心に突きささるはずです。

自然は滅びを脱して救いに入ることを首を長くし、爪先立って待望しています。パウロがロマ書八章一八―二五節に聖霊の示しを受けて記した自然の呻き、宇宙救済の希望は、人間の救済なくしては実現されません。人間の罪が真正面から見すえられ、それが完全に処分されて、人間が悔い改め、創造の御業の完成に共に力をいたすのでなくては、全地の嘆きは解消しません。このことは万人救済を意味します。創造の冠、神の似像である人間が滅びに委ねられたままで、宇宙の救いは成るべくもありません。神の無限の愛はひとり人間だけでなく、宇宙万物全体を包むのです。universal salvation というユニヴァーサルは、全宇宙を包む救いという意味にとるべき時が来ていると思います。

「人はみな救われるか」というテーマのもとに、藤井先生はじめ信頼すべき先達の考えをたどってまいりました。藤井先生が判断中止をされた理由が、この問題の重要性にあり、また聖書解釈の多様性にあったことも理解できました。聖書は生命の書なるがゆえに矛盾が多い、と黒崎先生は言われます。聖書は一なる天地創造の神の御旨を記した書です。しかしまたそれは人の手に成り、その時代思想の中で、時代・民族の言葉で記されたことも確かです。そこに、内村先生が終生主張された「神の三様の顕示」——すなわち聖書と天然と歴史——のもつ意味が、この万人救済いな全宇宙救済の問題についても、重要性を増してくると考えます。聖書に示された神の真理は、人類の罪と誤りの歴史を通し、その罪に呻く天然のすがたによって、一そう明らかに現われてくるのです。

イエスがオリブ山上で弟子たちに告げられた終末の預言の、「この御国の福音は、すべての民に対してあかしするために、全世界に宣べ伝えられるであろう。そしてそれから最後が来るのである。」（マタイ二四・14）という言葉は、今こそ事実となりました。聖書を知らない人も、聖書の教えに背を向けている人も、キリストの福音に逆い、神の無限の愛を拒み続ける結果が何であるかということは、自然の崩壊のすがたと社会退廃の現実によって、眼前につきつけられているのです。福音はじつにその倒逆形において、人間と自然のいとなみの全体に、いやおうなく示されているのです。呻きつつある自然に、嘆きつつある人々の叫びに、限りなき愛の神の痛みを知らされずにはいないのです。

藤井先生は六十年前、四十二歳の若さで天に召されました。今の長寿日本からすれば短いその生涯において、藤井先生は神のみをおそれ、御旨に従いぬかれました。そして、聖書にもとづく比いない歴史哲学と、直接啓示による独特の結婚観を、愛する日本の同胞に示されました。私たちは今なおそれらから多くを学びます。

さらに、藤井先生は内村門下にあって、最も深く神学研究・教理研究に関心を寄せ、その著述にも、多面的かつ統一的な体系的思考をつねに心がけておられました。『羔の婚姻』と『聖書より見たる日本』と『歴史的に跡づけたる聖書神学』の三著（その一と三はついに未完に終る）に盛られた真理と美が、どのように渾然一体をなしているかは、ひもとく人誰しもがおぼえるところです。

しかし、藤井先生の生涯も研究も、その半途で打ち切られたのでした。神がもう二十年の命をゆるされなかったことは、まことに惜しまれてなりません。しかし藤井先生の存在はその死をもって終ったのではありません。全宇宙救済からいえば、藤井先生に今なお神の愛キリストの恵みは注がれつづけているのです。藤井先生は今なお精進をつづけ、研究を深めておられましょう。私たちはそう信じます。

そうして万物復興のかの日、藤井先生が待望された羔の婚姻の成る日、到来した新天新地において、もし赦されれば私たちは先生とも親しく相まみえて、今日ここで申し述べたことがらについても考えを交わし、相共に神ご自身から真理の全き解明をしていただけることを、何よりの楽しみと思います。

日本に先生を遣したもうた神に心から感謝を捧げます。

■【『永遠の日本』編集言（岩島 公）】藤井 武先生六〇周年記念キリスト教講演としての佐藤全弘先生の

「人はみな救われるか」を本誌に掲載できたことを光栄とします。これは藤井先生の一九二五（大正14）年八月の「人は悉く救はれる乎」の吟味に出発、さらに内村先生、黒崎先生、ジョン・ベイリーの三人の説を合わせ考えた貴重文献。藤井先生は決定されていませんが、本文全体としては万人救済説に向かって統一されており、しかも、そのことは、本誌124号に掲げた佐藤先生の「三位一体の信仰と内村鑑三」と深くかかわるもので、神による宇宙の完成には、万人救済はその中に包まれなければならぬと私も思います。

年老いてにぶいわたしの頭では、くり返し三度読んで、やっとわかりました。本文にかぎらず、本当に分かるためには、二、三回くり返しお読みください。けれども、本誌の文章のむずかしい方は、『おばへの手紙』だけでも、本当に信じて分かればよいのです。そこに必ず、平安と喜びがあるのだから。

二　日本のゆくえ――「亡びよ」ふたたび

（一九九二年十月十一日名古屋での藤井 武記念講演）

1目もはゆるコスモス、菊、ダリヤ
くまどるはうす紫の桔梗、
めづらし、薔薇《バラ》の小花《をばな》さへ添ひ、
4きよき者の門出に栄《は》えあれと、
その面《かほ》おほひに胸かざりに
秋は自然の誇りをつくした。　（一—六行）

藤井 武先生があの『羔の婚姻』（第一歌　コスモス）をこの心にしみる言葉で歌い出されてから、今年で六十九年になります。今日も机上にコスモスが美しく飾られています。藤井先生は「旧約と新約」誌の一九二三年四月号からこの長詩の筆を起され、召される月の一九三〇年七月号まで歌いつづけられ、この詩は完成することなく終りました。

藤井先生は自分を記念する日は十月一日であってほしい、と言っておられました。秋、十月、野も山も美しいこの時に、藤井先生を思い、喬子夫人を偲び、先生の愛された日本のゆくえを憂うることは、まことに意義深く思います。ことに藤井先生の直弟子で卒寿をこえてなお伝道しておられる、中山博一先生のお招きで、先生ご夫妻とともに藤井先生を記念できますことを、心から嬉しく思います。

一

今日は、今読んで頂きましたイザヤ書五章八節以下をふまえ、藤井先生がこの個所について、日本への憂いをこめて語っておられるところに従い、また『羔の婚姻』で憤りをこめしかし希望をひめて歌っておられる篇に学びながら、お話ししてみたく存じます。

イザヤ書五章はイザヤの初期の預言に属します。紀元前八世紀後半南ユダ王国の貴族出の預言者イザヤが、ユダ国について預言したものです。この預言が告げられた前七一〇年ごろ、北イスラエル王国はすでに滅んでいました。しかしユダ国の運命も風前の灯であり、前七〇一年にはアッシリアの大軍がユダ国全土を侵し、都エルサレムも包囲され、奇蹟的出来事により辛くも助かったのでした。

しかしユダ国は当時その周りの小国と比べては国威が振っていました。沙漠地帯の農業開発をしたりして富裕となり、周りの国々も貢をもってきました。開発の資金は金持が出しますから、新たに加わる国富は彼ら金持のものとなり、国は富みつつ貧富の差がひどくなってきていました。

イザヤはこの現状を眼にし、国の上層部、社会の中心にいる人々の道徳が退廃し、生活が乱れ切っていることを憤り、必ず神の審きが至ることを神から示されて、五章の「葡萄園の歌」をよんだのでした。——その中でも八節以下は「わざわいなるかな」が六つ続いています。

八節から十節は、金持が土地を買い集め、貧者のことを思わず、そのため審きをうけて、家は荒れ畑は不作となることが告げられています。十一節から十七節は上層階級の逸楽、怠惰、酔酒、宴楽が描かれ、それに対する厳しい審きが示されています。その審きの中には、すでに北王国で起ったこと、やがて百二十年後に南王国でも実現する恐るべき亡国の出来事が語られています。十八節では神を嘲る大胆不敵な罪の常習犯のことがうたわれ、二十節では善悪転倒が極に達し、嘘と欺きと悪が栄え、正義がほとんど失われてしまう状況が示され、二十一節では支配層、知識層が己れを賢しとして、思いのままに誤った方向に国を導いてゆく傲慢が描かれ、二十二、二十三節は司法の腐敗が言及されています。悪者を裁けず賄賂を取って法を曲げ腐敗は徹底するに至り、二十四節からはいよいよ神が地震を起こし、外敵を招き寄せて、その愛する民の罪を審かれる様が、ありありと告げられています。

このイザヤの預言は、今から二千七百年も昔に発せられたものですが、私たちにはイザヤは現代日本の様子を眼にして預言したかと思われるのです。それも当然であります——神ご自身は当時も今も少しも変られません。義にして聖、少しの曲ったことをも汚れをも許されません。と同時に、すべての人をこよなく憐んでくださるお方です。五章十三節に「それゆえ、わが民は無知のために、とりこにせられ、その尊き者は飢えて死に」とあります。当然受くべき審きによって滅びに陥った者をも、神は「わが民」と呼ばれるのです。そこに神の義と愛、人間に寄せられる深い期待と歎きが表れています。

この神の御心は、藤井先生が「亡びよ」という詩に書き遺された思いと同じであります。そのことをまず心に留めたく思います。

二

藤井 武全集の第二巻に「預言研究」が収められ、その中に『聖書より見たる日本』も入っています。そこに「日本に対する神の審判――イザヤ書第五章による」という一九二六年十一月発表の文があります。そこで藤井先生は「審判は蹂《ふ》みにじられたる愛の怒である、裏切られたる信頼の呻きである」（Ⅱ・594頁）と述べておられます。神はその民を愛すればこそ、信頼すればこそ審きを下されるのです。つづいて五章八節以下について「野葡萄の数種の見本」の題でこうあります。

「貪婪《どんらん》と肉慾、資本主義と享楽主義。この二つの罪悪について基督者《キリスト》は今少しく敏感であらねばならぬ。神が万人をして自由に享受せしむべく水、空気、日光などと共に与へし土地を少数者が独占して、貧しき隣人の苦痛を顧みざるその罪！　神の栄光を挙ぐるために造られし身を逸楽にわたしてただ己を悦ばせ、彼の聖業を思はざるその罪！　いづれも赦しがたき公道の汚辱である。之らの罪より必然もろもろの宗教的並に道徳的意識の混乱敗壊が生れる。」（596頁）

イザヤも藤井先生もまず取り上げられるのは土地の独占です。この問題は日本にとってまさに深刻です。この狭い、しかも七〇％は山地の国土に、一億二千万人が住んでいるのです。しかし日本の宅地は現在一四二万ha、うち住宅は一〇九万ha、個人土地所有者数は一七九六万人、所有者一人当りでは六〇六㎡（約一八〇坪）となります。今日ご出席の皆様も一八〇坪の宅地にお住みの方は少くありましょう。国民の住宅事情はまことに劣悪です。政府の土地政策は永く皆無にひとしく、そのために不動産会社が買いしめ、転がし、値をつり上げ、国民は一生働きに働いても猫の額ほどの土地がなかなか手に入らない。借金して入手すれば、一生何分の一かは銀行の奴隷同様という現状です。

ユダヤの場合の土地兼併〔兼併：他人の土地・財産を奪い自分のものとすること。〕は、律法に背くことでした。レビ記二十五章二十三節以下に土地売買は禁じられています。かりに売る場合は近親者が買い、遺族が大きくなれば売り戻す。そうゆかぬときも五十年目のヨベルの年となると、元の持主に優先的に戻す、と規定されていました。この律法がイザヤの時代には全く蹂みにじられていたのです。律法無視は社会結合の唯一の紐帯を断ち切ることであり、律法を与えられた神をないがしろにすることであり、国民同士の信頼が消滅することです。貧富の差は増大し、人々は冷酷となり、怨みは増し、亡国へひた走るのです。

藤井先生も大正・昭和の日本を同じような状況にあると判断しておられました。関東大震災に当って発表された「大いなるバビロンは倒れたり」（一九二三年十月）で、先生は国民に痛切な警告を発しておられます。

「危きは基礎なき建築である。信仰と道徳との根柢の上に立たざる浮薄きはまる文明である。禍ひなるは霊に飢ゑて肉に肥ゆる国民である。神を畏れずして自由を追求し、飽くなき享楽にふける叛逆の民である。」（同616頁）

日本国民は大震災によって神の一大審判を受けたことを告げ、ふりかえってこう言われます。

「明治大正の日本は、小ざかしき叛逆者、道徳的脊椎骨を有せざる憐むべき軟体動物の集団と化した。その新文明は盛装したる死屍に過ぎない。外は美しく見えて内は悪臭に充ちるのである。」（同616頁）

ついで日本のいろんな領域に厳しい眼を向けられます。

第一は政治です。

「見よ、その政治を。自己又は自党の勢力扶植のほかに何があるか。正義と公道とはわが日本の政治の何処に之を認めうるか。」（同616頁）

戦前の日本ではたとえ信仰誌でも直接政治を論じるには相当の懸念がいりました。内容によっては発売禁止処分を受ける惧れがありました。植村正久の「福音新報」は韓国併合のときもその他のときも何度も発売禁止処分をうけました。ですから藤井先生がここに、日本の敗壊の真先に政治を取り上げられたのは、まことに勇気あることでした。

『羔の婚姻』中篇第三十二歌「幻滅」は、この個所に相当します（一九二八年十一月）。その四十三から六十三行までが政治批判です。

43その廟堂に立ちその議壇に
つどふ輩《やから》は何の変化《へんげ》ぞ、

素より人と見んよしもなく。
46鼻うごめかしいとも穢き
利権を嗅ぎてあさるは野犬《のいぬ》か、
または友たち顔をあはせて
49互に欺きあふは狸か、
または小暗き地盤に腹ばひ
一歩も離れあたはぬは蛇か。
52魔のわざありて、爵位を黄金《かね》に
鉄道を釣針《はり》に彼らは代へ
国民をおのが食ひものに代へる。　（四三―五四行）

これは旧貴族制度の下で授爵・昇爵（これは天皇の権限に属する）を金銭獲得の種に政治家がし、また勲章授与にからんで賄賂をとり、さらに北海道でも東京でも大阪でも鉄道乗入れなどにからんで収賄事件が起ったことを指しています。明治の十年代から汚職は日本の政治家につきものでした。それは明治を通じて変らず、大正時代も依然として同じく、戦前にも戦後にも少しも改まらず、今も全く同じ醜さであることは国民周知のことです。

55党利のまへには何の恥をか
　かれらは知らう、政権のためには
　舌つづみして糞尿をも飲む。
58一握りの蝗豆《いなごまめ》ゆゑに
　身を売り、売りてはまたも盗み
　盗みてまた売る彼らを見て
61遊廓《くるわ》にまろぶ妓《をんな》も赧《あか》らみ
　街衢《ちまた》にまじはる犬も侮り
　大野に寝がへる軍閥も笑ふ。　（五五―六三行）

　昭和三年当時東京には約二万五千人の売春婦がいました。しかし彼女達は貧しい農村や下町の出で、親の借金や弟妹の生活を助けるために、犠牲になって苦界に身を落した憐れな女性たちでした。永井荷風が『濹東綺談《ぼくとうきだん》』にかいているように、当時魔窟に身を沈めた女性たちの心は、やむなく汚れた世すぎはしていても、まことに純で美しい者が少くありませんでした。遊女のほうが、金をやり取りして私腹を肥やす政治家よりましだ、と藤井先生も言われるのです。大野に寝がへる軍閥とは、中国の軍閥です。当時中国は統一国家とは名ばかりで、各地に軍閥が割拠し、互いに組んでは戦い、戦っては裏切る有様で、日本はこの軍閥勢力の対立を利用して、大陸へ勢力扶植《ふしょく》をはかっていたのでした。

昭和三年藤井先生がかく政治家を痛打されてから六十余年、日本の政治はますます暗黒の淵に沈んでいます。イギリスの新聞が金丸事件を報道した見出しに「金丸は犯罪は引合うことを証明する」(Kanamaru proves that crime pays.) とあります。まさに国辱ものです。日本の政治家は船でも、砂利でも、軍艦でも、勲章でも、情報でも、道路でも、鉄道でも、何でも収賄の種にする手品師ですが、昭和初年当時さすがに暴力団との結託はありませんでした。今も日本の政治家は（とくに保守党）、大事な話はいつも料亭でする悪習があります。かつては待合政治といっていました。真面目な話のしにくい雰囲気の中でいつもやりとりをする政治家が、リクルート、共和、佐川急便とひきもきらぬ汚職にまみれるのは理の当然です。自らの政治理想もなく、世界人類に奉仕する抱負もなく、せいぜい自己中心を一歩も離れぬ資産大国、生活大国どまりです。生活は今以上贅沢にする必要はありません、資産を増やすことなどいりません。南の国々、途上国のことを考えてごらんなさい。生活大国など千両箱を抱えた屍体にすぎません。

三

その次に藤井先生が批判されるのは実業界です。これは詩の方にはありません。「見よ、その実業を。虚偽と利慾とが怪物のごとくにはびこる浅ましくも浅ましき日本の実業。」（II・616）

日本の企業でも公益企業でまことに健全な経営につとめ、国民への奉仕をモットーにしている企業があることは知っています。ガスでも電気でも電鉄でも、あるいは食器製造でも、一つの仕事を守って、ノレンを大事にして、自分の仕事の分限を守っている企業がないではありません。しかし、多くの日本の企業は一体何をしているのか判らぬ有様です。スーパーマーケットの会社でも、鉄道会社でも、百貨店でも、系列会社二百社以上を異常増殖させて、健全なバックボーンを欠いて軟体動物と化している実状です。そのことは企業の精神を腐敗させ、企業家を傲慢にさせます。今や日本は経済大国で貿易黒字は世界一です。アメリカのプロ野球団でも映画会社でも、フランスのお城でも、そのお金で買えぬものはありません。東京都の土地全部を買う金で、アメリカ全土が買えるといいます。このまま進めば、日本の企業は地球全部を買える金を貯めるかもしれません。

しかし、真面目に働いている労働者は、豊かになっているでしょうか。もちろん、汽車の屋根にのって煤でまっ黒な顔をしながら、買出し芋で露命をつないだ戦後すぐと比べれば、生活は楽になっています。米は余って作るなという時代です。国民の多くは栄養の摂り過ぎで痩せるのに懸命、エステティックサロンが大はやりです。しかし本当に豊かになったでしょうか。将来に何の心配もない生活を心満ちて送っているでしょうか。家は兎小舎といわれ、過労死の幻影におびえ、収入はローンに剥ぎ取られている始末ではないですか。

物の方はしかしまだしも、心の方となるともっと貧しいのです。少しも豊かではありません。日々本当に良かった、有難かった、生き甲斐があったと思って暮している人が何人ありましょう。羨みと不平と悔やみの毎日ではないでしょうか。本当に心楽しいことがあるでしょうか。テレビを見て楽しいでしょうか。脳味噌がカスカスになるだけではありませんか。リゾート法はバブル経済崩壊のおかげで、その悪効果は今のところ一頓挫ですが、余暇というとゴルフ、ヨット、ボードセーリング、温泉行というのでは、心満ちはしないでしょう。それらの遊びもまた大きくは企業利益の中に算入されているのではありますまいか。

重ねていいますなら、日本の豊かさは企業にあって国民にはないのです。資産大国・生活大国の声に踊らされて、これまでより少しく多く遊び、少しく贅沢をしても、それは真の豊かさではありません。日本はそんな方向で豊かになってはなりません。もし大国にしたいなら、正義大国、道義大国とせねばなりません。その国民が「暮しは質素に理想は高く」、その社会は弱者へのいたわりを旨とし、その企業は利益を労働者と社会に還元していたずらな拡大をはからず、その青年は世界への奉仕を目標として自己形成に励み、その政治家はつねに地球全体人類全体の運命に心して己が歩みを定め、その教育は地球人としての高遠普遍の理想を目ざして行われ、物足り、心足り、世界平和の先頭に立ち、苦難をすすんで負う国民の満ちあふれる国——そんな国にこそこの日本をせねばなりません。

日本の政治家に、日本の企業に、このような理想を掲げ、それに尽してやまぬ人が思い当らぬのは、まことに残念であります。藤井先生が言われるとおりです。実業界も政治家と一体になって、この国を今日まで誤った滅びの道へかりたてて来たのでした。

藤井先生が「虚偽と利慾とが怪物のごとくにはびこる浅ましくも浅ましき日本の実業」と慨嘆されたのは当然でした。そんな実業（じつは虚業）が永久に栄えるためしはありません。それでは天地の公道にそむきます。

大阪のイトマンという百二十年も続いた会社も、虚偽と利欲のためにとうとう潰れました。経営不振のため銀行の援助を受けたところ、社長はじめ中枢人事を握られ、銀行は貸した金の取立てのためイトマンの本来の業務以外に手を出させ、儲かることなら何でもさせる。土地投機からゴルフ場、はては怪しげな外国人と組んで偽者絵画の取引——これでは潰れて当然です。

もっと以前に倒れた商社に安宅産業があります。カナダでの天然ガス開発の口車にのって倒れたのですが、それだけではありません。近ごろ耳にしたところでは、この社の最高幹部は東京新橋にサウナ料亭を経営していました。自分が東京でサウナに入りたいからというのです。そこでの会食の席で客が外車を買いたいというと、夜十時でもその席へ販売担当者を呼びつけて説明させていたといいます。この傲りと昂ぶりは企業モラルの崩壊をあざやかに示しています。社員の方には気の毒ですが、潰れなくては嘘であったでしょう。

しかし、虚偽と利欲の為倒れた企業は、ある意味で審きを受けているのです。そして天下にその恥をさらしています。それはまだしも償いをしたともいえます。じつは潰れていない企業の中に最も悪質なものがあるのです。

昨一九九一年十二月七日の朝日新聞夕刊のコラムにあった記事です。それは西武のことです。西武の創業者は滋賀県近江商人出の堤康次郎で、この人は大正時代から衆議院議員となり、追放解除後一九五三年には衆院議長となり、翌年院内に初めて警官隊を導入して会期延長を行い、国会空前の大乱闘事件をひき起した立役者です。鉄道会社を中心に不動産、百貨店、スーパーその他多方面に手を拡げ成功しました。一九六四年四月二十六日に死んで鎌倉霊園に葬られました。その墓所はグラウンドより広い広場に鐘楼とお堂に宿泊所があり、墓碑銘は池田勇人の筆、相模湾を見渡す一等地です。

この墓に北は北海道から南は九州まで、西武系の各社中堅社員が毎日二名ずつお参りに来るというのです。夕方五時に着き、六時に鐘を鳴らして参り、泊った翌朝は五時に起き、掃除をし、六時に鐘を鳴らしてお参りして帰るのです。交通費と夕食代・朝食代は出す、参る日は禁酒禁煙です。息子は命日と元日の二回だけヘリコプターで来るだけ。元日は幹部社員六百人が集って、日出と共に墓参をするため、準備係は大晦日に来て大テントを張る。六百人は元日の午前三時に池袋駅に集合、もちろん前日から駅近くに宿泊。墓参した社員は「心が洗われた」とか「会長の偉大さを感じた」とか言っているといいます。

これは一体何でしょうか。こんな無茶なことをさせている企業は日本にも世界にも空前絶後です。天皇さえそんなことは今の憲法下できません。驚くべき傲慢、恐るべき精神的奴隷制です。こんな魂の拘束は、企業が行ってよい活動の範囲をはみでています。このような偶像崇拝はまさに憲法違反です。藤井先生が今の世に居られれば、これをどう言われるでしょうか。あに西武のみならんやでしょうけれど、傲りと卑屈もここに至って極ったと言うほかありません。

四

次に藤井先生のあげておられるのは文芸です。ひろげて言えば出版界です。「見よ、その文芸を。穢いかな、腐爛したる肉の匂ひ紛紛。」（Ⅱ・616）とあり、『羔の婚姻』では「幻滅」の八十五から百五行までにあります。

85 披《ひら》きて日毎の新聞紙を見よ、
何の報知か、カード大の文字
綴るは至上の形容詞にして。
88 売薬のさけびもそのまへには
つつましきささやきかと聞くまでに
盛んなるかな、読みものの宣伝。
91 この不思議なる国のならひに、
書《ふみ》は真理のゆゑもて読まれず、
ひとへに市の評判によるとは！　（八五―九三行）

昭和のはじめ、出版界は円本流行時代でした。ふつうの三冊分を一冊に収めて、一円均一で数十巻の全集が次々と企画され、各社が競合いました。一九二六年十二月から始まった改造社の「現代日本文学全集」、翌年五月からの新潮社の「世界文学全集」、同六月からの春陽堂の「明治大正文学全集」など、どれも新聞一ページ大の広告をかかげ、仁丹以上の売込合戦を演じました。

94 ああ目しひたる日本の読書子、
なんぢらパンと石さへ別たぬか、
触《さは》らずとても知るべきものを。
97 ああ口黄《き》なる乳児《ちのみご》よ、はた
重症患者の蒼白き群よ、
流動食ならで摂りもあへず。
100 たまたま真理の砕片《かけ》に触るるや
唾《つば》して吐きすて、顰《ひそ》みつついふ、

「あまりに固い、あまりに渋い!」
103 嗚呼《ああ》憾《うら》むらくは、青春の日本
はや痴呆を病む。前途は暗い。
その日は既に計られてある。　（九四―一〇五行）

現在日本は世界の大出版国の一つとなっています。一番多いのは旧ソ連でしたが、今は少し減ったでしょう。次にアメリカ、中国、日本はその次です。昨年一年に出た単行本は四万点、九億冊、売上げはほぼ一兆円、雑誌は三十一億部です。一兆円は三百兆以上のGNPと比べれば大したことはありませんが、一人年八千円、月七百円です。これに雑誌の分が加わりますから月千五百円くらいになりましょう。それが流動食でも身につき心を休めるものならよいのですが、情ないことに、害になるものが少くないのです。

ついで藤井先生の指弾されるのは教育界です。「見よ、その教育を。珍しいかな、標本棚上アルコール漬けの道徳！」（Ⅱ・616）これは教育勅語のことを言っておられるのです。

戦争に負けたおかげで、教育勅語を覚えさせられなくてよくなりはしました。では本当の人間教育が行われているかというと、そうではありません。学歴偏重、知育偏重、受験競争、自己一身の出世以上のことを学校教育から学ばない、そして落ちこぼれ、いじめ、登校拒否、中途退学の増加、学習塾の盛行です。子供は外で遊ばず、甘いもの、柔らかいものばかり食べるので、長い美しい顔にはなっても歯も弱く、骨も折れ易い、肥満児、糖尿児の増加というふうに、身体的にも劣ってきています。学校教育を終えるまでに、人類のそして日本人の文化の粋を、その真理を、身にしみて学んでいるかというと、まことにお寒い状況です。

こうして日本の各界は、藤井先生在世当時も今も、暗黒の中にあります。神を畏れる心はさらさらありません。それについて藤井先生はこう言っておられます。

「国民の凡てが霊的白痴である。彼等は旧時代の低級なる道徳観念をすら失ひつくして、代るべきものは一つも之を握らず、洒然として野獣のごとく本能の奴隷となりすましてゐる。彼等はよく踊り、よく饒舌《しゃべ》り、よく儲ける。而して彼等の脳中に正義をおもふ念ひはない。彼等の眼前に神をおそるる畏れは毛頭ない。」（Ⅱ・616）

そして罪を罪とも思わないその浅ましい姿を、『羔の婚姻』「幻滅」の百六行以下にこう詠んでおられます。

106 明治、大正、半世紀あまり
　議会に、銀行に、はた大学に、
　キネマに、ラジオに、はたスポーツに
109 いみじくもなんぢ受入れしかな、
　西の国土に咲きみだれたる
　色さまざまの文明の花を。
112 ひとり怪しむ、天よりの啓示

永遠《とこしえ》の生命《いのち》のおとづれのみ
拒みてこれをうけぬは何ぞや。
115ああわが若き日本の友らよ、
なんぢらの胸に悩みはないか、
罪のもだえの涙はないか。
118オリブの山のみねよりひびく
人の子の声になんぢら泣かぬか、
イエスの笛になんぢら躍らぬか。
121もしくはおほむねなんぢらのうち
一たび十字架のもとに来り
聖名《みな》を唱へぬもの少《すくな》しとせば
124何ゆゑ安き値のゆゑに
また踵をあげ、彼を売るか、
ああ背教者ども、ユダの裔《すゑ》よ。　（一〇六—一二四行）

藤井先生は、内村先生のもとに集ってきた学生たちが、学窓を出ると福音を忘れはて、自己一身の出世のみに走る情ない姿を、何人も眼にしておられたのでした。

是しも私の国である乎、
　この詛はれたる暗黒の国、
　この望みなき死のかげの国。
いと高き者への叛逆ゆゑ
　受けし印《しるし》の緋の大文字は
　見よ、その額《ひたい》に痣《あざ》のごとく。
かつは人の恥づるところさへ
　宇宙の見証人《ものみびと》らのまへに
　うち曝《さら》されて憚りもない。　（一二七―一三五行）

姦淫を犯した者は真赤なAの文字を額に（ホーソンの作品では胸に）捺されて、審きの座に据えられるのです。その罪をおかした醜い体を、すみずみまで全世界にさらけ出されて隠しようもないのです。これについては二つのことを話したく思います。

五

世界の指弾を受け、国民の恥この上もない二つのことの一つは、満蒙開拓義勇軍の訓練所の後身について、昨年十二月五日の朝日新聞夕刊に出た記事です。

茨城県東茨城郡内原町に、日本農業実践学園という学校があります。これがあの内原訓練所のあとなのです。内原訓練所の所長は加藤完治で、この人と藤井先生は関係があったのでした。

藤井先生は大学を出て官吏の道をえらび、京都府から山形県へと奉職されましたが、山形県時代に、デンマークの国起しの計画に範をとり、日本の農村青年のモーラル・バックボーンを鍛えて、国の柱石となる人材を育てようと、国民高等学校の構想を立てられました。しかし自身は召命に従い内村先生の助手となるため、山形県自治講習所の所長には東大農学部出の加藤完治を推されたのでした。加藤は藤井先生より四歳年上の一八八四年生れ、藤井と同じ金沢の第四高等学校出、一高時代の矢内原忠雄とも交わりがあった人です。一九一五年に所長になった加藤は、のち一九二六年に茨城県に日本国民高等学校が設立されるとその校長となりました。その学校へは内村先生も視察に訪れて、好感を受けておられます。この学校こそ内原訓練所の前身なのです。

加藤完治は四高時代に洗礼を受けキリスト者となっていましたが、のち筧《かけい》克彦東大教授の影響でキリスト教を棄てて日本精神（国家神道）にかわりました。熱烈なカリスマ性のある精神主義者で、内原訓練所で多くの青年を鍛えました。内原からは一九三八年から四五年まで八年間に、八万六五三〇人が満州へ送り出され、そのうち約二万人が死んだといわれます。

加藤は戦後も一九六七年に八十三歳の天寿を全うしましたが、一貫して侵略戦争を弁護し、他民族を蔑視し、少しも悔改めることがありませんでした。開拓団が開拓とは名ばかりで、先に耕して畑を開いていた満州人・中国人・朝鮮人を武力威圧で追出し、その畑を横取りしたことにも、全く反省をしませんでした。

朝日新聞の記事の見出しはこうです。「青年協力隊の志望者／皇国教育の学校で研修／五年前から二十一人／研修生が実情訴え／外電は批判記事／神社に参拝・弥栄を三唱・教育勅語教える」——内原の日本農業実践学園には百五十人の園生がいますが、昨年度は九人の協力隊志望者が一年間野菜栽培研修をうけていました。学園の日課は、朝礼、君が代斉唱、二礼二拝、弥栄《いやさか》三唱で始まります。校歌は「皇国《すめらみくに》の若人は農《みたから》の道にいそしまん」「御稜威《みいつ》輝く大君の弥栄《いやさか》叫ぶわが胸の」と加藤完治作詞の皇室崇拝の歌が十番までつづきます。月に一度は神社参拝、加藤完治の三男弥進彦学園長が教育勅語を読むのです。彼の言として「教育勅語は古今に通じて誤りなき内容だ」「父は土地のない農民のために満州開拓を進めた。……侵略的植民をしたことはない。大部分の人たちは歓迎してくれたし、満州の発展に寄与したと思う。」とあります。これはどちらも大嘘です。

昨年十月末埼玉県で開かれたある国際交流フォーラムで、元協力隊員の一人が右の事情を発言し、外電もこれを報道したのでした。外務省の役人は例のごとく「純然たる技術教育を委託しているつもりだ」「皇国教育も研修生に強制しているわけではないと思う。」と言いのがれをしています。文部省と農林水産省からは一人月二～三・五万円の委託料が支払われているのです。

あれだけの偽りと害悪と犠牲を国の内外にもたらしたことを、少しも反省せぬ愚昧傲慢の姿が、「宇宙の見証人《ものみびと》らのまへに、うち曝《さら》されて憚りもない」有様です。

日本人が本当に国家の悪、国民の偽りと強欲を悔い改めなければ、アジアの人たちは神に代って審きの叫びを続けることでしょう。

いま一つは従軍慰安婦問題です。今日持参した『ああ、従軍慰安婦』（日本ＹＷＣＡ人権を考える委員会発行、一九九一年十月）というパンフレットには、自ら九百五十人も狩り出して送りこんだ当事者の告白もあり、また長野県松代の大本営用の地下壕工事に強制連行された朝鮮人の人たちや日本人労務者のための慰安所の現状写真ものっています。

それらの資料をふまえて、社会党の本岡昭次と革新系の竹村泰子の両議員が、一九九一年四月一日、参議院予算委員会で海部内閣の閣僚に質問している速記録も収められています。

この質問に先立つ九〇年十月十七日、韓国教会女性連合会（七団体）、韓国女性団体連合（二四団体）

ほか六団体が連名で、海部首相宛に公開書簡を送り、六項目を要求しています。その六項目とは、

一、従軍慰安婦連行の事実を認めること。
二、公式謝罪。
三、蛮行の全てを自ら明かにする。
四、犠牲者のため慰霊碑を建てる。
五、生存者と遺族に補償する。
六、歴史教育の中でこの事実を語り続ける。

ですが、これに対しては今もって梨のつぶてです。内閣も代りました。

参議院での質問に答えているのは、労働省職業安定局長某ですが、本岡議員に対し「朝鮮人従軍慰安婦について調査を行うべく努力をいたしましたが、その経緯等全く状況はつかめず手がかりがない」と言っています。さらに本岡議員が「特高月報」複製版を示して、内務省警保局保安課の極秘であるが、ここに強制連行が全部人数を示してあると問いつめますと、別の政府委員が、それは複製版でその製作事情も明かでなく、原本は知らないので確認はできないと逃げます。本岡議員は国立公文書館に原本がある旨指示していいます。要するに事実を認めたくないのです。

竹村議員の松代大本営工事についての質問にも政府委員は、「米軍の空襲に対処するためというふうに言われておりますが、その内容にも事実記載がない」と白を切るのです。

大軍の移動には売春婦の随行は東西ともつきもので、ナポレオンのロシア侵入時にも多勢馬車で連れてゆきました。しかし日本が人さらい同然に強制連行して、知らぬ顔をしているこの醜悪な非良心的態度は、天人ともに赦さぬことです。強制連行七十万人、慰安婦二万人の血と涙と呻きは、新たな審きとなって日本を打たずには正義は立たないのです。

六

アジアの各地から、日本の軍国主義がおかした極悪非道な行為をきびしく咎める叫びと呻きは、年ごとに高まってきています。個人の罪はその人の死と共に追究は終りますが、国家の生命は永いのですから、その続くかぎり罪のつぐないと責任の告白は行わねばなりません。それを怠るとき、国家・民族の罪は積もりつもって天にまで至り、しいたげられた人々の呻きは御座のもとに達して、恐るべき審きが降り注ぐことになるのです。

藤井先生は明治から昭和初期への日本の歩みを顧みて、そこに滅びへの足音をはっきり聴き取り、亡国の預言を明瞭に告げておられました。イザヤ書五章をふまえて書かれた文章の中に、有名な次の文があります。

「神一たび旗をたてて遠き国を招きたまふとき、飛行機と戦闘艦とは地の極より空をおほひ水を蔽うて来り、以て天佑を誇る我らの国の光輝ある歴史に最初の汚点を印するのでもあるまい乎。これ敵の強きが故ではない。神の手加はるが故である。……恐るべきは米国の太平洋艦隊ではない。その盛なる空軍ではない、ただ神である。神の信頼を裏切るところ、神の愛を蹂みにぢるところに、必ず大なる審判はある。」（Ⅱ・601以下）

これは一九二六年に書かれたものですが、二十年のちに文字どおり実現しました。もちろんアメリカとて正義ばかりの国ではありません。英仏も同様です。今年はコロンブス五百年でいろんな行事がありますが、白人がアメリカ大陸の住民をどんなにしいたげたか、土地を奪い、獣や鳥を殺し尽し、したい放題の限りを行ってきたかも問われています。西洋人のおもむくところ必ず侵略があり、文化の破壊があり、民の歎きと生物の絶滅がありました。従ってアメリカは決して神の国ではありません。しかし、神は罪の国アッシリアを用いてユダの罪をとがめられたように、不義のみちる国アメリカを使って愛する日本を審き、亡国の鞭を加え、悔い改めを促されたのでした。

日本はこの神の審きに一たびは畏れおののきました。しかし四十七年、国民の勤勉と大軍備を持たなかったゆえに、日本は富み栄えるに至りました。けれども、現状が今日お伝えした様に、傲りと無責任と不正の泥沼である以上、神もし日本を見捨てられないとすれば、再び大いなる審きを降さずにはおられないでしょう。その審きが何であるか、私たちには今確かめるすべはありません。

藤井先生は、すでに明治の末年から端を発していた日米の摩擦、とりわけ軍備拡張と人種問題・経済問題がいつかは対決に至ることを見抜いておられました。しかし今日本は外国と戦《いくさ》を構えることはありません。日本を攻めて占領しようという国は世界のどこにもありません。戦争による亡国は再びありますまい。核戦争の脅威もソ連の解体で消えようとしているくらいですから。

しかし戦争さえなければ国は亡びないと考えるのは大間違いです。戦争なしでの亡国はさらに深刻、さらに酷烈です。現にその亡びの徴候は見えています。日本は己が悪を率直に認めない、信用できない、まともに話のできない国だと見られています。その政治家も犯した悪を言いのがれるばかりです。イザヤが言うように、司法界の腐敗の兆しすら垣間見られます。立法と行政、国会議員と政府大臣官僚は信じられなくても、日本の司法界は比較的厳正を保ってきました。国民は正義実現の最後の拠所を、制度上はそこに求めてきました。しかし検察と裁判官が「不義を義とする」に至れば、国を支える最後の柱は根元から腐りはてるのです。あとはわずかの衝撃――災害、暴動、飢饉、クーデターの動き――があれば、壮麗な国家建築もあえなく瓦解するのです。ソ連崩壊の中に私たちはその有様をまざまざと見たではありませんか。

この偽りと我欲と不義の進行がもし止められなければ、日本は内から亡びます。老人、障害者、貧しい人たち、子供——弱い人たちはその権利を守られず、金と権力をもった人たち—政治家と企業—が思いのまま悪を行う社会となります。ＧＮＰはふえても、弱い産業である農業は見捨てられ、国土は荒廃します。過疎地と休耕田の拡大にそれはすでに鮮かに見られます。農業後継者は減る一方で、やがて農民の大不足が起ります。耕す人のいない国土は荒涼たる様を呈するでしょう。平和の亡国です。

平和な時の亡びは長時間をかけてはっきり眼に見えぬ姿でやってくるだけに、戦争による亡国以上に恐しいのです。環境悪化で世界の気候に異変が起り、農作物が激減したとき、金ばかり積んで信用を失い果している国に、たださえ足りない食糧を分けてくれる国があるでしょうか。自分の国土を耕しもしない国を、誰が助けてくれましょうか。

藤井先生が「亡びよ」と叫ばれる心の底には、この国への熱い思いがあります。『羔の婚姻』中篇第三十三歌「地はをののく」の一二七—一四七行を見ましょう。

127 審判《さばき》は必ず来るであらう、
併し神の憐憫《あはれみ》のゆゑに
日本は滅びをはらぬであらう。

130主は焼きつくす霊をもちゐて
大和の子らの汚《けがれ》をあらひ
その手を潔めたまふであらう。
133今もバアルに膝をかがめぬ
いくばくの人は遺されてある、
「聖き種」のささやかなる群。
136その四五のものを私も知る、
あるひは果樹の園に労《いたつ》き
あるひは厨に炊事《かしぎ》しつつ。
139イエスの霊に接木《つぎき》せられし
大和だましひ。彼らを見るは
しばしば私に霊感にちかい。
142切られし橿《かし》の樹株《こかぶ》のごとく
わかき芽生えはそこよりいでて
瑞々しくも茂るであらう。
145滅びよ、腐れし現代日本！

出でよ、新しき義の国やまと！

ねがはくは祝福彼女にあれ！　（一二七―一四七行）

正義日本の実現を、先生は神の真実と大能に頼って、幻として見ておられるのです。

藤井先生のこの幻に先立つこと二十余年、一九〇三年、日露戦争の前年に、内村先生が書かれた「失望と希望」という著しい文があります。これは藤井先生の日本亡国の預言と併せ読むべき文です。岩島公先生が今回の私の話に当って、この文を前もってぜひ読むようつよく勧めて下さいました。

内村先生が「失望と希望」の筆をとられた時の日本も、大正昭和の日本、今の日本と同じく、乱れに乱れ、腐りに腐り、不義がのさばる世の中でした。その前の年一九〇二年十二月には小学校教科書採定をめぐる教科書疑獄事件が起り、府県担当官と教科書会社との贈収賄が摘発され、一九〇三年六月までに県知事、視学官、教員、教科書会社員ら一五七人が逮捕され、四月から小学校教科書は国定となりました。またすでに一八九〇年から起っていた足尾鉱毒事件はますます深刻となり、農民は塗炭の苦しみをなめ、一九〇一年十二月十日には田中正造が天皇に直訴しましたが、狂ったとして相手にされず、加害者の古河市兵衛は授爵叙勲にあずかる始末でした。内村先生はこの文で日本社会の暗黒と亡国の予兆を、鋭く描いておられます。

しかしそれと共に、日本への希望をも述べておられるのが大切なのです。その希望の根拠は三つ、神の本性と人民と国土です。

神がいましたもう、天地の創り主、義にして聖にして愛なる神がいましたもう。この日本もその神の創りたもうた国、この国民もその愛をこうむる民です。神はこの日本を悪徳政治家、強欲企業家、汚職官吏を住ませるために創られたのではない。正義の国としようとして創りたもうたのだ。その神がおられるかぎり希望を抱くことができる、というのです。

第二は人民です。日本国民は愚かな民ではない。歴史の示すように、外国の秀れた文化は喜んで摂取し、自国の伝統と異なるものも排斥せず、中国・朝鮮から、仏教・儒教の教えを受けいれて、己が文化の礎としてきた。日本人民は進取の気象に富んでいる。また秀れた人物が歴史上輩出している。聖徳太子をはじめ、宗教家、武士などの名を内村先生はあげておられます。この人民が健全であるかぎり希望がもてる、ただし支配層には希望はもてぬ、というのです。

第三は国土です。日本は大陸を背に太平洋を前にし、東西の架け橋の位置におかれている。日本は西洋文明を受けいれて国をととのえ、アジアの国々にそれをおし及ぼすという天職を担っている。この天職あるかぎり、日本には希望がある、というのです。

内村先生はこの「失望と希望」を、神と人民と国土を拠所として、希望をもって結ばれました。

藤井先生も『羔の婚姻』中篇第三十二歌一三六行以下で、

136 噫《ああ》わが心の愛するもの！
かくも言ひがたきなんぢの恥辱《はぢ》を
私は見るに忍び得ようか。
139 日本よ、腐りたる死のごとき
なんぢの頽廃を私は憎む。
または身をひさぐ処女《をとめ》のごとき
142 なんぢの不貞を私は怒る。
なんぢの名を復《ま》た私は呼ぶまい、
なんぢと私と、何の関《かか》はりか。
145 ああわが国、わが愛する日本、
なんぢはかくて滅びるであらう、
もしただ神の憐憫《あはれみ》なくば。　（一二七—一四七行）

と歌いつつも、次の歌では、

「出でよ、新しき義の国やまと！

ねがはくは祝福彼女にあれ！」（一四五―一四六行「第三十三歌　地はをののく」）

という希望で結ばれるのです。

この詩に対応する文章でも、同じ切なる希望をこう述べておられます（「我観現代日本」その二、一九二七年十一月）。

「併しながら私はいまだ全く絶望しない。人の知らないところ、勿論教会の目などの届かないところに、極めて少数なる真実の日本の子がある。その或るものの信仰は欧米基督教団に於ても見がたき深みを備へている。その或るものの道徳は、キリストの霊によって山上垂訓の一節を体現したといひ得るほど高い。その或るものの愛は此世ならず純《きよ》くして美しい。彼ら希有なるたましひの存在は私にとってさながらに霊感である。神の手は彼らの上に顕明《あきらか》である。彼らの故に私は日本に絶望しない。」（Ⅱ・590）

神を信じる少数の遺りの者の存在——そこに藤井先生は希望をつながれたのでした。

今、私たちはどこに希望をつなぐことができるでしょうか。政治を見ても、経済を見ても、国民生活を見ても、教育を見ても、出版界を見わたしても、戦後四十七年の歩みの跡をふりかえってみても、藤井先生が昭和の初に「亡びよ」と腸《はらわた》を絞って叫ばれたときと同じく、いなそれにもむしろまさって腐敗の度は進んでいる実状です。ただ食べるものと着るものだけは恵みによって備えられ、かつてのように赤紙一枚で戦場に引き出されなくてすむだけが進歩です。それは憲法のおかげです。しかもその憲法の精神は、お蔵入りさせられてもう何年になるでしょうか。本当にその精神に立っての政治が行われたのは、ほんの一、二年のことでした。

国民主権を行使する最大の場である国会議員選挙においても、永年にわたる議員——与党も野党も——の怠慢と保身欲のため、一票の重さは所により三分の一という有様です。戦争中政府の枢要の地にあった人が戦後首相の座に就いたのは、ひとり日本だけです。戦後一、二度をのぞいて、政権の交替が四十年も無いのも、独裁国を別にすれば日本だけです。三権分立の根本さえ、崩しかねまじき暴言が発せられてもいます。

この国は藤井先生が預言された以上に惨めな審判を受けるでしょう。そして再び亡ぶでありましょう。その亡びを来らせるものは禍いであります。その亡びの中で彼らは神の審きを受けるでしょう、ちょうど暴慢を極めた職業軍人がかつて滅んだように。

しかし国家滅亡のさいには、悪い罪有る人たちだけが亡ぶのではありません。罪無き人々も、一層苦しみを味うのです。その罪無き人々の痛みを最も歎きたもうのは、愛なる神です。その神は御子をくだし、その十字架の福音を以て、立帰り滅びから祝福への道を備え、私たちの悔改めを待っておられるのです。

そのことを思うとき、まだ時が僅かでも残され、機会が備えられている間に、真の神を心から信じる信仰をこの国の民に伝えねばならないのです。正義を正義とし、善いことを善しとするすべての人――キリスト者に限りません――と手を組んで、サタンの勢力をこの日本から駆逐するよう、まず自分から始めて、周囲に推し及ぼしてゆかねばなりません。

一年一年、日本の暗黒は深さを増してきています。しかし暗闇の増すだけ、光は点々と輝きを加えています。遺りの者はその存在を一層明らかに示します。その光の源にこそ私たちも希望を託すことができます。

そして何よりも、神は変りなく在したまいます。昨日も今日も、永遠にいたるまでましまして、この国を見守っていて下さいます。キリストの霊は、福音がこの国に到りつく以前から、私たちの父祖を導き、御国の備えをして下さいました。今もこの国の歩みを導いていて下さいます。私たちの思いは果なく、その企ては崩れても、神の御計画は必ず成ります。そこに私たちは望みを抱くことができます。

私たちはこのことを胸に、与えられた任務に励み、置かれた持場を守り、悪事には少したりとも手を貸さず、悪を見分ける鋭い眼を祈り求めつつ、私たちの受けた福音を伝え、「新しき義の国やまと」をこの邦土に成らしめるようにつとめ、それらの営みをとおしてアジアの国々が私たちの国を赦し、心の友として抱き迎え、世界の国国が日本を信頼の眼をもってながめ、共に力を協せて、今世界が直面している重大な問題の解決に当ることができますよう、この国と人民の更生を祈るものです。

藤井先生の霊も、喬子夫人の霊とともに、主の御そばに在って、後をうけて今この国に生きる私たちの信仰を、真実の思いをこめて見守り、今この時における私たちの決心を、こころ切に願っておられることと信じます。

その思いからほとばしり出た藤井先生の言で、今日の話を結ばせていただきます。

「わが愛するものの葡萄園よ、野葡萄を棄てて嘉き果をむすべ。日本よ、貪婪と淫慾とを棄てて神にかへれ。なんぢの地位を自覚しなんぢの使命をさとり、なんぢに対する神の期待のいかに大なるかを思へ。日本の青年たちよ、耳あらば私の言に聴け。」(同602)

(満豪開拓団については、陳野守正著『凍土の碑』教育報道社、一九八一年、『先生忘れないで』一九八八年、『大陸の花嫁』梨の木舎、一九九二年に教わりました。)

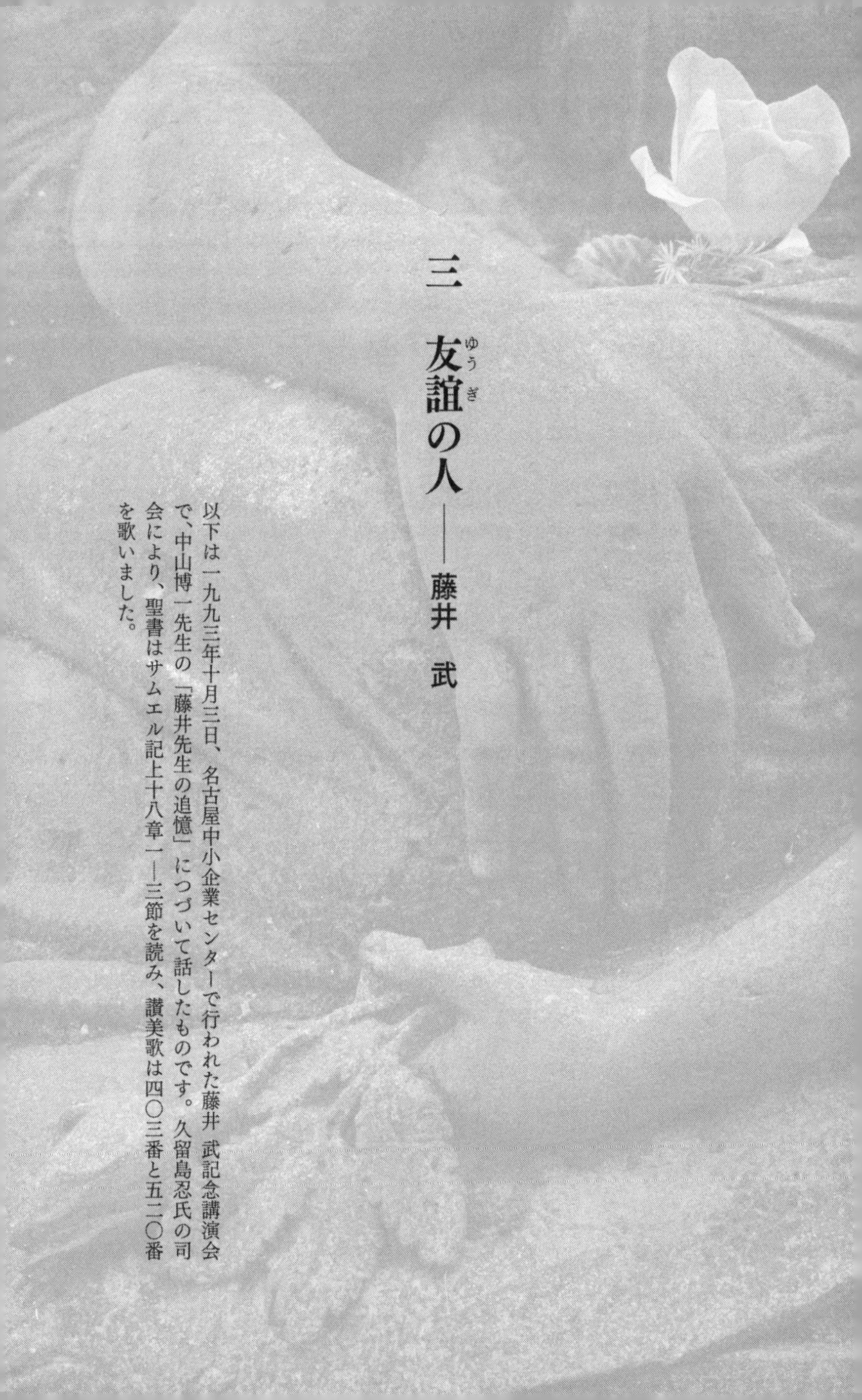

三　友誼《ゆうぎ》の人――藤井　武

以下は一九九三年十月三日、名古屋中小企業センターで行われた藤井 武記念講演会で、中山博一先生の「藤井先生の追憶」につづいて話したものです。久留島忍氏の司会により、聖書はサムエル記上十八章一―三節を読み、讃美歌は四〇三番と五二〇番を歌いました。

一　はじめに

今日も昨年、一昨年につづき藤井先生のことについて話す機会を与えられ嬉しく存じます。今日はここ数年とちがい天のことというよりは地における交りのことを中心に話したく思います。しかしながらその底に、神様を仰ぐ藤井先生の真実が溢れていることを、共ども学びたく存じます。

中山先生は今日私がとりあげます藤井先生の友人たちについてはよくよくご承知ですから、この主題については中山先生がお話しくださるのが一番です。私の話には必ずまちがいもあろうと存じますので、それは後ほど感話会で訂正してくださるようお願い申し上げます。

友誼の人と題しました。日本語では友誼のほかに友情、友愛という語も使われます。英語にすればみなフレンドシップです。しかし藤井先生が生前使っておられたのは友情です。それをあえて友誼としましたのは、友情という語は中国の古典にはないことばで、あるいは日本製熟語かもしれません。ヘボンの『和英・英和語林集成』（第三版一八八六年）にも、友誼《ゆうぎ》はあっても友情はありません。けれども話の中では友情といたしたく思います。友愛は友達の間だけでなく兄弟の間の愛をも指します。

（教育勅語の「兄弟ニ友ニ」はそれです。）

今司会者が読んでくださった聖書は、ヨナタンがダビデと心から結びついた箇所です。聖書全体を通して友情というならば、ダビデとヨナタンのそれにまさるものはありません。サムエル記上十八章以下には二人の友情が語られてゆきます。ヨナタンは自分の命のようにダビデを愛し、ダビデも同じ愛を抱きます。両者とも自分以上に相手を愛します。ヨナタンはサウル王の息子で世嗣《せいし》、やがては王となる身です。サウル王はダビデを宮廷に呼んだのですが、やがてダビデを恐れ、王位を狙うとの猜《さい》疑心《ぎしん》にかられ、何度もダビデを殺そうとします。けれどもダビデはサウル王に忠義を貫き、どんなに責められても絶対抗いません。いつも逃げるばかりです。

しかしいよいよサウルがダビデを殺す計画を立てます。それをヨナタンが聞き、ダビデに対し「もう王から離れなさい」と教えます。サムエル記上二十章四一―四二節に野での分れの場面があります。二人はもはやここに相別れて二度と会うことがありません。まことに涙なくして読むことはできません。二人は互に相抱き口づけして泣きます。その時ヨナタンがダビデに言います――

「無事に行きなさい。われわれふたりは、『主が常にわたしとあなたの間におられ、また、わたしの子孫とあなたの子孫の間におられる』と言って、主の名をさして誓ったのです。」

この別れの場で「主が常にわたしとあなたの間におられる」と語られているのが大切です。友情の底には天地万物の造り主なる神がおられて、二人を結んでくださるという自覚です。じつはこのことが藤井先生の友情についてもあてはまると思うのです。

内村先生が札幌農学校一年生のとき、ハリス宣教師から洗礼を受けるに当り洗礼名としてヨナタンを選ばれたことは、皆様もよくご承知のところです（新渡戸稲造はパウロ、宮部金吾はフランシスでした）。内村先生の選択はヨナタンの友情に感じてのものでした。

日本人ももちろん昔から友達づき合いはしてきました。では日本人は一体どういう標準で友達を選ぶのでしょうか。『徒然草』の第一一七段に面白い句があります——

よき友三つあり。一つには物くるる友、二つにはくすし、三つには智恵ある友。

くすしとは医者のことですから、これはあまりにも自分中心の友人観でしょう。兼好がこれを書いたのは論語の季氏第十六の四によるといわれますが、孔子が「益者三友」としてあげるのは、

直きを友とし、諒《まこと》を友とし、多聞を友とするは、益なり。

でして、正直な人、誠意の人、物知りの人ですから、はるかに兼好にまさります。

日本人の友情観は真実味を欠くともいえましょうが、藤井先生のそれは決してそんなものではあ

りませんでした。

二　友情を求め善き友を与えらる

藤井先生は友を求められました。これは先生の性格もありますが、また中山先生も卒業された第一高等学校の気風も与って力がありました。当時の高校は全寮制のところが多く、多感な三年間、互いに表も裏も知り尽し、心の底まで照らし交して、その上で結ばれる友誼は、今日のように通学や個室の生活では得られぬ堅いものでした。

藤井先生には幼い時から完全を求め、高きを慕う心がありました。と同時に自分がとうていそれに至らないという自覚があり、そこにある寂しさをも覚えておられました。

一高へ入られるとそこには天下の秀才が揃っています。その中で自から友を見出し、友と結ばれることとなりました。一高三年（一九〇六年）十八歳の時の「交友観」という文があります（全集10巻4―12頁）。そこで先生は交友の根本について記しておられます。

藤井先生が言われるに、人格こそが絶対価値であり、至上の権威である。友情とはその「人格を思慕する真情」である。それは自己の小弱欠陥を悟り、それに基いて生じる思慕であり、「友の愛に全我を没するを以て無上の幸福となす」ものである。「友情に生くる者は幸なる哉」「人格愛には空虚なく、浮薄なく、凝滞なし。されば友情に生くるものの生命は、徹底充実せる真生命なり」「天地の至美と人生の至楽と、渾然として融合同化したるもの、之を名づけて友情といふ。」これが若き藤井先生の友情観でした。それは人格への思慕でありました。

こうした心構えで一高から東大へかけて、藤井先生は真実に友を求め、真に善き友を与えられたのです。未完で生前未発表の「一高時代」という文があります（全集10巻50―61頁）。一九二七年の文で、藤井先生は回想しておられます――一高時代自分は理想の友を神とした。一高はまことに霊的道場であった。そこに無限の寂しさを魂に覚えるとともに、それを充してくれる友を求め続けた。人格は人格を慕う。当時の生徒は女性にも社会問題にも興味はなかった。いかに生くべきかを問い、純潔な魂の結びつきを追い求めた、と。

当時の一高は秀才揃いであり、校友会その他の雑誌も出され、弁論部では人生について熱弁を振い、応援団も意気さかんで、勝っては泣き負けては叫び、毎年の記念祭には新しい寮歌が作られて共々高吟して調べに酔い、寮では元気にまかせてのストームや賄《まかない》征伐と血気の発する数々の場がありました。

しかし藤井先生の言われるに、一高生活の中心はそんなものではなくて友情である。自分は無限の空虚にあって、宇宙にただ一人寂しみをいだき、友ほしさに狂った。「友情病の患者」になりすました。

藤井先生のこの寂しさの底には養母との家庭的不幸があります。藤井先生は浅村安直の次男として生れ、十三歳の時藤井鉄太郎の養子となられました。これは浅村安直が軍人であり、いつ死ぬかわからぬゆえ、武をぜひ勉学させて立派な人間にしたいとの親心からでした。ところが養父は先に没し、浅村の父は藤井先生と同じ一九三〇年まで生きます。一高入学と共に藤井先生は東京で義母といっしょに暮されます。ところが義母とは人生観も正反対で、その義母に仕え、義母を立てて、藤井先生は忍苦の生活を送られたのでした。若き藤井先生には心の憩いを与える家庭はなかったのです。このことが寂しさをつのらせ、友を狂い求めさせた一因でありました。

そのようにして、藤井先生は同じ一高東大生の中に、石川鉄雄、黒崎幸吉、椎津盛一、塚本虎二、矢内原忠雄、江原萬里という友人を与えられたのでした。後三人は一九〇九年内村先生の門に入って結ばれた柏会の信仰の友でありました。

それらの人々の中から、藤井先生がことに親しくされた方々を五人選び、どのような交りであったかを、ややくわしく申しのべてみたく存じます。

三　友人群像

1　石川鉄雄（一八八六―一九三四）

石川鉄雄は藤井先生より二年上、一高三年のとき二年の藤井先生と知り合い親交を結びました。全集十巻の『友情物語』（一九三〇年一月）の「祭壇の下にて」は石川のことを書かれたものです。石川は藤井先生の友人中誰よりも早くキリスト者となり、誰よりも早く「聖書之研究」に文を寄せました。大正八年までに石川は二十四回、藤井先生は二十一回で、石川は最も多く載せた一人です。その中にはルターの「キリスト者の自由」やキルケゴールの「キリスト教と教会」の先駆的翻訳もあります。内村先生にも認められた人物でした。

明治四十三年金沢の四高に赴任した石川は、結婚生活一年余で夫人一子（二十一歳）を失います。内村先生が再臨運動をされたとき、大阪では石川と藤井先生は壇を共にして祈ったこともありました。

さて柏会のメンバーで東大を出て外交官となった笠間杲雄《あけお》は、大正六年エジプト公使となり単身赴任、東京の夫人からの便りに返事もよこさず、笠間夫人は淋しく思っていました。六年独身を続けていた石川と笠間夫人の仲が急速に進み、二人は結婚を決意しますが、内村先生も藤井先生も友人たちの多くも認めるところとなりません。石川はドイツからアメリカへ留学して大正十一年夏に帰国します。

その年、一九二二年十月一日には藤井喬子夫人が召されました。石川はそのしらせをきいて直ちに藤井先生をたずね、召された喬子夫人の枕頭で祈りました。その祈りは『羔の婚姻』冒頭の第一歌「コスモス」の二二―四二行に歌われています。

22 ふるき友あり、この朝きたって
　無言のまま私の手をとり
　しかと握った、その手は熱かった。
25 花の香《か》ただよふ床《ゆか》のうへに
　跪いて友は口をひらく、
　外には秋雨もしとしとと。
28 「おお父よ、げに測り知られぬ
　深きみこころ！　わが友にとり

こはまたあまりに重き軛！
31かれを憶ふてわが胸いたむ、
しかしわれらの意思《おもひ》ではなく
ただみこころを成らしめたまへ。
34願ふ、選ばれし彼が奉仕を
完くせしめ、しかしてかなはば
疾く彼をも召したまはんことを」。
37「アーメン」は私から爆発した、
闇にひらめく電光のやうに
終りの一語がわたしを衝いて。
40むなしき逸矢《それや》の相継ぐなかに
ひとり的《まと》を射し友の愛を
主《しゅ》よ、汝は忘れたまはぬであらう。　（三一—四二行）

再婚問題について考えは分れていても、石川はまことに藤井先生の真実の友でありました。

しかしながら石川は翌年暮にいよいよ再婚に踏切る旨の手紙をよこします。藤井先生が何より大切とされる結婚の神聖について、こうまで考えが異っては仕方がない、石川は自分がこれほど大事にするものをどうして大切にしてくれないのか、と藤井先生は涙ながらに切々と訴えておられます。

石川はその決意を翻さず再婚します。内村先生は集会の秩序上石川と夫人を破門され、再婚を司式した田中耕太郎をも破門されます。藤井先生も親友中の親友の石川と絶交され、年月が経過します。

しかしその間も、藤井先生は一日たりとも石川のことを心から離されたことはありませんでした。絶交中も友の上をいつも祈っておられるのです。その間、石川のことを想い出でて歌われます。

渦まく三重《みへ》の浪のさなかに
しばし私をささふる岩を
ただかの友に見出したものを
さしも得がたき友情を憶《おぼ》えて
聖なる歌のその一ふしに
うたふは適はしと信じたものを
いかなれば今にしてわが友は
主にも私にも踵を挙げ
わが歌の名に負ふものを汚すか。

主よ、みおもひはあまりに深い。
切にねがはくは我らいつか
祭壇のもとに復た相見んことを。
（全集10巻257頁以下）

こうして絶交の五年がたち、一九二七年の春となりました。石川は急に前ぶれもなく藤井先生を訪ねて驚かせます。その際のことは『友情物語』にくわしく記されています。藤井先生は折角たずねて来たものを追い返しもならず、玄関に石川を待たせ、二階の書斎で独り祈り、心をととのえたうえで石川と会われます。

石川は五年前の自分はまちがっていた、周りが反対するのでかえって意地になっていた、しかし年をへてその誤りに気づいた、そのことを言いたくて来たのだ、と正直に告白します。藤井先生は石川の告白を受け容れてゆるされます。藤井先生が石川に言われたことば「僕には神様が生きてる！　神様を処分しないかぎり、僕はどうすることもできない」（10巻260頁）はじつに重大です。友は友でありますが、友との交りは、ヨナタンが最後の別れのときダビデに言ったように、その間に神様がおられればこそ続けられるのです。どんなに大切な友であっても、神様の道を踏み外したと自分が信じれば、その友との交りはキッパリと絶たねばなりません。神様の真実、福音の真理をあいまいにして友誼を続けるのは、友を神様以上にすることになります。藤井先生はペテロが言ったように「人間に従うよりは、神に従うべきである」（使徒行伝五・29）との示しを守られたのでした。
石川との交りは、こうして祭壇の下において回復され、音信がかわされます。藤井先生が召されてのちも石川夫人は藤井家を訪れ慰めます。追憶集『藤井　武君の面影』（一九三二年）には石川は「藤井　武と語る」という心のこもった一文を寄せています。友情は全うされたのでした。

この石川との友情物語は何を告げるでありましょうか。

一つは、神の支配の下に生きる決意をした者にとって、人間的配慮は意味を失うということです。藤井先生はその全生活を神の支配に委ねられました。そこには神の眼をのがれるものは一つもありません。友情も神の炉の中で焼き尽されてこそ、真実のものとなるのです。

第二に、友情も神の前の公事であることです。藤井先生は言っておられます――「友情そのものも亦真実には秘むるに及ばぬ公義の事でなくして何であるか。……宇宙の神のみまへにすべての私事は公事である。」（10巻261頁）

第三は、たえず友のことを祈ることです。藤井先生は神に在っての真実の友情を保ったために、石川と絶交し、絶交しつつも再び同じ信仰の光の下に相会する日を祈り求められました。神はその真実をよみして、その祈りを聴き届けられたのでした。

今から十年ほど前の一日、私の家に電話があり、高齢の品のよい方の声で「私は笠間杲雄《あきお》（一八八五―一九四五）の娘でございます」と言われ、びっくりしました。満州から引揚げられて今は姫路の方にお住いとのことです。神戸の方で一度お会いして、いろいろ伺った中に、石川が笠間の子をも引取って、自分の子と何の隔てもなく可愛がって育てたと聞き、その幸福な家庭が与えられたことを感謝いたしました。

石川との友情は、藤井先生の友情観を最もよく示すものです。

2　塚本虎二（一八八五―一九七三）

塚本虎二との交わりについては藤井先生は二つの文章を残しておられます。一つは「震災に夫人を失ひし友へ」で全集十巻に入っています。これは塚本夫人の園子が関東大震災で家が全壊し、その下敷になって命を落とされたときに慰めて書かれたものです（一九二三年十二月）。もう一つはさきに石川鉄雄のところでも取りあげました『友情物語』（一九三〇年一月）に「然諾」としてのっています。

塚本自身が言うように、藤井先生と塚本とは性格や気質は必ずしも一致せず、一高・東大時代にはあまり親しく交わらず、悩みを語り合うこともしなかったのでした。ところが一九二二年十月一日、藤井先生の夫人が召されてからにわかに親密の度が増すのです。

喬子夫人が召されたとき、藤井先生は自分も三年を出ずして召されるであろうと思われました。それは先生の願われる所でありましたが、心にかかるのは満十歳をかしらに当歳の乳呑子まで五人の子供たちのことでした。そこで塚本とある日歩いておられるとき、藤井先生はこう言われたのでした――

「僕は多分遠からず彼女の後を追ひさうな気がするんだが、もしさうなったら、子供たちの事を君考へてやってくれないか。」

そのとき塚本はただ一言「ウン」と答えたのでした。

藤井先生自身その時には、意味のはっきりしない言い方でした。ところが塚本は一両日後に手紙をよこし、万一の時は五人の子供さんは引き受ける、と約束しました。そこで藤井先生はその旨を紙にしるして、奥様の遺骨箱に収められたのでした。

ところが一年をへずして、関東大震災が起って塚本園子夫人がなくなります。園子夫人はあの正則英語学校創設者斎藤秀三郎の娘で、塚本と婚約して三四日後、塚本にあてた手紙で「私はあなたを《ママ》ヤコブの金の梯子をお昇りさせなければなりません」と記した人でした。

塚本自身、家も倒れ焼け、夫人も失ったこととて、藤井先生はかねての約束は反古になったと信じて、骨箱から取り出して破り捨てられました。――それから七年たって藤井先生は塚本から手紙を受けとられました。その手紙の中に藤井先生が心の底から驚かれたことばがありました。藤井先生が五人の子供の将来を塚本に託したとき、塚本はこう決めたのでした。

「僕は責任の重大さを感じつつも、その大なる名誉を担ふべく決心して、之を諾した。帰来、園子にだけはその事を話して、承諾を得た。而して、僕なき後に於ては、僕の書斎の本を全部その方に向くべき旨を命じて置いた。爾来、僕は僕の書庫の本は悉く之を君の子供さんの方のものと考へてきた。」（全集10巻267頁）

「不思議な事だ。君は今日まで死なずに居る。子供さんは段々成長される。矢張り神様の深き御思ひやりを見る。僕自身何だか責任が無くなった様に思へて心が軽い。」（同）

藤井先生自身がもう御破算になったと信じておられたのに、塚本はその貴重な蔵書のすべてを、自分の子供もいるのに、夫人を失って六年間ずっと、藤井の子供たちのものと考え続けてくれている。何という重荷を自分は知らずに友の上に負わせつづけたことか、と塚本に心から感謝され、「地に埋れてゐる稀有なる宝玉を発見したやうな喜びを」おぼえられたのでした。

共に夫人をなくして親しさを増した藤井先生と塚本は、塚本が新町に居を移し、塚本の妹善子も藤井家と親しく交わるに及んで、無二の友情を結ぶにいたりました。

その交わりのことについては、『藤井 武君の面影』という追憶集の中に見ることができます。塚本は五つの文、中山先生は四つの文を寄せておられますが、塚本の妹善子さんの「追憶雑記」が、若い女性の眼に映った兄と友人の交わりとして、とても面白いものです。

二人の往き来はとても頻繁になりました。一旦訪問すれば、なかなか帰って来ません。ある日小包を郵便局へ出す用があって、兄に頼んでもどうせだめだからと思ったところ、塚本が「今日は藤井の家へは上らないから大丈夫」というので、信用して託したところ、案の定夜十二時まわってから小包を持って帰ってきたのでした。尋ねてみると、塚本は藤井の家へ寄り、二階の書斎にいる藤井先生と庭から立話を暫らくしていたところ、「二十分で帰すから、まあ上りたまえ」と言われて上ったのが運のつき、善子さんに叱られる破目となった次第です。

こんなに毎日時間を忘れて何を話し合ったかといいますと、それは信仰のことが中心、それに月旦評（人物評論）です。善子さんの言では、藤井先生が塚本の家を訪ねて深夜の帰り、玄関口で「今日も月旦評をしたのでしょう」「天下に完全無欠なのは二人だけという結論でしょう」というと、「まあ今晩の話ではそんなものかな」といった調子でした。世間話などはほとんどしなかったそうです。

この『藤井 武君の面影』に塚本が寄せた文から少しお取り次ぎしたく思います。

まず藤井先生の葬儀の式辞「嗚呼《ああ》勇士は仆れたるかな」にこうあります——

「彼は友人間に於ける最も正しき、また信頼し得べき、真理の物指であり、また彼の友人等に彼

以上に純情の友、至誠の友、純真直截なる判断忠告を与へてくれる友を、他に求むることが出来ない。」（40頁）

藤井は純真、徹底、孤独、そして剛健なる意志をもち、処女のごとく純情にして、火のごとく熱感、「私は未だ曽て彼の如く真理と誠実と純一と生命と自由とを熱愛し、虚偽と不実と不純と死にたる形式とを熱憎したる人を見たことがありません。」（41頁）

藤井先生は真実を一貫された、親に対しても、子に対しても、妻に対しても、友に対しても、お手伝さんに対しても、そして犬に対してさえも、とあります。

藤井先生の犬はパル（仲間、仲よし）という白黒ブチの中型の大といった犬で、先生日課の散歩にお伴するのが常でしたが、よく粗相をして叱られていたそうです。ある日このパルが家出をして（雄犬はよく家出をします）、百姓さんの畑を荒らしてつかまり、留置きをくって帰らなかったときには、藤井先生は大心配、翌日しょぼくれて帰ってきたときは、自分用のミルクを全部飲ませてやられたということです。藤井先生は犬も藤井家の犬となることを求められたのでした。（この段は善子さんの文から）。

内村先生さえ「藤井は神様の外に恐い者を知らない」と言って、その正面攻撃には恐れをなされた、と塚本は言います。その真実一貫のもとは「神への無条件の信頼」でありました。

「藤井と私」の中では、塚本は藤井先生との交わりにおいて「鉄が鉄を堅くする如く互に鍛磨せらる」とのべ、「私にとり信仰の物指」である藤井先生から「神への単一な信仰の何であるかを学んだ」と書いています。藤井は「その言に絶対の信頼を置きうる人」、「ヨナタン以上のヨナタン」であり（ここには前年内村先生と不本意な別れをせざるをえなかったとき、藤井先生が変らぬ友情を続けてくれたという含みがあります）、「然諾一言金鉄の如き男」で、クリスチャンの中には金のわらじで探しても見当りそうにない人だとあります。

「クリスチャン・フレンドシップ」は一九三一年一月十四日、藤井 武記念講演会での話しです。そこでも塚本は言います。藤井と自分は境遇は似ているが性格は反対である。性質、嗜好、趣味は異っている。信仰は同じでも信仰の性《たち》は異る。藤井は道徳家・努力家で、神の義に圧倒されて福音へ導かれ、自分は神の愛を知って信仰に入った。藤井は未来に生きたが、自分は今日一日を力一杯に生きる。結婚観もちがう。しかし二人の堅い友情の源は、共にキリスト・イエスの十字架の血によって贖われた者である所にある。同じキリストの霊が二人の心に住みたもうゆえに、相異・欠点をこえてクリスチャン・フレンドシップは生れる、と述べています。

「人間藤井」では、藤井もやはり人の子、弱い人の子であり、それゆえにこそ命がけで十字架にすがったのだ。その弱さが二人を結びつけたのだ、とあります。

このように見てまいりますとき、藤井先生と塚本虎二の友情も、キリストによって結び合わされたものであることがわかります。

3 矢内原忠雄（一八九三—一九六一）

矢内原は藤井先生より五歳年下、東大卒業の年に藤井喬子夫人の実妹愛子と結婚しましたが、六年後の一九二三年二月死別、翌年六月恵子と再婚しました。このことを藤井先生は喜ばれはしなかったろうと思います。義弟が年余で再婚することは、先生の年来の主張である再婚非認論と合いません。しかし、矢内原も書いていますように、藤井先生はそのことで矢内原に一言半句でも嫌味を言ったり非難をされたりしたことはなかったのです。（手紙で忠告されたことはありましたけれど）そのことは両者が罪の救いの福音という信仰の核心においては一致していることを示す、と考えます。私たちも信仰の友だちといろんな事柄で意見が分れることがあります。その時に第一に考えの底にすえなければならないのは、やはりキリストの十字架により罪を贖われ赦された者であるということです。この根本さえ一致していれば、その他の違いは時が解決し、また同じ信仰に導いてくださいます。しかしこの中心が異れば、分れるほかありません。藤井先生をめぐる友情から、そのことをも私たちは教えられるのです。

『友情物語』の中の「愛に虚偽《いつはり》あらざれ」という章が、矢内原のことをのべた文です。矢内原は再婚こそしましたが、藤井先生に兄事することは変りなく、また召された愛子夫人の里である西永家の為には、事の大小を問わず親身になって尽しました。藤井先生はその著『聖書より見たる日本』の書評を矢内原が新聞にのせたのを見て、その深い同情に心動かされる思いをされました。世の褒貶は意に介されぬ藤井先生も、矢内原の学者的良心をかけての純粋な執筆動機は心に受けとられたのでした。

矢内原の「旧約と新約」誌への応答、忙しい中から新町学盧へ熱心に出席し、書信を度々送って藤井先生を励したことに、その真実を覚えられたのでした。

一九三〇年七月十四日、藤井先生は召されました。藤井先生が召されて、矢内原が藤井となりました。

それまで矢内原はなかなか子煩悩で、子供たちとも良く遊ぶ良い父親でした。ところが一変して家の者にも厳しくなり、藤井の五人の子供を自分の子以上に大切にしました。毎日藤井の家へ出かけては、勉強を見てやり、進学の指導も、信仰の心づかいもしました。自分の子供たちにはそこまでの配慮はしないものですから、子供たちは藤井家に父親を取られた恰好となり、とても淋しい思いをしました。

また藤井先生の書き残した文章を、一高時代の日記や手紙にいたるまで、ほぼ完全に集めて、十巻に編集し、印刷・校正・販売・発送の責任を一手に負いました。一冊の本でも編集するのにどれ程の時間と労力と細心の注意がいるかは、してみた人でないと判りますまい。それも一度ならず、二度までも。この全集は一九三一年から刊行されて、明治以後日本人キリスト者個人全集の先駆けとなりました。しかもその出来栄えは、その編集が真実このうえない真心のこもった仕事であることを示しています。

矢内原が東大を辞めることになったあの「神の国」講演は、一九三七年十月一日、藤井 武記念のものでありました。藤井先生の霊が矢内原をして「日本国の理想を生かすため、一まずこの国を葬ってください」との言を告げさせ、戦争を批判し、日本の進路に警告の声を発せしめたのでした。矢内原の戦いは、藤井先生もし生きて在らばという、主に在って志を一つにする戦いでありました。二人の友情は、天地その在り所を異にして一層はげしく熱く、堅く結ばれたと言えましょう。

4 黒崎幸吉（一八八六―一九七〇）

『藤井 武君の面影』の中に黒崎の「藤井と私」という文があり、また全集第十巻に黒崎宛の十一通の書簡が収められています。

二人は一高入学も同年、東大も同じ学科に同年に入学、卒業も同年、その年にどちらも故郷で結婚、藤井先生は加賀百万石の城下金沢、黒崎は山形庄内藩十四万石の士族です。そして子供も同じ年に女男男とさずかり、同じように社会人となり（藤井先生五年間、黒崎十年間）、内村先生の助手となり、独立伝道者となり、ともに三十四歳八ケ月で夫人を失いました（藤井先生は一九二二年十月、黒崎は一九二一年一月）。

二人とも一高東大の間に同じ人人の感化を受けました――ケーベル博士、新渡戸稲造、岩元禎、YMCAのフィッシャー、清沢満之、多田鼎、綱島梁川です。そしてともに一九〇九年夏柏会の一員となりました。

二人ともに内村門下では珍しく神学への関心がつよく、黒崎は一九二二年から三年間、ベルリン、チュービンゲン、ジュネーヴ、エディンバラの各大学へ留学し、新約全巻の注解、ギリシャ語と日本語の新約語句索引、カルヴァン研究その他厖大な仕事をしました。藤井は教義学、教理史、歴史神学など体系的志向がつよく、未完とはいえその方面の著述をのこしました。

ただし黒崎自身の書くように違いもあります。まず性格がちがいます。藤井先生は老熟、詩人的、集中的、徹底だのに黒崎は子供っぽく、散文的、放散的、不徹底だと黒崎は言います。黒崎は若い時は病気もしましたが長じては健康で、恰幅もよく、八十四歳の長寿を保ったのに対し、藤井先生は半分の四十二歳で、親ゆずりの胃潰瘍で召され、痩身でした。

伝道も藤井先生はほとんど市中へ出ることなく、自宅できわめて少数の弟子に語られたのに対し、黒崎は日本全国の教友を訪ね、夏は講習会を開き、晩年はアメリカからヨーロッパへと世界伝道にも出かけました。

結婚観は二人で最も異り、藤井先生にとって「現実の世界はむしろ存在せざる影のごときもの」（黒崎の言《ことば》）で、唯一の結婚、永遠の夫婦、天的家庭の真実・貞潔で一貫し、信仰も生活もその結婚観に貫かれています。黒崎は寿美子夫人をインフルエンザでなくしてのち、光子と再婚し、合計十四人の子供を与えられました。

藤井先生の東大時代の日記を見ますと、藤井、石川、黒崎、椎津四人の交友はまことに密で、一九〇八年九月二十日から一月間には十七日も共にすごしたと記されています。藤井先生の言《ことば》によれば、「幸兄〔黒崎のこと〕は人格として殆ど不満がない、僕はもう恍惚心酔だ」とも、「幸兄に導かれて愛神愛人の信仰漸く強からんとする我」ともあります。二人とも互いをこよなく尊敬していたのでした。

黒崎が大学三年のときチブスで入院したさい、藤井先生は毎日見舞われたばかりか、黒崎の病状を毎日郷里の夫君のもとへ知らされました。黒崎の父与八郎は元々キリスト教には反対でしたが、毎日息子の病状をしらせてくれる藤井とは何者だと疑問を抱き、それが内村門下の友人だということをきいて、キリスト教に対する考えを大いに改められたとのことです。友情がキリストを知らしめたのでした。のち黒崎の妹祝は、一時内村の家にあずけられることになります。この毎日の入院見舞のため、藤井先生は追試験を受けねばならなかったほどです。

二人の友情の底には主にある愛が流れ通っていたことがわかります。

全集中の手紙から藤井先生に対する黒崎の友情が、きわめて具体的であったことがわかります。藤井先生が官吏をやめて伝道界に入り、ついで内村先生のもとを去って著述伝道生涯を始められて二年、一九一七―一八年のころ、黒崎は住友に勤めており、藤井先生の生活の資《もとで》を毎月援助しました。藤井先生が再三断りとお礼の手紙を出しておられることからも、そのことは知られます（例えば一九一七年十二月八日、一九一八年六月十日）。

黒崎の妹祝《いはひ》は一時内村先生のもとに住み、藤井先生のもとでも暮して、一九一八年江原萬里《まさと》と結婚しますが、この結婚にも藤井先生は力を貸されました。

また藤井先生は実弟三郎の就職を黒崎に依頼され、黒崎は配慮しましたが、健康診断の結果が悪く就職は成りませんでした（一九一七年十二月八日、一八年四月十三日書簡）。

このように親密な交りでしたが、一時期（一九二〇年三月―二二年一月）絶交状態になったことがあります。それは黒崎が家庭教師というより師傅《しふ》を頼まれていた住友寛一の結婚問題をめぐってでありました。住友家の御曹司ですが、身心とも少し虚弱な寛一のことを、黒崎は世話していましたが、東京を離れるについて、その指導を内村先生と藤井先生に頼んだのでした。ところが、世話のため付けてあったかなり年上の看護婦と、寛一は深い仲になってしまったのです。不義はご法度の住友家としては大困りで、事を内村・藤井両先生のもとに持ちこみました。内村先生と黒崎はこれを一時の出来心と見て、二人は別れさせるべきだと考えられたのですが、藤井先生と住友当主は結婚させるべきだと思ったのです。

ところが、内村先生と黒崎が連名で、住友家の社会的地位と日本社会への影響から、寛一の結婚には反対だが、父君と藤井が情実にかられてよしとするので致し方ない、と公表されました。この公表文で藤井先生は激怒し、内村先生とも黒崎とも絶交することとなりました。（寛一は暫く同居していましたがやがて別居し、離婚となり、内村先生の考えが正しいことが証明されたのでした。）

内村先生が藤井先生のことを「ガラスの破片」だとか何だとか批判めいた諷刺をされても、藤井先生は尊敬する師に対し、文字でも言葉でも、一言半句も不平を表明されませんでした。そこにも真実を見出すのです。

一九二二年、喬子夫人召天の年の一月、内村先生の方からの呼びかけで、藤井先生は内村先生とも黒崎とも真の和解をとげました。この度の絶交ゆえに藤井は独立して「旧約と新約」誌を出すことができましたし、この年喬子夫人の葬儀は内村先生が司式されました。まことにすべては真実の神の聖手の中に取り運ばれ、万事益となったことを痛感致します。

友人同士も、師弟の間も、信仰に基いて、真実と信義に立ってこそ、正しい交りができます。信義に背くことがあれば、友であっても交りを絶つ真実が、また交りを回復せしめたのでした。

5　江原萬里（一八九〇―一九三三）

江原萬里《まさと》は藤井先生より二年下、一高から東大を一九一五年に出て、黒崎と同じ住友に入社しました。一九一八年に黒崎の妹祝と結婚しました。一九二一年住友を退社して、東大の経済学部助教授となります（矢内原忠雄も同じ住友から東大に戻りました）。しかしその頃から結核が進行し、一九二七年には休職、二年後には退職となり、一九三三年には、あの死を覚悟しての鎌倉講演を、三谷隆正、山田幸三郎、矢内原忠雄の応援をえて、四月九日から七月九日まで行い、八月七日天に召されました。

全集十巻に「私は言葉の人か」という文があります（一九二九年七月号）。この文章は友人たちが藤井先生を言葉の人として批評するのに対して、納得できないとして反対の意を表明されたものです。その中に江原の「思想と生活」中の藤井先生にふれた言が反論の対象になっています。世人が「美辞麗句」とひやかそうと問題にしないが、友人たちの言は聞き流しにできないとして、こうあります。

「或る友人は或るとき壇上に私を紹介して言うた、『藤井君の福音は文学的であって美はしい』と。他の友人〔これが江原〕は誌上に私の著書を紹介して言うた、『その特徴は真理の詩人的洞察と表現とにある』と。最も近き友人〔これは塚本〕は私にむかって屢々《しばしば》いふ、『君は言葉の人だ』と。いづれも私の心から尊敬し信頼する友人たちの言であるから、私としては考へてみないわけに往かない。……私は『言葉の人』なのか。かくいふ友の如きは一度は『巧言令色』という語句をさへ使って、私の厳しい抗議に遇ひ、ともかくも取消はしたが、私の腹の虫はまだ十分に納まってゐない。／友人たちの批判によってみても、私は舌だけ、或は私のもつペンだけが天国へ往くのであって、私自身は棄てられる虞《おそ》れがある。」（全集10巻85頁）

この藤井先生の文に対し江原は抗議を申し入れ、その抗議に対して藤井先生が応答された手紙があります。

「……さてお叱りは覚悟してゐました。全く大兄には御気の毒しました。日頃の鬱憤いつかは爆発せずにはすまなかったのですが、友人たちといって大兄をも一つにしてしまったのは相済みません。……御推察のとほり大兄のお言葉の中では詩人的表現が特色であるといふところに躓いたのでありました。私は表現とか形式とかいふものを重く見ることが大嫌ひなのです。表現や形式を意識するときには必ずやそこに虚しさがある事を信じます。たとへば無教会主義にしてもそれに特殊の形式があることは勿論ですが、しかし形式が特色の一つと意識せられるときにはそれはもはや無教会主義ではなくして教会に堕してゐるといふのが私の信仰であります。」

（一九二九年七月九日、全集10巻676頁）

友人間であっても、言や文に意に満たず、また誤解があると判断したときは、間をおかず率直に反論するところが、温い友情を示します。藤井先生は江原に謝られはしましたが、全面的に自己の考えを撤回されたのでもありません。しかし江原の抗議があればこそ、「無教会主義の形式」を厳しく批判する藤井先生の信仰が、手紙の中に記されたのでして、友情の実に貴重なことを痛感します。

この応酬の翌年七月十四日、藤井先生は召天されました。江原はその報せを受けて、その夜ついに一睡もしませんでした。そして『藤井 武君の面影』に「噫《ああ》藤井 武君逝く」の一文を寄せました（182―189頁、「思想と生活」一九三〇年八月号、江原全集2巻182―188頁）。江原は言います――藤井は「真実なる信仰と希望の生涯」を送った。純真、廉直、真摯にして、虚偽を憎み、潔癖にして虚礼・虚辞・偽善を極度に嫌った。藤井は天然を愛せし詩人である。純乎なる愛を神と妻の内に見出した。その結婚観はキリストの花嫁としての教会観の基礎である。しかしその結婚観は尊敬するが、同意することはできない。

江原も藤井先生と同じ四十二歳で召されます。病により、子らを残して。

藤井先生が召された翌月の「思想と生活」にこうあります――

「我らの交りは相互の美点長所を相愛することにより深くならない。互に人格を尊重する事によりても聖め高められない。クリスチャンの交際が親密より親密になりゆく道が一つある。唯一つしかない。それは直接各自を見ず、互にキリストを信ずる信仰を同じくすることである。双方彼を信ずること篤ければ篤きだけ、その友誼は深まる。キリスト抜きの交際程一時は如何に親密でも破れ易いものはない。それ故私を愛してくださる人はどうぞ私以上にキリストを信じて下さらんことを望む。」（江原全集2巻688頁）

これはひとり江原だけでなく、藤井先生と今日お話ししたどの友人との交わりの本質をも、表現し尽した言だと考えます。

藤井先生の友情を具体的に取り上げればまだまだありますが、すべてを割愛してあと一つだけ申します。藤井先生は余り親しく交っていない友人であっても、その人に不幸があれば必ず慰めの手紙を出し、また供花料をそなえられました。畔上賢造が『藤井 武君の面影』にのせた文には、互に離れ住んでずいぶん疎遠になっていたにもかかわらず、畔上の次女が死に、長男次男ともに隔離病舎に重態となったとき、藤井先生からの見舞金に接して、涙を流したとあります。

十字架による罪の贖いにあずかった者が結ぶ友誼は、真実を貫き、具体的でありました。藤井先生をめぐる友人群像は、そのことをあますところなく示していると言えましょう。このことをふまえ、終りに友誼の根源をかえりみることにいたしたく思います。

四　友誼の根源

藤井先生が一九一八年十二月四日、母校の第一高等学校でされた講演「友情より信仰へ」を見ましょう。（全集9巻484―501頁）

一高生活の特色は友情にあることを、具体的氏名をあげ、体験にてらして書かれたものです。――

一高生活は短いのに深く胸に刻まれている。それは生命とする所を与えはしなかったが、「求むるその心」「要求そのもの」を与えた。一高なくして私はない、私の霊魂のはらまれた家は一高である。その純粋な友情の自覚、高き要求こそは一高の誇りであり、まことに高山の花畑のようである。

その青年の自覚の底にあるものは何か。それは自分が小さいこと、力なきこと、穢れに充ちた者であること、弱いことを悟り、自ら省て裸一貫となることである。正直に自分をみつめて何人も自分の無力を悟らずにはいられない。

そこに青年の強烈な要求が生れてくる。卑小極りない自己の寂しさを癒されようとする要求がつのる。それを充すものは何か。正義か、理想か。否、それらは抽象的である。文学か、芸術か、運動か、それらも駄目である。赤き血の通う青年の要求を充すものは、同じ赤き血の通った人格者である。涙を流し、生命を有する者でなければならぬ。こうして青年の切なる要求はフレンドへ向う。フレンドシップ、この一語は極めて清く極めて熱く、きわめて甘美《スウイト》にして極めて峻烈《ビター》な感慨を起させる。この純潔なフレンドシップこそ、一高の最大の産物である。

しかし友情は花であり、美しく香はしいが、最後の目的ではない。それは実ではなく、永続しない。友情は人生の謎の解決者ではない、むしろその提出者である。謎はますます深まる。友は私のすべてを了解することもできず、強烈な誘惑から守ることもできない。ましてや死を防ぐには不十分である。要するに友情は弱き小さき人間同士のいきさつに過ぎない。友情によって地平線より上に昇ることはできない。

ここにおいて上を仰ぎ見て、この世以上の大きな力を求めるに至る。人間以上の大なる人格者を要求する。フレンド以上のフレンドを要求する。それは私の側に立って励まし、敵を征服する力を与える者、心を清め、家と社会を清める者、人生を愛と希望に充ちしものたらしめる者である。

この「友」とは信仰である。大人物にみなこの友情があった。信仰抜きに大事業は成らぬ。「信仰のない国にはいつ迄待っても偉大なるものは絶対に出て来ない」。

想像しうる限りの一番高いもの、一番清いもの一番大なるものを求めるのが青年の特権である。そしてこの要求は自己の卑小の自覚に始まる。そこから最も高いアンビションが生れる。「諸君、つまらぬ自惚《うぬぼれ》を悉く抛《なげう》って了《しま》って正直に自分の地位を自覚し、而して目を挙げて天の外迄を仰がうではない乎。」（9巻501頁）――こう藤井先生は「友情より信仰へ」を結んでおられます。

友情はこうして、ただの人と人との結びつきではありません。その底に、自己の弱さ卑しさを悟り、共にキリストを仰ぐ信仰がなければなりません。友情の源は、神とキリストにある愛にほかなりません。

そのことはイエスご自身が福音書で告げておられるところです。「わたしのいましめは、これである。わたしがあなたがたを愛したように、あなたがたも互に愛し合いなさい。人がその友のために自分の命を捨てること、これよりも大きな愛はない。あなたがたにわたしが命じることを行うならば、あなたがたはわたしの友である。わたしはもう、あなたがたを僕とは呼ばない。僕は主人のしていることを知らないからである。わたしはあなたがたを友と呼んだ。わたしの父から聞いたことを皆、あなたがたに知らせたからである。」（ヨハネ一五・12―15）

イエスはもちろん私たちの唯一の救い主です。その主キリストが私たちを、この卑しい私たちを友と呼んでくださるのです。とすればイエスにつらなる者は、皆たがいに友なのです。

またマルコ福音書では、家業の大工仕事を放り出して伝道に明け暮れるイエスを、母マリヤと弟たちが連れ戻しに来たとき、イエスは言われました。「神のみこころを行う者はだれでも、わたしの兄弟、また姉妹、また母なのである。」（三・35）キリストに従う者はみな兄弟、姉妹であり友なのです。とすれば、この主に在る愛が聖霊によって与えられ、上より降って神と人とを結ぶとともに、聖霊はまた横に働いて、人と人とを結び合わせ、友とするのです。

では、友とは誰でしょうか。結ばれるべき友とは誰でしょうか。これもイエスが良きサマリヤ人の喩（ルカ一〇・30以下）ではっきり示してくださっています。自分と同じ教会へ通う人が友ではありません。また同じ国に生れ合わせた人たちだけが友ではありません。仕事を等しくする者が友なのではありません。友とは、本当に困っている人に助けの手を差しのべる人、そして助けなしには生きられぬ人のことです。民族をこえ、国境を越え、どんな境遇の違いがあろうと助けの手を差しのべる人、そしてその助けを受けとる人、それが友です。

今回参ります前に中山先生から『相良通信』（第七号）が送られてきました。中山聖書集会に三年ばかり出られた服部みね子様の追悼号でした。そこに寄稿された方方のご文章を拝見しながら、服部様に運ばれる皆さまの熱い心を知りました。この集会には、主イエス・キリストにある友情が、香りゆたかにみちあふれていることを知り、本当に嬉しく心温まる思いがしました。
キリストにあって友を与えられているならば、私たちはその老いたるを慰め、また病めるを見舞い、弱れるを励まし、家庭にある最も近き友を愛し、福音を伝え、もし迷える友があるならば見捨てず、真実を尽して忠告をし、時に真実を貫いて絶交し、絶交しつつ主にある和解と復帰を祈り求め、やがて天国で、すべてを善きに導いてくださる神さまのみもとで相集い、相抱く日を待ち望みたいものであります。

最後に、作者は不明なのですが、まことに友情を言いあらわすこと深い一句を引きたく思います――

A friend is long sought, hardly found and with difficulty kept.
「友は求むること久しく、見出すこと少く、保つこと難し」

みなさま方はこの地上にあって御霊の励ましと守りのもと、中山先生の御導きにより、キリストにあって良き友を与えられておられます。私もそのお交りの中に入れていただいていることを、心から感謝いたします。どうかみなさまの友垣がいつまでも断えませんように、そしていつまでもその友垣の底の底には、イエス・キリストの十字架による罪の贖いということの福音の信仰がありますように、心の底から祈り願うものであります。

〈付記〉

三の1石川鉄雄の項で、筆を省いたため、石川の告白と藤井先生のゆるしの内容と意味が、いま一つ明確を欠くきらいがありましたので、補っておきます。

藤井先生が石川と絶交された理由は、石川が結婚の神聖を破ったと判断されたからでした。まだ離婚していない友人笠間の妻と石川が親密になり、そのことが信仰上非とすべきことであることを認めず、結婚へと突走ったことを、藤井先生は神の前に許容できなかったのでした。

一九二七年、絶交後五年たって、石川が突然訪ねてきて、藤井先生に告白してゆるしを求めた内容も、その一点にありました。五年前の石川は、自他の結婚の神聖を、藤井先生のいうようには重要視していなかったのでしたが、それは誤りだったと告白したのです。石川は言います——

「今は僕も君と同じ心をもって考へることが出来るやうになった。僕は間違ってゐた。」「然らば具体的にどうしたら善いのか。それが僕にはまだわからない。それを今ここで責められては困る。併しとにかく僕は君の祈りをそのまま自分の祈りとすることが出来るやうになったのだから、それだけは喜んでくれ。」

――すなわち、皆の反対を押し切って笠間夫人と結婚したのはまちがいだった。しかしでは即刻離婚するのかというと、そうではありません。石川の新家庭は恵みの中にあり、子供もすでに与えられています。

では藤井先生は石川の何をゆるされたのでしょうか。石川が自己の誤りをみとめ、今は藤井先生と祈りを共にするに至ったこと、そのことを藤井先生はみとめてゆるされたのでした。藤井先生は、石川の過去の行為を正しいと認められたのではなく、今の石川の告白を正しいとしてゆるされたのです。石川に即刻離婚を求めるほど、藤井先生は自己義認的現実無視の人ではありませんでした。藤井先生は石川に答えて言われます――

「さうか。それならほんたうに嬉しい。君が心を向け替へてくれたのなら、僕の祈が聴かれたのだ。実に感謝だ。具体的の事は僕にも解らない。いづれ上からのお示しがあるだらう。……君が今までの自分の態度を否定して、ほんたうに僕と祈りを共にしてくれるなら、もう言ふことはない。あとはまた一緒に祈って、いい道を教へていただかう。きっとその道が見つかるだらう。」（全集10巻260頁以下）

石川の以後とるべき道は、共々祈り求めてゆこうというのが、藤井先生の態度でありました。この態度は、同じ罪人としてキリストのゆるしを受け、共に罪を告白してゆるし合うという藤井先生の信仰と一致しており、パリサイ的狭量とは反対のものであったと考えます。

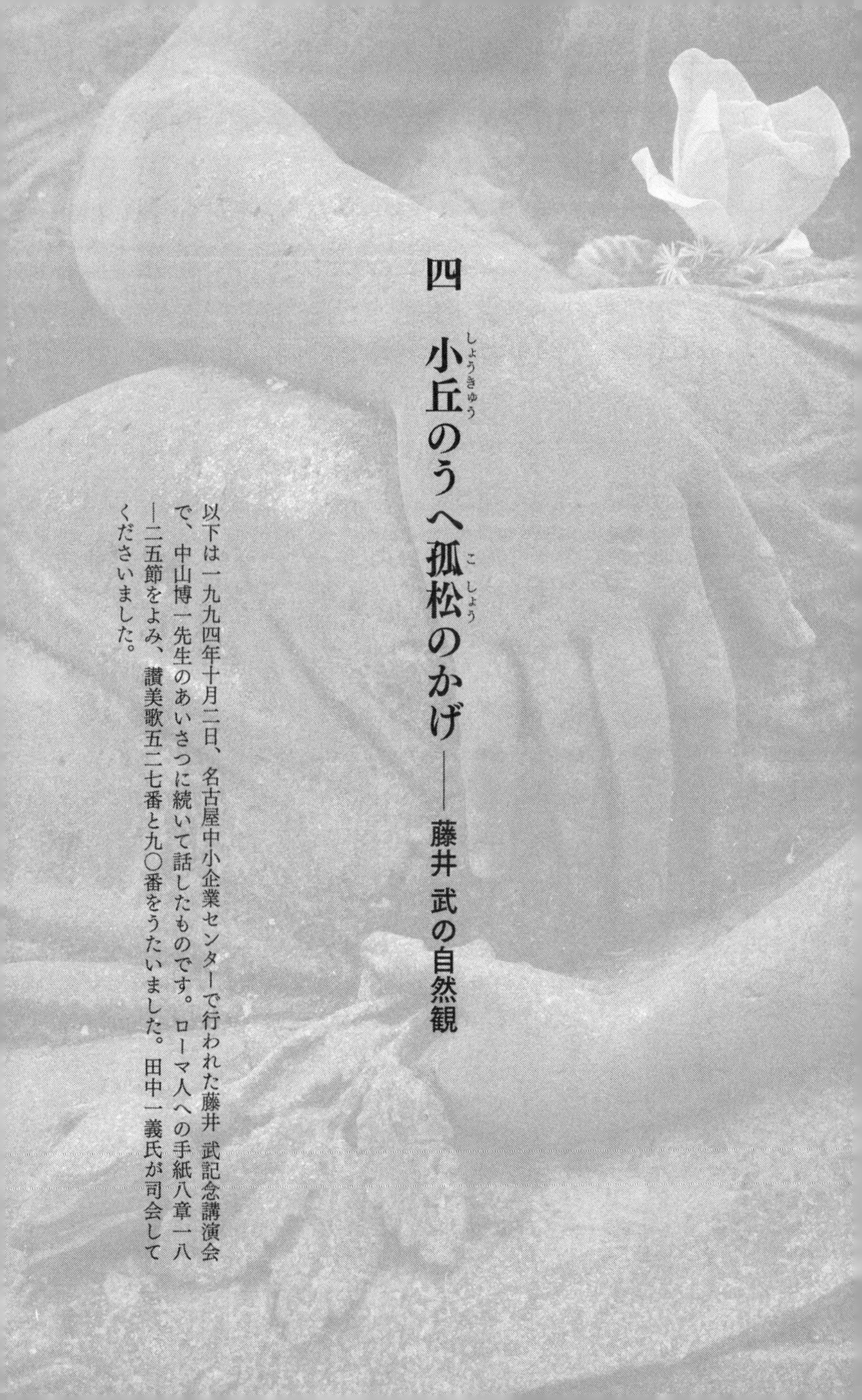

四　小丘《しょうきゅう》のうへ孤松《こしょう》のかげ

——藤井 武の自然観

以下は一九九四年十月二日、名古屋中小企業センターで行われた藤井 武記念講演会で、中山博一先生のあいさつに続いて話したものです。ローマ人への手紙八章一八—二五節をよみ、讃美歌五二七番と九〇番をうたいました。田中一義氏が司会してくださいました。

いま藤井 武先生を記念する講演会が開かれているのは、名古屋と仙台だけです。藤井先生の信仰と思想から学びつつ、それに生かされて今日の世界に生きるためにも、この講演会の意味は大きいと考えます。

今回自然観の問題をとりあげましたのは、一九六〇年代から注目され始めた環境破壊が、急速に、また予想をこえて深刻・広範にすすみ、もう取りかえしがつかないかと思われるほどになっているからです。藤井先生が召されたのは今から六十四年前の一九三〇年で、当時は自然環境に眼を向ける人はごくわずかでした。藤井先生も自然破壊の惨状をまのあたり、ことしげく見られたわけではありませんが、自然の嘆き、呻きを魂の底で受けとめておられました。そのことを今日は学びたく思います。

一　美と生命としての自然

藤井先生が自然について書かれたものは、全集第三巻にまとめられています。藤井先生は詩人です、信仰者です、十字架にすがる者です、己が罪を知る人です、悲しみの人です、慰めを神に求め、呻きをキリストに叫ばれた方でした。そしてまた藤井先生は日本人であり、東洋人でありました。そこに聖書をよまれても、自然のことを考えられても、おのずから特色が現れようと思います。

1　自然こそ芸術の典型

まず芸術美とは何かを問うて、「永遠のイデアが感性的な形をとってあらわれたもの」と定義されます。眼に見えない真理を眼に見えるものであらわすことです。神の心、人間の運命、その悩み、闘い、勝利を表現するところに芸術美が成り立ちます。そのように永遠に意味あるイデアを表現するゆえに、芸術美は束の間のものではなく、断片的・末梢的のものではないのです。

永遠のイデアを感性化するにはたいへんな能力がいります。それは天才の創作にかかるのです。そういう眼で自然を見るとき、自然は美しさに充ち満ちています。そんな自然の創作者は誰か、こんなにも豊かな美しさを、すべての人に、値無しで与える創作者は誰か——それは神であります。自然は神の創造にかかるのです。創世記の最初の言がそれを裏書きします。

この自然美と比べるとき、芸術は美しいことは美しいけれど、自然の模倣であり、それも結果の模倣でなくて原理の模倣——神が自然において示そうとされた御心の原理の模倣です。

藤井先生の念頭にある芸術というのは、たとえばミケランジェロの絵画・彫刻、バッハ、ベートーヴェンの音楽のような真の芸術です。それらの芸術と比べるとき、大正から昭和の初にかけての近代芸術は、表現派にしろ立体派にせよ、抽象と解体が顕著で、それらの傾向は結果としての自然の模写を考え、しかも、自然は不完全だから芸術家が自然以上に自然全体を全的統一的に示すのだと言うのです。近代芸術は自然以上の自然の創造を豪語するが、それは不可能で、じじつ神の創造たる自然を人間はまだ十分味うことすらできていない、と先生は指摘されます。

自然美は芸術美以上であり、自然こそ芸術の典型であるとされる藤井先生は、「ベートーヴェンよりも秋虫のすだく野」「雪舟よりも芦の一葉」の方が美しいとさえ断言されるのです。自然は神の創造にかかるからです。

2　自然に一切の関心なし

自然美がこのように優れていることの根拠を、藤井先生は探られます。

内村門下の中でも藤井先生は一番哲学好きでした。全集にも「哲学研究」に属する何篇かの文が収められています。また日曜の午後しばらく開かれた新町学盧においても、ミルトン、ダンテとともに、カントの『道徳哲学原論』を研究されました。

こういう哲学好きの先生ですから、自然美の根拠づけにもカントの『判断力批判』の美学のところをふまえて論じておられます。昭和のかかりの頃カントのこの本はまだ邦訳は出ていませんでした

(初めて出るのは一九三二年二月鉄塔書院からです)。藤井先生は原書でよまれたに相違なく、カントの主張を見事に理解しておられるのに驚きます。

自然の美しさ——それは神の御心の反映ですが——の根拠は、その無関心であることによる、とされます。関心とは、眼をひき、心を捕えて離さないことです。ショーウィンドウの物にひきつけられるのは関心が有ることで、私たちがその物を欲しているからです。欲求の対象には関心をむけます。あるいは役に立つ有用なものにも関心は働きます。また知識の対象にも関心は動くのです。

ところが自然の美しさのばあい、そこには感覚的な快も有用性も、理解もない、そのものを知るのでも使うのでも味うのでなく、ただひたすら美しいと感じるのです。

関心が目的を前提にしているとすれば、美は無目的です。目的なく、利害なく、想念もなく、全く自由でありながら、目的にかなっています。これを目的なき合目的性とよびます。

美は自由な精神の戯れに根拠をもちます。それは遊びであり、放浪であり逸楽であります。藤井先生一流の表現をもってすれば、自然には態《わざ》とらしさがなく、小刀細工もない。あみもなく餌もない。猿智恵も蟻かせぎもない。およそ人間のチマチマした小賢しい作為は少しもない。完全に自由暢達でありまず。それは風がその思いのままに吹くように自由であり（ヨハネ三・8)、日が善い者の上にも悪い者の上にもかかわらず照り、雨が正しい者にも不正な者にも等しく降り注ぐように自由なのです（マタイ五・45)。

この自然美の無関心は、自然を創造された神の性格の一面をあらわしているのです。自然は神性の表現です。神は絶対唯一無限であって、神においては自他の差別はありません。利害もなく何の拘泥もない、全く自由であり自然であります。

この自然美の無関心の消息は、新渡戸 稲造がよく揮毫《きごう》した次の歌の心とも相通うものと私は考えます。

見む人の為にはあらで奥山に
おのが誠をさく桜かな

3　自然へ帰れ

この自然の美しさと比べるとき、人間世界の何という醜さでしょう。関心のかたまり、欲求、配慮、肉感、作為、策略、下心、世辞、懸引、おとり——全く濁り切り、偽りでぬり固められています。藤井先生はここにおいて、自然へ帰れと叫ばれるのです。

「自然へ帰れ」とは十八世紀にルソーが声高に唱えたことで、それをもとにして啓蒙思想も発展し、大革命も萌しました。ルソーがそういったのは、人間の醜さ——藤井先生のいわゆる小刀細工、態とらしさ、蟻かせぎ――を文化の虚飾のせいとして、それらを離れて人間も社会も自然本来の姿に帰ることを主張したのです。とりわけ教育と社会組織の面で強くそれを打ち出し、文明人よりも未開人の方が高貴であるとさえ言いました。子供の教育も自然の中で、自然に順って、自然児として育てよと力説し、これは現在にも大きな影響を及ぼしています。

しかし藤井先生が自然へ帰れと言われるとき、ルソーだけでなく、むしろルソー以上に、東洋の思想家に注目しておられるのが特色です。それは老子、荘子、孔子です。

老子は孔子とほぼ同時代、伝説上の人物だともいわれますが、紀元前六世紀の人、周末時代の繁文縟《じょく》礼《れい》と技巧をこばみ、道一元論を唱えました。道は自然《ジネン》に通ずるとみて、無為自然を尊しとしたのです。

儒教は修身斉家治国平天下といわれるように、自己一身を修めることから始めて、天下を平らかにするまで秩序を立て、規則を重んじるのですが、老子はそれとは逆の考えです。「大道廃《すた》レテ仁義アリ」と言うように、真の道が見失われたときに仁義が喧しく唱えられるというのです。

「道ハ自然ニ法《のつと》ル」とのべ、「礼ハ中信薄クシテ乱ルノ首《はじめ》ナリ」という教えも、確かに図星を射ています。人々が礼儀や道徳のことをしきりに口にする時は、それらが失われている時です。

また「知者ハ言《かた》ラズ、言ル者ハ知ラズ」とありますように、道を本当に弁えている人は心から心に伝える、口で多弁を弄する者は真理を知らないのだというのです。

また「光リテ耀《かがや》カズ」とあるように、道は自ら光であって、ネオンのように、歌手が着るラメ入りの服のように、ケバケバしく人目を引こうとはしない。底光りがして、年がたつほど重い光を放つというのです。

あるいは「上善ハ水ノ若《ごと》シ」とあるように、道の核心に達し、善の至極にいたった人は、水のように、どんな形の器にも順い、どんなものをも内に融かしこみ、どんなものの中へも浸みこんでゆき、とりわけ低い所へ低い所へと下りゆく、己が形は消して、己は無にして道を成就するのです（そこにはキリストの福音と通うものも感じられます）。

次は荘子です。彼は老子を継ぐ者といわれますが、生没年は不明です。今ある「荘子」という書物の全部が彼の著すところでないことは確かです。藤井先生はそのいくつかを引いておられます。

老子は警句ふう金言ふうの短い文を僅か残しただけですが、荘子は雄弁に、喩《たと》えをかり、論を立てて、自然思想を展開しています。常識をこえた、桁はずれの議論が次々と現れて、私たちの心に強い衝撃を与えます。荘子も孔孟の思想を向うにまわして論陣を張っています。

内篇冒頭の一節は有名な北冥の魚の話です——北の果の海に魚がいてその名を鯤《コン》という、その大きさは何千里か判らぬくらい。それが化けて鳥になる、その名は鵬《ホウ》。これまた何千里とも知れぬ大きな鳥である。これが奮起して飛び上ると、翼は空一杯拡がった雲のよう。海が荒れるとその風にのって南の果の海に至る。南の海とは天の池である。

自然はこの鯤のようにまた鵬のように、悠々として大きく、コセコセした所は少しもなく、天地を覆うほどのものだというのです。

また雑篇第三十二の十七にある荘子の死の床での話も、引いておられます——荘子が臨終のとき、弟子たちが先生を厚く葬ろうとした。だが荘子は言った、「私は天地を私の棺桶とし、日と月とを一対の飾りの大玉とみなし、星々を様々な形の珠と考え、万物を葬送の贈物と見ている。私の葬式に必要なものはもう十分揃っているではないか。何を付け加えることがあろうか。」弟子のいうに「私どもはカラスやトビが先生の体をついばむのを心配するのです。」荘子は答えて、「地上に放置すればカラスやトビの餌食となろうが、地下に埋めればオケラやアリの餌となる。鳥の餌を奪って虫にやるとはえこひいきでないか。」

日本語で葬は「ほうむる」とよみ、古くは「はふる」で、これは放《ほう》る、捨てるとおなじ意味ですから、平安中期まで日本では庶民の屍は野原へ放置して、鳥獣の餌としたのでした。これはむしろ老荘の無為自然にかなっていたと言えましょうか。世界には今でも鳥葬、風葬をしている地方があります。

老荘なら自然だとは誰しも考えるところですが、藤井先生は『論語』の中にも自然を見出しておられます。それは先進第十一の二十六です。それはこういう話です。

孔子があるとき四人の年配がそれぞれ異る弟子と坐っておられた。孔子より九歳下でもと侠客の子路《シロ》、二十九歳下で政事に長じていた冉有《ゼンユウ》、四十二歳下の公西華《コウセイカ》、それに四十六歳下の曽皙《ソウセキ》の四人です。孔子が質問して、「君たちの中で自己を知る者がいるなら、何をしたいか言ってごらん。」まず一番年上の子路が口を切って、弱きを助ける侠客らしく「戦車が千台ある国や一万台ある国に挟まれた小国で、戦争や飢饉が重なるばあいも、私が治めれば三年で勇気あり道を弁《わきま》えた国にしてみせます。」孔子は笑って次に冉有に尋ねられると、冉有のいうように、「六七十里か五六十里四方の小さい所を私が治めれば、三年で人民は豊かになります。礼楽《れいがく》のことは君子に頼みます。」孔子がついで公西華に問われると、彼のいうに、「できるというより学びたいのです。宗廟のおつとめや諸侯の集りのとき、衣冠をととのえて、少しく役に立ちたいのです。」最後に一番若い曽晳《そうせき》（これは孝経の著者といわれる曽子の父です）が答えます。「春の終りごろ、春着もすっかり整うと、五六人の青年と六七人の少年をつれて河で浴《ゆあ》みをして、雨乞の舞をまう台のあたりで涼みをして、歌をうたいながら帰ります。」孔子は感嘆の声を発して、「私は曽晳に賛成だよ。」と言われた、というのです。

孔子は儒教の祖ですから、社会の各段階において道徳秩序をととのえてゆき、親子、君臣、長幼、夫婦などすべての人間関係を正すのが眼目のはずですが、その孔子にも、春の終りに水浴びして涼んだあと歌をうたって帰るという自然尊重の気があることに、藤井先生は着目しておられるのです。

しかし、老子、荘子、孔子と自然の思想を辿ってくるとしますと、日本におけるその展開にもふれてほしい気がします。柿本人麿、山部赤人、大伴家持など万葉の歌人、あるいは西行、芭蕉、良寛の歌、俳諧、詩など、日本には自然を尊び自然と心を一つにした人は、中国以上に数多くあると思います。

しかしながら、藤井先生が自然の美しさ、自然の無関心、帰るべき自然の心を最も深く、また最も高く教わられたのは、イエス・キリストによってでありました。イエスを自然尊重の人として紹介している人は他にありませんから、藤井先生のこの解釈は私たちに強い印象を与えます。

イエスは言よりは行動、行動よりは人格をもって真理を示されました。そこにイエスの人格には何ともいえぬ美しさが充ち溢れているのです。イエスの人格から自ずからはなたれる香りが、人々の心をとらえたと藤井先生は見ておられます。――マルコ福音書十四章三―九節のナルドの壺の話を取りあげておられます。イエスがいよいよ最後のエルサレム入りをされる前、ベタニヤのらい病人シモンの家で食卓についておられると、一人の女性（ヨハネ福音書ではマリヤ）が純粋なナルドの香油の入った石膏の壺をもってきて、それをこわし、香油をイエスの頭に注ぎかけたのです。ナルドとはインド原産の植物からとった舶来の貴重な香油です。その香りはシモンの家の内全体に満ちあふれました。香気満堂です。ところがそこにいたある人々（ヨハネ福音書ではユダ）が、それは無駄使いだ、三百デナリ以上に売って貧しい人々に施せたのに、と非難したのでした。三百デナリとは今のお金で百五十万円以上ですから、この非難は常識にはかなっているのです。しかしイエスは「貧しい人たちはいつもあなたがたと一緒にいるが、私はあなたがたといつも一緒にいるわけではない。この女性は香油を注いで私の葬りの用意をしてくれたのだ」とかばわれ、「全世界のどこででも、福音が宣べ伝えられる所では、この女のしたことも記念として語られるであろう」と言われたのでした。

藤井先生はここにイエスの人格の美しさを見出されます。ユダは損得計算をしているのです。私腹を肥やす為ではないとしても、いつも算盤をはじいています。しかしこの女性は純美に徹している、イエスを慕い思う心が一途にあふれている、そこにいやしい打算はない。本当に神の事を思い、イエスに従おうとすれば、そこには道徳も善悪も忘れてしまう。慈善も心から離れて、ひたすら、自から、自然《ジネン》にイエスのためのみを思う。この女性はそのような自然な純美の行動を、巧まずして行ない、イエスはそれを嘉納されたのでした。

ですから、自然へ帰れという藤井先生の主張は、こうしてイエスへ帰れということと同じになります。イエスへ帰らずには、人間はその醜さを取り去られることはできないのです。十字架と自然の美しさは、こうして大事な接点を見出されたのでした。

4　生命そのものの自然との交感

あの友誼にあつく、また友情の尊さを強調された藤井先生が言われるのです。

「屢々《しばしば》私はおもふ、自分に友がなくても私は生き得るであらう、併しもし自分に自然がなかったならば！　と。」（全集三巻268頁）

夫人を召されて以後の藤井先生は悲しさの極み、寂しさの果てを味わわれたのでしたから、友なしにはたして生きられたかどうかは一つの問題ですけれど、ご本人がその友にもまして自然を大切に思っておられるのです。

そこまで尊重される自然とは、四季折々、花に水に紅葉に雪に、対象として賞《め》でる自然ではなくて、野路も森も、自然全体が生命の領土なのです。自然は「私の存在の延長」「私の肉体の拡大」であり、天地はことごとく私自身である、というのです。何と東洋的な洞察でしょうか。自然と藤井先生とは一体であり、両者の間に「不思議に交感するところの共通的精神」（同）を自覚されるのです。

それをよく示す文を引きましょう――、

「私は大小一切の思ひを漏なく天の父に告げるやうに、また何でもを自然に訴へる。殊に人には語りたくない事、もしくは語っても詮のない事を思ひ浮べながら、杖を取って夕の野に出る。かくて私は枯草をふみ、丘をのぼり、消えゆく西の空をのぞみ、輝きまさる頭上の星々をあふぎ、たたずみてはまた進み、下りては更に影くらき森のほとり、ささやかなる池の汀《みぎわ》や、萱《かや》しげき畔みちなどを、宛《あて》もなく辿りつつ往きめぐる。その間私は意識的に自然を呼びこそせぬが、私の心もちは絶えず彼女にむかうて開かれてゐる。かくてあるうちに、如何、私をかこむ空と森と草と星とはいつしか一団となり、否、一つの存在、ひとりの人格となって私のまへに現はれ、さうして私の心に言ひがたき慰めをささやくではないか。それが私の心もちを了解することは実に完全であるらしい（わが主、わが妻を除いて、自分を了解してくれること自然のごときものが何処にあるか）。完全な了解の上に立ての遺憾なき同情！　それである、自然が私に与へてくれる応答は。さうしていつでも間違なく！　私は曽て彼女に裏切られたことがあると記憶しない。」

（同269頁）

まことに深く、沁々《しみじみ》と、美しく、自然と一体の心持が語られています。もはや自然神秘思想といってもよいくらいです。

このように自然と一つである藤井先生のことゆえ、いつ筆をとられても、つねに自然が想い浮べられるのです。あの神の大経綸をたたえ、教会史と日本の精神史をうたい、復活再臨万物完成を詠じられた『羔《こひつじ》の婚姻』にも、いかにさまざまの自然が共感ふかく歌と成っていることでしょう。劈頭の上篇第一歌は「コスモス」と題され、「目も映ゆるコスモス、菊、ダリヤ／くまどるはうす紫の桔梗／めづらし、薔薇の小花さへ添ひ」と、自然の花々で歌い出されています。自然が藤井先生と一体となって、自からその筆を動かすのです。

上篇第三歌「天使」の一――六行で、讃美の大合唱をうたうに当っても、「二月の空かける北風に／たけぶ日本海の水の音か、／または夏わかき兩毛の野を／うちふるふ雷霆《らいてい》のとどろきか、／とうとう、ごうごうと、もの凄く、／寄せくる軍勢にも似たる聲《こゑ》。」と北陸の浪荒い冬の海のイメージを先立てておられます。

また中篇第十一歌「義」の冒頭で罪にまどう男女を形容しては、「吹き捲きすさぶ凩《こがらし》につれ／灰色の空を高く低く／漂ふ椋鳥《むくどり》の群のごとく」と鮮かな心象を示されます。

中篇第二十歌「帯縄跣足」ではフランシスコの修行をたたえるに当り、その上着の色をのべるに、「夕映《ゆふばえ》をいとふ二月空の／地平にむかぶす雲に似たる／灰色あはき外衣《うはぎ》をまとひ」とつづられます。

何をのべる心も抽象的でなくて、具象的に、自然のさまざまの姿に託して、筆を運ばれるのです。

中篇第三十五歌「微温」で救いの告知が全地にひびくことを歌うに当っては、「嘉き音信《おとづれ》をつたふるものの／足は崑崙《こんろん》の山なみのうへ／麝香《じゃこう》の鹿にまぎれて軽く／北の極《はて》なる真白き曠野《あらの》／とくることなき氷のなかに／マモスの古き軀《むくろ》をとざす／凍土《とうど》の帯のつくる浜まで／はるかにひびく平和《やはらぎ》のこゑ／あまねくわたる救《みすくひ》の告知《つげ》。」と、崑崙山脈を軽々と走るジャコウジカや、ツンドラ地帯の万年氷に閉じこめられたマンモスを思い浮べられるのです。

「羔の婚姻」は神の福音をうたう詩であるとともに、自然をもその中にゆたかに宿している詩なのです。

藤井先生が言われるに、自然はやわらかであり、おおどか（性質がこせこせしないでおっとりしているさま。）である、父の愛のごとく大どかであり、油にも似て和《やわ》らかである。この自然に接し、この自然に抱かれて、傷ついた心は癒え、希望は燃え上がる。そして聖書こそ、自然を生々溌々として示す生命そのものである、と強調しておられるのです。

藤井先生の自然観は、以上のべてきましたように、西洋の自然観とは大きく異っています。西洋もこのごろはかなり変ってきましたけれど、少くとも一九三〇年頃までの西洋のキリスト者の自然観とは大違いです。西洋のキリスト教は、昨今日本の思想家がとみに批判しますように、人間中心的であり、自然をただ支配と利用の対象としかみない傾向がありました。それはじつは聖書の自然観とは違っているのですが、そのことはほとんど自覚されませんでした。

それに対して、自然を自己の存在の延長ととらえ、己が肉体の拡大と感じ、天地ことごとく私自身と受けとめる藤井先生の、自然との合一、自然との共感・交感の信仰は、きわめて東洋的・日本的であります。

しかも、その東洋的自然観の底には、はっきりしたキリスト信仰、十字架による救いの信仰があります。自然との冥合と十字架信仰の融和、それが藤井先生の自然観の大きな特徴だったといえます。

自然の諸相の知的探究から、自然の造り主としての神へという、自然神学の道ではなく、また、自然を唯一根源的実在と見、自然そのものを神と奉る汎神論でもなく、自然を創造主によって造られたものと信じつつ、ひとしく造られたものとしての人間が、それと合一共感すると見るところに、藤井先生の独自の信仰があるのです。

ではこの自然と福音とを一つに結ぶ信仰をつちかう機縁は、いったい何であったのかと問い直してみるならば、先生の生地であり十代までを過ごされた北陸金沢の地も考えられましょうが、藤井先生が自覚して書き留めもしておられるところによれば、それは武蔵野であったと言わねばなりません。それも、開発がくまなく及んでほとんど面影を留めもしない今の東京西郊ではなくて、今から六十年、七十年前の武蔵野です。ですから次に、藤井先生の信仰にとって武蔵野のもつ意味を考えてみたく思います。

二　武蔵野

1　武蔵野漫歩

藤井先生の自然観に大きな影響を及ぼした武蔵野を、「羔の婚姻」と藤井先生の文で見ますまえに、まず、徳冨蘆花と国木田独歩の文章で、さらに昔の姿を学びたく思います。武蔵野とは、川越より南、荒川より西、多摩川より北の地域をさします。

蘆花の「雑木林」と題する文は『自然と人生』（一九〇〇年）に収められています。武蔵野は原始林の大木が生い育っている所ではなくて、畑があり田圃がありそしてまた雑木林があるのです。主として江戸へ出す薪炭をとる林ですから、杉や檜はなくて、楢や櫟や樫などが多いのです。薪や炭にするために伐れば、ひこばえが生えてまた林となるのです。段々炭の需要が減ると、その雑木も伐り払って拓いて畑にしてしまうのです。畑にはまず麦を作りましたが、東京が侵略膨脹し出すと、野菜中心の近郊農業へ移っていきました。蘆花のいた頃は、江戸時代からつづく雑木林でした。

「東京の西郊、多摩の流に到るまでの間には、幾箇の丘あり、谷あり、幾條《すぢ》の往還は此谷に下り、此丘に上り、うねうねとして行く。谷は田にして、概ね小川の流あり、流には稀に水車あり。丘は拓かれて、畑となれるが多きも、其処此処《そここ》には角《かく》に劃《しき》られたる多くの雑木林ありて残れり。／余は斯《この》雑木林を愛す。／木は楢《なら》、櫟《くぬぎ》、榛《はん》、栗、櫨《はじ》など、猶《なお》多かる可し。大木稀にして、多くは切株より簇生《そうせい》せる若木なり。下ばへは大抵奇麗に払ひあり。稀に赤松黒松の挺然林《ていぜんりん》より秀でゝ碧空に翳《かざ》すあり。／霜落ちて、大根引く頃は、一杯の黄葉錦してまた楓林《ふうりん》を羨まず。／其葉落ち尽して、寒林の千万枝簇々として寒《かん》空を刺すも可《よし》。日落ちて煙地に満ち、林梢《りんしやう》の空薄紫になりたるに、大月《たいげつ》盆の如く出でたる、尤も可《よし》。／春来りて、淡褐《たんかつ》、淡緑、淡紅、淡紫、嫩黄《どんくわう》など和《やは》らかなる色の限りを尽せる新芽をつくる時は、何ぞ、独り桜花に狂せむや。／青葉の頃其林中に入りて見よ。葉々《やうやう》日を帯びて、緑玉、碧玉、頭上に蓋を綴れば、吾面《おもて》も青く、若し仮睡《うたたね》せば夢亦緑ならむ。／初茸の時候には、林を縁《ふち》どる萩薄穂《はぎすすきほ》に出で、女郎花《おみなへし》、苅萱《かるかや》林中に乱れて、自然は此処に七草の園《えん》を作れり。／月あるも可《か》、月なきもまた可、風露《ふうろ》の夜此等の林のほとりを過ぎよ。松虫、鈴虫、轡虫《くつわ》、きりぎりす、虫と云ふ虫の音雨の如く流るゝを聞かむ。おのづから虫籠となれるも妙なり。」

じつに味い深い名文で、よく武蔵野の地形と草木の四季の様を活写してあります――色合も、音も。次にその翌年出た国木田独歩の余りにも有名な『武蔵野』の五を引きましょう。この独歩の文は後でのべます藤井先生の散歩と関係があるのです。同じ景色が十数年を隔ててまだ残っていたことが判るからです。

「自分の朋友が嘗て其郷里から寄せた手紙の中に『此間も一人夕方に萓原を歩みて考へ申候、此野の中に縦横に通ぜる十数の径《こみち》の上を何百年の昔より此かた朝の露さやけしといひては出で夕の雲花やかなりといひてはあこがれ何百人のあはれ知る人や逍遥しつらん相悪《にく》む人は相避けて異なる道をへだたりて往き相愛する人は相合して同じ道を手に手とりつゝかへりつらん』との一節があった。野原の径を歩みては斯《かか》るいみじき想も起るならんが、武蔵野の路はこれとは異り、相逢はんとて往くとても逢ひそこね、相避けんとて歩むも林の回り角で突然出逢ふ事があらう。されば路といふ路、右にめぐり左に転じ、林を貫き、野を横ぎり、真直なること鉄道線路の如きかと思へば、東よりすゝみて又東にかへるやうな迂回の路もあり、林にかくれ、谷にかくれ、野に現はれ、又林にかくれ、野原の路のやうに能く遠くの別路ゆく人影を見ることは容易でない。しかし野原の径の想にもまして、武蔵野の路にはいみじき実がある。／武蔵野に散歩する人は、道に迷ふことを苦にしてはならない。どの路でも足の向く方へゆけば必ず其処《そこ》に見るべく、聞くべく、感ずべき獲物がある。武蔵野の美はたゞ其縦横に通ずる数千条の路を当もなく歩くことに由て始めて獲られる。春、夏、秋、冬、朝、昼、夕、夜、月にも、雪にも、風にも、霧にも、霜にも、雨にも、時雨《しぐれ》にも、たゞ此路をぶらぶら歩て思ひつき次第右し左すれば随所に吾等を満足さするものがある。これが実にまた、武蔵野第一の特色だらうと自分はしみじみ感じて居る。武蔵野を除て日本に此様な処が何処《どこ》にあるか。北海道の原野には無論の事、奈須野にもない、其外何処にあるか。林と野とが斯くも能く入り乱れて、生活と自然とが斯の様に密接して居る処が何処にあるか。実に武蔵野に斯る特殊の路のあるのは此の故である。」

これはじつに武蔵野を歩み尽し味い尽した貴重な記録です。

しかしこの両文から十余年して出た蘆花の『みみづのたはごと』（一九一三年）によりますと、すでに武蔵野は東京に蝕まれて消えゆこうとしている様が、怒りをこめて書かれています。藤井先生が「武蔵野の夕ぐれ」を書かれたのは、さらに十三年後の一九二五年です。その頃の武蔵野を先生は愛しておられるのですが、その武蔵野は蘆花や独歩の筆にしたものから、相当崩れていたでしょう。にもかかわらず、まだその面影は留めていたのでした。

「羔の婚姻」の武蔵野を歌ったところを見てみましょう。上篇第一歌「コスモス」の一二七—一三八行です——

127 ゆふされば相模の山々のうへ
此世ならぬ雲のかがやきに
ひかれて日々わたしは野に出た。
130 その夜もさむき秩父おろしに
外套の襟をさへ立てながら
天の渇きにこころは喘いで。

133 夕ばえは染み出たやうに深く、
薄暗《うすやみ》しづかに万象《ばんしやう》をつつみ、
天は地とささやくに適した。
136 祈るともなく聖名《みな》を呼びつつ
歩む私にたちまち或る声！
そのまま畔みちにわたしは立った。　（一二七—一三八行）

夫人を召され、その寂しさに耐えかねて、心の乱れをとどめることができず、杖をひいて武蔵野をさまよう身となり、ここに神の御声をしかと聴かれたのでした。—喬子夫人と共にいた日は短かったけれど、五十年にもまさる恵みをお前に与えたのだ、と神は言われたのでした。

藤井先生の書斎は二階で西向き、日が傾いて大山から丹沢の山々に落ちかかり、千切雲が夕映えすると、書斎一杯にその輝きがさしこむ。すると先生は仕事も差しおいて、鳥打帽をかむり、太い桜の杖を手に、丈夫な鼻緒の低い下駄をはいて、冬は古マントをはおり、独り夕暮れの野に出てゆかれるのです。家に夫人がおられぬからです。

道はいつも同じです。家の角つづきには、片方は檜、片方は櫟の並木道があって、その左右は菜園で、もとは麦だったが段々東京向けの野菜が作られるようになった。ところが一九二五年当時、その並木の櫟が伐り払われた。それは路の奥に金持が別荘を造り、自動車が通るのに邪魔になるからだという。そして一丁ゆくと林のきわで道は折れ曲り間道に入る。次の林まで細道をたどれば、また道は折れて畑の畔に出る。そこで足の向くまま、小丘を行きつくし、降って小川のほとりに出る。茂る薄のかげに歩みをうつし、雲雀のあとを追い、秩父おろしを浴びつつ漫歩する——藤井先生の「武蔵野の夕ぐれ」に、その親しみ歩まれた野の有様は生きいきと描かれています。その散歩もたっぷり時間をかけて、暮れはてるまで、慰めを与えられつつなさったのでした。

先生作の和歌にはこうあります。

まどかなる虹はたちたり武蔵野の森よりおこり森にくだりて

夕方サッと時雨が通りすぎて、入日を受けて東の空に虹が立つ、点点と在る森に虹の両脚がけざやかに見える荘厳な美しさが伝わってきます。

夏朝は五時むさし野に霧ふかみ四十雀とび太陽のぼる

これは朝の散歩です。たまには日の出前から杖をひかれたのです。

2 武蔵野の意味

藤井先生がこうまで武蔵野を愛し、そのふところに身をゆだねられるには五つの意味があります。第一は夕ばえの美しさです。先生はこれに二段の区別を見出し、第一段は夕日が丹沢の山の端に落ちかかる前後しばらくで、山上の雲が燦爛と彩られる――これが始の夕映。第二段は、それから一時ばかり後、内から自ら染み出るように、山の後ろの雲なき空一帯に、低く低く深紅色が現れる。これは別世界の栄光かと思われる――これが後なる夕映。「時に薄暗あまねく万象を包み、地上の騒音しばし消え失せて、心なき者も天のささやきを聴く」（三巻291頁）と表現しておられます。

第二は星の美しさです。和歌に、

大股のみあしは高く雲のうへ星より星を飛石にして

とあります。これは満天にらむばかりの星を仰いでの歌ではありません。一番星二番星が天空遠く間をとって、点々と見えてきた情景です。立ちならぶ松の黒き梢に輝き出る星を見ては、「今宵も小き地球をかこんで億万哩の外より送らるる無数の清き光に、人類の限りなき祝福を憶うた。」と述懐されるのです（同292頁）。

第三は研究の消化です。和歌に、

一節《ひとふし》のみことばふくみ繰りかへし野みちをあゆむ夕《ゆふべ》ひと時

先生は終日書斎にあって、聖書を学び、注解書をひもとき、思索をめぐらし、筆を運ばれます。しかし聖書の真理は机の前で自分の身に沁みこむのではないのです。椅子に坐って淀みがちな考えも、広い自然の中、星を仰ぎ、雲をめでて歩みを運ぶうちに、全身の血流とともに解きほぐされて、真理へとつながってゆくのです。真理も消化を要する。身につくは少い。しかし夕ぐれ歩む中に一つ二つの真理は深く良心に訴え、血管にしみこむのです。「かくして野路にて消化せられたる真理には少くとも『ランプの匂ひ』が伴はない。」（同）――これは味うべき名言です。私たちもこうありたいものです。

第四は眼のヨベルです。藤井先生はずいぶん強い眼鏡をかけておられました。視力は弱いのです。喬子夫人は夫の眼が見えなくなった時に備えて、外国書をよめるようにと、外国語の勉強をされたとのことです。何という夫妻でしょう！　一日こもって疲れはてた眼を山の上の雲に、また松の梢に輝き出た星にはこんで、休らぎを与えられたのでした。

しかし武蔵野の意味として一番大事なのは、祈りです。和歌には、

空と森と見さかひもなき野のくまに木のごとく立ち聖名《みな》をし呼ばふ

夕ぐれの散歩のあいだに、先生は、所となく時となく、歩みを止め、太い杖を両手に背を伸して天を仰ぎ、天の父の聖名を呼ばれるのです。これが武蔵野の意味の中で最も重要なのです。この祈りは努力しての祈りではなく、「私が絶対に信頼しまつる所の父に対する私自身のおのづからなる発表に外ならない。……私はただ自分の全生涯をお委せする者の前に、一切の事を絶えず告白せずには、生きられない」と書いておられます（同293頁）。祈りは告白なのです。

天の父と心ゆくばかり語らうには、一しお適切な時と場所があるのは当然である——孤独と静粛が必要である。イエスは、自分の部屋に入り戸を閉じて祈れ、と教えられた。「私の部屋は武蔵野である。その戸は夕やみである。」先生は良き祈りの場と時を与えられたのでした。夕の野の黙想はその大部分は祈祷であり、先生は人なき野路でいくたびか神の声を聞かれたのでした。

そうして、「武蔵野の夕ぐれ」の結びに、本日の題を採りました一文がくるのです。

「小丘のうへ孤松のかげに、私は毎夕多くの友人を憶ひ、彼らのために、その家庭のために、その事業のために、その健康のために、その旧き新しきなやみのために、一人づつ其の名を指していのる。かくて夕闇の中に繰り拡げらるる一巻のきよき映画は、如何ばかり私自身の生活を福《さひは》ひならしめつつあるか。／さらば私の愛する野よ、こよひも祝福ゆたかに汝にあれ！」（同294頁）

三　武蔵野の呻き、自然の嘆き

1　武蔵野の呻き

藤井先生にとって、武蔵野は何よりも祈りの場でありました。では武蔵野はそれにふさわしく、その美しい様をいつまでも保ち、歩む人の心に神の恵みと、憐みと、慰めをささやきかけたかといいますと、そうではなかったのです。ご存命中からすでに武蔵野は東京の膨張、企業の開発、金持の傲慢によって、荒らされてゆきました。先生が散歩しておられた十年の間にも、武蔵野は姿を変えました。

先生はそこに武蔵野の呻きをきかれるのです。
「羔の婚姻」上篇第十三歌「呪はれし地」はその消息を伝えます。

1うすら寒き或る冬のゆふべ
私はいつものやうに杖とり
ただひとり武蔵野を漫歩した。
4日は早や低く地平まぢかく
丹沢山なみの畝のほとり
ただよふ一むらの雲にかくれ、
7夕ばえ常ならぬ貧しさに
金色《こんじき》のささべりもけふは見えず、
灰のごとき空ややに暮れゆく。（一―九行）

ささべりとは笹の葉のふちが白くくま取られているように、夕日に映えて雲の周辺が輝く様子です。

10雲消えのあと黒き土ふみ

しめやかなる枯草ふみつつ
そこはかとなく黙思し来《く》れば、
そのおほいなる懐《ふところ》に日ごと
私をむかへて抱くものの
秘めたる鼓動にこよひ触れて、
さながら燃棘《もえしば》のまへに立ちし
牧者のやうに、私も粛然と
小高き丘に杖をとどめた。
ああしづかに謙譲なる夕よ、
　梢うつ北風も起らず、
　ものみな栄《はえ》なき闇に融け合ひ。（一〇―二一行）

関東の土は黒いのです。関西の土は白茶けています。もえしばとはモーセがホレブ山ではじめて神と出会ったことをふまえています（出エジプト記三章）。

私は見る、西の空ぎはに

光をこばみて臥す山々の
いかにとも沈痛なる姿を。
25声あげて語らず叫ばずも
衷にみなぎる呻吟《うめき》のこころ、
たとへば噴火まつ鳴動のごとく。
28かの大地震《なゐ》に膚《はだへ》裂かれて
惨《いた》ましくも岩骨あらはなる
峰よ、なんぢもその中にあるか。　（二二―三〇行）

相模の山々も関東大震災にふるわれて、崖崩れも起り、山の骨が現れているさまに、山の呻きを聞きとっておられるのです。

31もしくは樵夫《きこり》代々にのぼりて
飽くまでに攻めさいなみ、今はた
涙さへ涸れし禍ひの峰も。
34私は見る、多摩川原のかなた、

はるかにつづく一帯の岡の
喪に服するがごとき沈黙を。
37恐らくけふまで汝もまた
幾ばくか悪しき噪《さは》ぎに汚され、
また口あけて血を飲んだであらう。　（三一—三九行）

武蔵野の雑木林もそれにつづく山の木も、何度も伐られては炭薪に売られたのでした。また相模の野は平将門の乱、源平合戦、鎌倉をめぐるいろんな戦乱が戦われた地で、野は血に染っているのです。

40私は見る、薄明の空を
衝いて佇《たたず》む樹々の寂びしらに
風もなく微かにをののくを。
43私は聴く、谷ひとつ隔て
地を匍ふ白き夕靄《ゆふもや》のなかより
いとも鈍重なる牛の唸りを。
46ああこの静謐を裏切りて

何といふ倦怠の表情ぞ、
はた何といふ苦悶の告訴ぞ。
49日ねもす軛に黙《もだ》すものが
我知らず喉をしぼる響きに
意味ふかき発言を君聞かぬか。　（四〇―五一行）

今は乳牛や肉牛をかう農村も多いですが、当時は役牛でした。その牛の唸りに生類の苦悶を先生は認められるのです。

52私はまた聴く、丘のふもと、
林にかくるる農家の辺《ほとり》に
きいきいと高き鵞鳥の叫びを。
55これしも歌か、げに歌ならば
子らなきがゆゑのラケルの歌、
路ゆく人をうらむユダの歌。　（五二―五七行）

鵞鳥は肉用、あひるなら卵肉両用です。卵を人に取られたか、首をしめられるのか、哀切の叫びです。ラケルの歌はマタイ二の一八（エレミヤ書三一・15）、ユダの歌はヨセフを助けるためとはいえ、兄弟たちから救って隊商に売り、隊商がエジプトへ去ってゆくのを悲しく見るユダの嘆きです（創世記三七・25以下）。

58ふたたび眼をあげて私は見る、
　雲間より夜の平安を告ぐる
　星さへこよひ力よわきを。
61滴りやまぬかの光さへ
　学者らが告ぐるごとくややに
　黒き炭と化しつつもあらば！　（五八—六三行）

恒星も何十億年もすると膨らみ、ついには大爆発を起こし、微塵となって宇宙に飛び散る。星さえその寿命を悟って光も弱々しいのです。

64嗚呼、自然よ、我がいとも親愛なる

　友よ、恐らく私のために
　遺されしただひとりの友よ、
なんぢ、その比ひなく美はしき
　装ひの下に、ほほゑみのかげに、
　秘むるか、かくも深きさびしみ。　（六四―六九行）

先生は武蔵野を歩みつつ上からの慰めを受けられますが、またそれと共に自然の寂しさと悲しみ呻きを受けとめておられるのです。

いまなんぢが胸の鼓動に触れて、
　なんぢか密《ひそ》かなる気息を感じて、
　痛む、なんぢが友のこころ痛む。
見よ、なんぢが家こぞりて、わびしく、
　歎き苦しみつつはあらぬか、
　山は流と、鳥は獣と。
蕁麻《いらくさ》の専横に土は泣き、

　嘴の暴虐にわかき芽と
　膨らみそめし果とは怯える。
79海に恐るべき襲撃と遁走、
　山に悼ましき格闘と戦慄、
　空に残酷なる流血と悲鳴。
82ああ自然よ、なんぢ美しきものの
　この傷はそもそも何の詛ひか、
　なんぢのために私もまた歎く。　（七〇―八四行）

植物は土をいため、鳥は鳥を獣をまた木々を傷つけ食い、生物みな互いに殺しあう自然の惨状！その呻きは先生の胸を突き刺すのです。自然と一体となり、自然と冥合し、自然と気息をかわして歩まれる先生は、その散歩の道すがら、パウロがローマ人への手紙八章十八節以下でいう被造物の呻き苦しみを共感し、心にみたして家路につかれたのではないでしょうか。

2　自然の嘆き

全自然は嘆いています。その嘆きは人間の罪とその救いを指し示します。自然の嘆きは人の罪のゆえです。現代の環境破壊の事実は、私たち人間にきびしくこの現実確認を迫ります。自然の痛みを本当におぼえるとき、人は己が罪を思わぬわけにはゆきません。それゆえ自然の嘆きは道徳的苦悩なのです。被造物全体が虚無に服し、空しく、その目的も果せず、血まみれの爪と嘴では、栄光に入ることもできません。

自然には争いが、圧制が、残虐が、壊滅がみちみちています。自然はその恐しさ、すさまじさ、その歪曲、その欠陥をあらわにしています。しかしそれは神の創造になる自然本来の姿ではありません。それは詛われた、滅びの僕としての自然の有様です。

しかしこの自然の滅びも、神の意思から出ているのです。創世記三章十七節にあるように、人の罪のゆえに土は呪われ、自然相剋が始ったのでした。人の罪があがなわれるまでは、地は呪いをのがれえず、人も死なねばなりません。

人の罪が人だけに留らず、野の草にも鳥にも、虫にも獣にも、山にも川にも、壊れ滅びの様を及ぼすに至るのは、人と自然とは一体だからです。自然は人間の罪を共に負って歎いているのです。藤井先生はパルという犬を飼っておられましたが、こう言われます——主人が喪に服すれば犬も楽しまない、首が痛ければ全身が痛むと。

じつに自然界の災禍と道徳界の混乱とは、このようにして相関しているのです。自然の涙は人間の退廃のゆえです。人は今や狂っているがゆえに、自然も太息をついている、と先生は指摘されます。そこに先生が非常に鋭く自然を洞察し、自然の思いを思い取り、自然と人の破れをとおして、その破れを回復する唯一の救い主を待望される信仰を学ぶのです。

藤井先生がこのように自然の嘆きを歌われてからもう七十年たちます。今の自然界は、先生が嘆かれたどころの有様ではありません。今先生がもと居られた西新町のあたり、そして毎夕杖をひかれた武蔵野のあとを、もし訪ねられるとすれば、これがあの町あの野かと絶句されようと思います。

しかし人間の罪は当時と変りなく、いや当時以上に自然をいためつけています。自然の呻きは今や号泣となりつつあります。海の魚の背骨は曲っています——魚だってとても痛いに違いありません。酸性雨で樹は枯れてゆきます。樹が赤枯れてゆくとき、樹も呻いています、泣いています。私たちは今、人間の罪を自然の滅びを通していっそう知らされ、その罪からの立ち帰りをいっそう切に求めぬわけにはゆかないのです。

3　道徳生活の宇宙的意義

道徳生活はただ人間にだけかかわるのでなく、宇宙全体の救いと密接につながっているのです。

藤井先生がこのことを歌われた「羔の婚姻」中篇第三十六歌「呻き」を学びましょう。

1際涯《はてし》も知らぬ虚空のなかに、
　くるめき旋《めぐ》る焔のごとく
　崩《く》えてなだるる雪崩《なだれ》のごとく
4またはゆくりなく海のうへを
　おそふ一陣の旋風につれて
　みそらに沖《ひひ》る竜巻のごとく
7宇宙ひとつになほ余りある
　原始物質の大集団を
　吐きちらしつつ、星雲はまろぶ。　（一—九行）

じつに雄大な歌です。何百万という太陽を包んで、何十億年で一回転する大銀河系星雲の姿をうたっておられます。沖《ひひ》るというのは、「舞い上る」という意味です。音でよんで「天に沖《チュウ》する」とは今も言います。

10地には、そびゆる嶺のいただき、

　消ゆることなき火と硫黄との
　地獄の池をおもはすまでに
13赤き臓腑をみづから割《さ》きて
　煮えかつたぎる金石の気を
　噴きいだしつつ、火山はさわぐ。　（一〇―一五行）

次はとけたマグマを噴出す火山です。荒々しく恐しい自然の姿です。

16または澄みわたる新秋の野の
　平和をやぶりてあわただしく
　咽《のど》をしぼるは何の告知か。
19中空たかく飛びかけりつつ
　電光《いなづま》のごとく落ちてかかる
　隼《はやぶさ》の爪に、鷓鴣《しゃこ》ぞさけぶ。　（一六―二一行）

美しい紅葉もえる秋の野にも、弱肉強食の悲鳴はたえないのです。

22 人よ、こころみになんぢの耳を
　地につけて聴け。遠くちかく
　風に揉まるる大水のごとく
25 森より、野より、山の峡《かひ》より
　おほ海原より、天の原より
　地の極《はて》より、また地の下より
28 響きを交はせ、どよもしわたる
　有声無声の呻きの声々、
　造られしものみな相応《こた》へて。　（二二―三〇行）

天地万物、有情無情、ものみなすべて呻き歎いているのです。

31 宇宙に満つるこの悼ましき
　なやみは、しかし徒然《いたづら》ならぬ
　母が子をうむ産みのくるしみ。

34見よ、造られしものを象《かたど》る
女は、断えず今にいたるまで
息づかしくもうち喘ぎながら
37なほその首《かうべ》を鶴のごとくし
眸を地平の一角にすゑて
はるかにものを待ちかつ望む。
40重き詛ひを項《うなじ》に負へど
歌はよるひる口に絶えなく、
すなはち神にささぐるいのり。　（三一―四二行）

自然を象徴する女性は、産痛にあえぐように、待望の喜びの時を待ち望むのです。ものとは神の子となった人間が罪を救われて現われることを言います。大自然の呻きは祈りです、人を立ち帰らせたまえ、救いの御業を果させたまえ、自然をもあがない救いたまえ、という祈りです。

自然は今や救いを求める祈りの大合唱をささげています。その求める救いは、贖い主イエス・キリストの十字架にのみあります。とすれば、十字架こそが自然復興の礎であります。人間が救われて自然も救われます、人間が滅べば自然も救われません。共死にするばかりです。共苦共滅です。

神は何十億年をかけてこの銀河系をつくり、私たちの小さい星をもつくり、何十億年かけてそこに生命を存在せしめ、十数億年の時をかさねて、己が似像として私たち人間を創られました。その父なる神の子たる人間が、己が欲望のままに、自然を破壊し、享楽の餌食として、己れもろとも滅びの淵に引きずりこむとすれば、それ以上の罪、それ以上の親不孝はありません。それにまさる反逆はありません。

このことはもはや、キリスト者であるとか、回教徒であるとか、仏教徒であるとか、無神論者であるとかと関りはありません。それはおよそこの地の上に神から生命を与えられ、許されて己が命を支えるにふさわしいものの使用を認められている人間一人ひとりが、神の御心を本当にさとって、自然の願いを本当に汲んで、万物の痛みを共に痛んで、己が罪の行いを改めることを求めるのです。

藤井先生の言われるように、「道徳生活は宇宙的意義をもつ」のです。道徳生活はただ自己の身を修め、国家社会を正すというだけのものではありません。ただに人類に幸福の道を歩ませるというだけでもありません。道徳生活は——そして信仰生活も——本当の福音に根ざすとき、この自然をも含めて宇宙全体を、神がよみせられる罪なき元の姿にかえす働きをするのです。そこに宇宙的意義があります。

自然は人間が神の子となることを切に望んでいます。今は人の罪の鎖につながれて、呻き嘆いています。けれども、ここに人間がキリストに従い、己が罪を言い表わし、キリストの十字架に罪をあがなわれて、自然も共に救われる道に歩み出すならば、人においては、まことの人として地を歩まれたイエス・キリストにならうその似像がいささかなりとも成り、それとともに自然も待望の復活の日を迎えることとなります。

藤井先生はその時が必ず来ることを確信しておられました。今私たちは、先生の自然観を学びかえしますときに、先生が東洋の思想家をもふりかえりながら、本当の自然、神の御手を離れたままの自然を人がいかに壊してきたか、人は自然を元の姿にかえすことなくして罪もあがなわれることはない、そのためには人がまずキリストを受けなければならぬということを、武蔵野を散歩されつつ、神から示された、それがどんなに大切な真理であったかを教えられるのです。

藤井先生が毎夕、小丘のうえ孤松のかげに立ちつくして祈られたその祈りは、黙示録の最後にありますように、「マラナ・タ」（主よ、来りませ）という祈りにほかなりません。

今日先生を記念するこの集いにあって、私たちが心をあわせ、声を一つにして祈る祈りも、またそれに尽きると信じます。

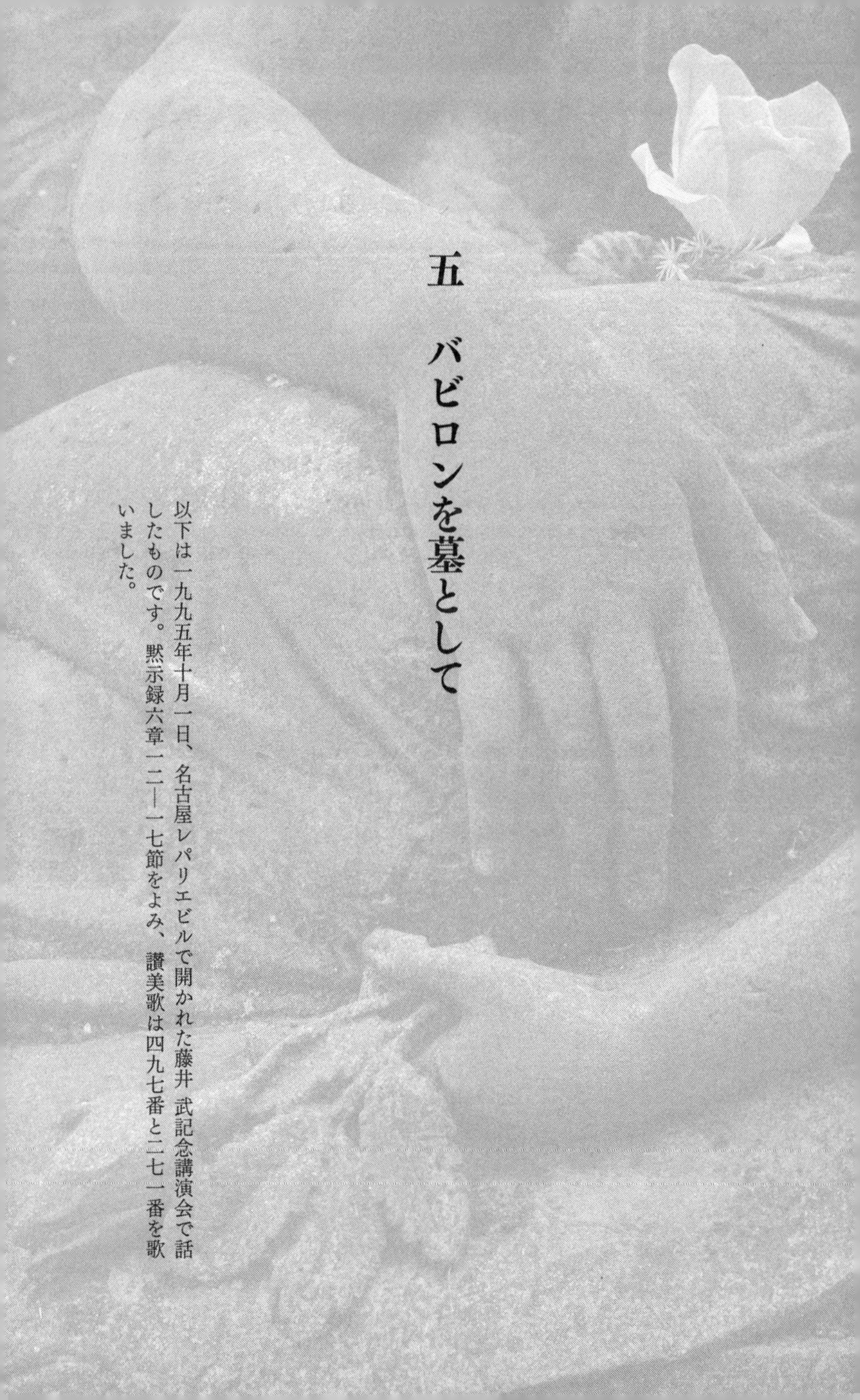

五　バビロンを墓として

以下は一九九五年十月一日、名古屋レパリエビルで開かれた藤井 武記念講演会で話したものです。黙示録六章一二―一七節をよみ、讃美歌は四九七番と二七一番を歌いました。

今年二月で九十五歳になられた中山博一先生が、今日もこうしてお元気で、藤井 武記念の集りを聞いてくださり、今また藤井先生についての新しい事実の一つを教えてくださいました。これはまことに稀有なことでして、神さまのお守りを感謝せずにおれません。

今ご教示いただいたのは、藤井先生は北陸の門徒の出身らしく、召された人のその日（命日）をとても尊重なさった。一九三〇年五月に青山で二日にわたる内村先生記念講演会が開かれたのも、二十八、二十九両日の夜で、平日であった。ふつうは日曜に開き、そのほうが多くの聴衆を集められるのだが、藤井先生は内村先生の召されたその日に記念会を開くことを強く主張されたのだった。とやかく言う人もあり、この次は私一人で開くと藤井先生はもらされたが、それはご自身が召されて果たせなかった。喬子夫人とあわせ自分を憶える日を十月一日にされたのも、この命日尊重の心からである、ということでした。

今日はその十月一日です。私は名古屋で藤井先生記念の話をさせていただきますのは、今日で七回目です。一九八四、八八、九〇、そして九二年からは毎年まいっておりますが、十月一日に開かれるのは今年はじめてで、それだけ、中山先生の今のお話しをしみじみとうかがったしだいです。

さて、今日も卓上にコスモスが美しく飾られています。藤井先生が二度目の「私の日」を迎えられたときの文にこうあります、「十月一日——私の日きたる。天すみわたり、コスモスひらき、百舌鳴《もず》いて秋は静かである。嗚呼かの国の墓はしいかな。彼処にある我が主、また我が佳耦《とも》も、彼の呼び声はやがて聞こえんとする、彼女の瞳はまさに見えなんとする。私のこころ躍る。……」（一九二四年十月、全集10巻373頁）。身は地にあって、天を切にしたわれる藤井先生の心が伝わってきます。

今日の題は「今日の所感」という藤井先生の文からとりました。こうあります。

「一年たった。その当時誰言ふともなく『天譴』の声が高かった。国民すべての良心に手答があった。一人として反対するものがなかった。然るに七十五日ばかり過ぎると、文士、学者らが争うて天譴説を嘲弄し始めた。国民全体もまた例の通り淡泊に此の稀有なる経験を遣り過してしまった。而してさながら何事もなかったかのやうに、鼻唄かろく旧バビロンの復興に努力しつつある。享楽文明は蘇生しつつある。不信の空気は瀰漫しつつある。而して一年目の今日には様々の小刀細工を考案してその日を記念するのであるといふ。何の記念か。無意味も極まる。愚蒙にあらずんば偽善である。嗚呼、道徳的自覚なき国民は禍ひなるかな。熱愛の鞭を当てらるれども彼らは醒めず、大なる使命を委ねらるれども彼らは受けない。神もしなほも日本国を愛し給ふならば、必ずや第二の災禍が来るであらう。然らずして若し此国に愛憎を尽し給はば、彼等は復興のバビロンを己が墓としてやがて滅びるであらう。」（10巻364頁）

日本は今日も震われました。私たちは深く省みねばなりません。中山先生はこの問題をすでに二月に話してくださいました。今日は私も、藤井先生の詩と文に導かれつつ、地震の精神的意義を考えてみたく思います。

二 日本の地震、世界の地震

今年は地震の多い年です。一月の阪神大震災にはじまり、北海道でも東北でも、伊豆半島沖でも、ずっとどこかで揺れています。日本は地震国です。しかし世界中でもたえずどこかに地震が起っているのです。この地球は生きて動いている惑星だからです。そのことを実感するために、歴史上記録をのこしている、日本と世界の大地震を列挙してみましょう。

①推古七年四月二十七日（紀元五九九年五月二十八日）大和地方、マグニチュードM七。四方に命令を出して地震神《なゐのかみ》をまつらせたと『日本書紀』にあります。ナとは土地のこと、ヰとは居ること、ナヰとは住んでいる土地、ナヰフルで地震のことですが、余りゆれるのでナヰだけで地震となりました。

②天武七年十二月（紀元六七九年一月）筑紫地方、M六・七、断層地震。この七年前の壬申の乱で天武天皇は甥の大友皇子を亡して皇位につきました。このときは北の方から秋来春帰を常とするアト

リ・(雀科でキョッキョッキョッと鳴く)が、空を覆って西南から東北へ去り、地面は巾六メートル、長さ九キロにわたって裂けました。ある農家が丘の上にあり、丘が崩れて移動したのに家人は知らず、朝おきてびっくりしたともあります。

③天武十三年十月十四日(六八四年一一月二九日)土佐、南海、東海、西海地方、M八・四、プレート地震。男女が叫び迷い、山は崩れ河は湧き、家も社寺も倒れ、家畜や鶏がたくさん死に、伊予の温泉(道後)はうもれて出ず、土佐では田畑九・八平方キロが埋れて海となり、夜東方から鼓のような音がきこえたが、これは伊豆の方に一島ができ、神が島を作る音だとあります。

④明応七年八月二十五日(一四九八年九月二〇日)東海道全体、紀伊から房総まで、M八・六、津波で四一〇〇〇人死ぬ、プレート地震。

⑤明和八年三月十日(一七七一年四月二四日)八重山群島、M七・四、津波が石垣島で高さ四〇メートル、一一七四一人死ぬ、プレート地震。

⑥寛政四年四月一日(一七九二年五月二一日)雲仙噴火崩土、M六・四、津波一〇メートル三回、一五〇三〇人死ぬ、火山地震。

⑦弘化四年三月二十四日(一八四七年五月八日)善光寺、北信越西部、東西四〇キロ南北九〇キロ、M七・四、八六〇〇人死ぬ、断層地震。

⑧明治二十四年十月二十八日(一八九一年)濃美地方、根尾谷断層は上下六メートル水平二メート

ルの移動、M八・四、七二七三人死ぬ、断層地震。この地震の救援会で内村先生は講演をされましたし、山室軍平も孤児を助けて岡山の石井十次の孤児院にとどけました。

⑨明治二十九年六月十五日(一八九六年)三陸地震津波、M七・六、二七一二二人死ぬ、プレート地震。

⑩大正十二年九月一日(一九二三年)関東大震災、M七・八、一四二八〇七人死ぬ、プレート地震。

⑪平成七年一月十七日(一九九五年)阪神震災、M七・二、五五〇〇人死ぬ、喪失一四万戸、被害一〇兆円、断層地震。

世界の地震史の近いところだけみますと、

①一五五六年二月二日、中国山西、陝西、河南、八三万人死ぬ、世界最大か。

②一七三七年十月十一日、インド、カルカッタ地方、三〇万人死ぬ、プレート地震。

③一七五五年十一月一日、ポルトガル、地中海、大西洋岸、津波あり六万人死ぬ、プレート地震。折しも万聖節の朝のこと、教会堂には男女信徒が集っていて、会堂の下敷となり多数が死亡した。この地震は知識人に衝撃を与え、ヴォルテールは詩をつくって楽観論を批判、ルソーは逆に自然への信頼と摂理の不動を主張、カントも地震の科学的分析とともに、摂理は変らず、地上は仮の宿りであり、人間は神の唯一の目標ではないと論じた。

④一八五三年八月二十六―二十八日、ジャワ、クラカトア火山、津波、八四〇〇〇人死ぬ、火山地

震。この大噴火でクラカトア島は三つに割れ、噴灰は全地球の気象に影響を及した。

⑤一九〇八年十二月二十八日、イタリア、メッシナ（シシリー島）、地割と津波、八四〇〇〇人死ぬ、断層地震。

⑥一九七六年七月二十八日、中国河北省唐山、死者数十万から数百万人。この鉱山地域地震の際中国は一切の外国人報道者の立入を禁止し、救援もことわり、被害を秘密にした。この年のはじめ、中国はネズミの観察と井戸水増減の測定により地震予知に成功したと報じ、これはマルクス・レーニン・毛沢東主義の勝利だと豪語していた。

⑦一九八五年九月十九日、メキシコシティ、M八・一、五〇〇〇人死ぬ。

まことに、この地上は永遠の安住の地でないことが知られるのです。

三　大震災関係の藤井 武の文

藤井先生が関東大震災に関して書きのこされた文は、みんなで六つあります。年次順にあげ、簡単に説明を加えておきます。

(1)「今度のこと」（一九二三年九月）震災当月の『旧約と新約』にのせられたもの。「遂に恐るべきお見舞を天より受けました。」「つつしみて至高者の前に頭を垂れませう。」「犠牲者に衷心よりの敬悼と同情を表します。」とのべ、罹災地の人々の安否を問い、本社と藤井の家族一同の無事を告げ、国民よ目覚めよと付け加えたもの。

(2)「ひとつの宣言」（一九二三年九月）これは活字にされず、震災後玄関前に貼出されたもの。朝鮮人と社会主義者虐殺を批判した文。（後述）

(3)「挨拶」（一九二三年十月）これは塚本虎二夫人園子が震災で死んだことを慰め、祈り、あわせて震災見舞への感謝をのべたもの。

(4)「大いなるバビロンは倒れたり」（一九二三年十月）震災翌月に発表された、最も長文のもの。十の節に分れている。①まず地震と災害についての聖書の個所を旧約、新約から引用し、②地震は物理現象に留らぬことを述べ、③それは神の審きが都市文明に降ったものであり、④その審きは人には十分わからなくても正しいものであり、⑤ソドム、ゴモラの滅亡が、その退廃、傲慢、不虔、奢侈《しゃし》、淫乱によるものと同じであり、⑥審判も個人の罪と社会国家の罪とでは異るが、⑦震災は西洋模倣に走り、信仰と道徳を忘れはて、肉に肥え霊に飢ゆるバラック文明に降された天譴《てんけん》であり、⑧いま志すべきは復興ではなく、清潔、謙遜、堅実な道徳的新文明の創建であり、⑨日本は正しい信仰と固い道徳に立つ社会を築かなければ、さらにおおきな災禍を神から受けると警告し、⑩しかし災は恵みである、国民の魂砕けよ、神に降伏せよと呼びかけたもの。

(5)「日本に対する神の審判」(一九二六年十一月)これは一九二九年刊行の『聖書より見たる日本』の第七の四に収められ、日本は神に選ばれた国として、神の保護をうけてきたにもかかわらず、富者は罪に走り、政治家は悪をこととし、民は享楽心をつのらせ、家庭は退廃しており、第二の審判は必至であると論じたもの。

(6)「地はをののく」(一九二八年十二月)これは『羔の婚姻』中編新婦《はなよめ》の第三十三歌で、およそ地震の精神的意味を歌ったものとしては、僧良寛が文政十一年十一月十二日(一八二八年一二月一八日)越後三条での地震(倒壊九八〇〇戸、焼失一二〇〇戸、死者一四〇〇人)を詠じた「地震後詩」と双璧をなすもの。

四　地震の意味

以上のうち「地はをののく」にのっとり、他の文からも学びつつ、現在の日本と世界に眼を注いで、この重要な問題を考えたく思います。

1　地震の実情

まず「地はをののく」の一―四二行をみてみましょう。

1 新秋第一日の朝であった、
　人は財宝《たから》を積むにいそしく
　女ら昼餐《ひるげ》に備へしてゐた。
4 私も月毎の校正に
　書店を廻りて印刷所へと
　電車して途を急ぎつつあった。
7 たちまち躍りいだす、車は、
　上より下へ、下より上へ、
　大浪に揺るる船のごとく。
10 ガラガラと、いと凄まじき音、
　衝突か、転覆か、すはとばかり

乗客《のりて》総立ち。窓にうつるは
何の時雨《しぐれ》ぞ、煙たてつつ
瓦よ、硝子よ、積木《つみき》のごとく
崩れ落つる青山郵便局。
身をひるがへし降りるや間《ま》なく
地は揺れに揺れ、地の底うなり
私は酔漢か、千鳥足ふむ。
見よ、屋上に瓦は乱舞し
街上に男をんなら抱きて
地鳴りに應《こた》え恐怖を喚《わめ》く。
あまねく全市の空をおほうて
中天にまで蹲《うづくま》りながら
身動きもせず半日ありし
比ひなき大入道雲は
今ぞ怪しの白衣を脱ぎ捨て
目ざましき緋の衣に更へた。

さかんなるかな、今宵の観物！
　駒沢の野に立ちてみやれば
　北、新宿より、品川かけて
地平のなかば張りつらねたる
　からくれなゐの大幔幕よ、
　帝都をひたす火の大池よ。
炎の色に力添ふると
　絶えてはまたも夜すがら続く
　爆弾の破裂に似たる響き。
露営の一夜《ひとよ》まどろみもなく
　明くればいかに、底なき坑の
　毒気にまがふ黒雲の空。
日は新秋の輝きを失ひ
　血脈よりあふれしばかりの
　なまぐさきものの團塊《かたまり》と見る。

（一—四二行）

一―二一行までは震動を、二二―四二行は火災を歌ったものです。藤井先生は九月号の『旧約と新約』の出校正にと、途中銀座教文館の裏あたりにあったキリスト教関係の古書店などをまわって、市電で行かれるとき、地震にあわれたのでした。詩はそのさいの市電内、街、人々の恐怖に騒ぐ様を活写しています。

お昼前の十一時五十八分に地震は起りました。今とちがい、ガスの普及も乏しく、おおかたは薪を燃料とするかまどでの昼餉支度の最中でしたから、たちまち火事となりました。同時多発火災は今でもお手あげ、七十年前はなおさらでした。「爆弾の破裂に似たる響き」とあるのは、薬局や学校の理科室などにある薬びんが破裂した音でした。

この大震災の被害は実に大きなものでした。それを二十二年後の空襲による戦災と比べてみますと（東京について）、

	大震災	戦　災
死　者	九万九千人	九万七千人
傷　者	十万三千人	十一万二千人
全半壊	二十五万五千戸	七千戸
焼　失	四十四万七千戸	七十一万戸
被害額	六十五億円	二百三十億円

（物価をみこむと百三十億円）　（東京と神奈川）

なるほど死傷者数はほぼ等しくありますが、焼失家屋と被害額は戦災の方が約二倍です。しかし、戦災の方は一九四四年冬から四五年春の終りまで約半年にわたり何回もの被災でしたが、震災は一日ないし三日間の急激な災害であったことを忘れてはなりません。大震災の被害額は今の物価にすれば六十五兆円で、阪神震災の六・五倍、国の予算のほぼ一年分に当るものです。

2　天譴

「邑《まち》に災禍《わざわひ》のおこるは神《エホバ》のこれを降《くだ》し給《たま》ふならずや」（アモス書三・6）との叫びが直ちに起りました。

①渋沢栄一

まず八十三歳で藤井先生の言によると「民の長老のひとり」である財界の大御所がこのことを万朝報の九月十三日号にのせました（内村先生の引用で示します）。

「今回の震災は、未曾有の天災たると同時に天譴である。維新以来東京は政治・経済その他全国の中心となって、わが国は発達してきたが、近来、政治界は犬猫の争闘場と化し、経済界また商道地に委し、風教の頽廃は有島事件のごときを賛美するに至ったから、この大災は決して偶然ではない。」（信仰著作全集22の301頁）

明治維新にも幕臣として関わり、以後日本の近代化と、その間の社会の変化をつぶさに見てきた、儒教精神に立つ長老の言として、まさに聴くべきものがあります。

②永井荷風

作家としての荷風は、森鴎外を師と仰ぎつつ、日本社会に諦観し、あえて戯作者に身をおとし、紅燈の巷ばかりを筆にしましたが、もともと儒学の家に育ち、西洋文化の粋を表裏ともしたしく味わい、師鴎外の諦念を受けつぎ、まことに鋭い批判精神の持主でした。生涯の記録である『断腸亭日乗』（この命名にも留意！）には、折々の社会の出来事にふれての痛烈きわまりない批判が随所に見られます。その荷風の震災一月後の十月三日の一部を引きます（震災当日の記事も貴重な実録です）。

「……近年世間一般奢侈驕慢、貪欲飽くことを知らざりし有様を顧れば、この度の災禍は実は天罰なりと謂ふべし。……外観をのみ修飾して百年の計をなさざる国家の末路は即此の如し。自

業自得、天罰覿面といふべきのみ。」（全集19の294頁以下）

荷風ときに四十五歳、このときは自宅は倒れず焼けず無事でした（戦災では一物も余さず焼亡しました）。この文からもその冷徹きわまりない叫びが知られます。しかしまた、この翌日には場末で戯れて、その世界でも震災後はうるおいを欠き、「枕席専らなり」と記しています。

③植村正久

当時六十七歳、日本基督教会の大長老である植村は、全国巡回からの帰途、広島からの汽車が名古屋へ来たとき、大震災を知らされました。汽車をすてて海路横浜に入り東京へ戻りました。所属教会の数多くが倒れ焼け落ち、信徒にも死傷者の増すなか、老骨に鞭うって復興に奔走した植村は、その疲れもあってか、災後一年四か月の一九二五年一月八日に死にます。

震災翌月の『婦人の友』十月号に、植村は「神の業の顕われんためなり」という一文を寄せました（著作集7の391頁以下）。その要旨はこうです——震災もそうだが、禍害は神の業の顕われる機会を与える。世界をまじめにし、質朴単純にする。謙遜、忍耐、慈愛、献身の人も出る。しかしまた禍害は、個人および社会の罪と関わりがある。成金国民、奢侈淫縦に流れつつあった社会がお灸をすえられたのである。ひとごとではなく、悔改めなければあなた自身もそうなる（ルカ一三・1—5参照）。

表面に ご住所・ご氏名等ご記入の上ご投函ください。

●今回お買い上げいただいた本の書名をご記入ください。
書名：

●この本を何でお知りになりましたか？
1. 新聞広告（　　　）2. 雑誌広告（　　　）3. 書評（　　　）
4. 書店で見て（　　　書店）5. 知人・友人等に薦められて
6. Facebook や小社ホームページ等を見て（　　　）
●ご購読ありがとうございます。
ご意見、ご感想などございましたらお書きくだされぱさいわいです。
また、読んでみたいジャンルや書いていただきたい著者の方のお名前。

・新刊やイベントをご案内するヨベル・ニュースレター（E メール配信・不定期）をご希望の方にはお送りいたします。
（配信を希望する／希望しない）

・よろしければご関心のジャンルをお知らせください
（哲学・思想／宗教／心理／社会科学／社会ノンフィクション／教育／歴史／文学／自然科学／芸術／生活／語学／その他（　　　）

・小社へのご要望等ございましたらコメントをお願いします。

自費出版の手引き「**本を出版したい方へ**」を差し上げております。
興味のある方は送付させていただきます。
資料「**本を出版したい方へ**」が（必要　　必要ない）

見積（無料）など本造りに関するご相談を承っております。お気軽にご相談いただければ幸いです。

＊上記の個人情報に関しては、小社の御案内以外には使用いたしません。

郵便はがき

恐縮ですが
切手を
お貼りください

113 - 0033

東京都文京区本郷 4-1-1-5F

株式会社ヨベル YOBEL Inc. 行

ご住所・ご氏名等ご記入の上ご投函ください。

ご氏名：（　　歳）

ご職業：

所属団体名（会社、学校等）：

ご住所：（〒　　-　　）

電話（または携帯電話）：　（　　）

e-mail：

植村も災害を偶然のこととは見ず、その間に神のはたらきを見ているのです。

④内村鑑三

内村先生も当日東京ではなく避暑中の軽井沢にあり、翌日汽車で川口まで、その後は不通のため歩いて自宅へ帰られました（十五キロ以上あります）。震災は神の裁きと受けとめ、「われらの説教をもってしては、とうてい、おこのうことあたわざる大改造を、神は、地震と火とをもって、おこないたもうたのである」と、九月五日の日記にあります（先生ときに六十二歳）。

内村先生の震災観については、すでに今年の二月二十六日の「阪神大震災に当りて」と題する特別講義で、中山博一先生がつぶさにお話しくださっていて、付け加えることは一つもありません。先生も引いておられる「末日の模型」（九月九日の聖日説教）の一部を引くにとどめます。

「……もし試みに天の使が、大震災の前日、すなわち八月三十一日の夕ぐれ、新橋より上野まで、審判の剣をひっさげて通過したと仮定するならば、彼は、この家こそ実に天国建設のために必要欠くべからざるものであると認めたものを発見したであろうか。私は、一軒も無かったであろうと思う。」（信仰著作全集24の43頁）

内村先生も震災を国民の良心挽回の好機、新日本建設の絶好機と見ておられるのです。

3 藤井 武に示されたこと

はじめに「地はをののく」の八五—一〇五行を引きます。

85東京、横浜、日本の頭首《かしら》、
湖南の諸邑《まちまち》、閑《ひま》ある人が
寒暑を避けての遊楽の郷、
88この地を選び新しき日に
かくて起こりしこの大いなる
災禍《わざはひ》、なんぞ意味なくて已まう。
91たまたま民の長老のひとり
「天譴《てんけん》!」と呼べば、洞の中なる
叫びにまがふ反響を聞く。
94民らの胸の奥深きところ

地下水のごとくゆき通へる
罪の意識のなくばいかでか。
97まさしく神の審判《さばき》とは知る、
　近代日本はその罪ゆゑに
　神の法廷に引かれたのである。
100大正十二年九月朔日
その真昼時の地の鳴動は
審判《さばき》を告ぐるラッパであった。
103神はわれらに怒をはなち
　み手をのばして撃ちするゑたまうた。
　地はをののき、バビロンは倒れた。　（八五—一〇五行）

①災禍は神が降したもう

藤井先生も震災を神の審判とうけとめておられます。先生の痛感されるのは、まず科学の無能、裏がえせば人の傲慢であります。

関東大震災もその発生を予告した学者がいないわけではありませんでした。東京帝大の今村明恒助教授は、明治三十年代以後、何回となく関東地方に大地震の起こることを警告し、新聞雑誌もそれを報じていましたが、教授の大森房吉が反対し、人心をまどわすとしていましめたので、相殺されてたいした効果はありませんでした。もちろん今村とて、いつどこにどれほどの地震がと特定できたわけではありません。

今もこの事情はあまり変っていません。一九七〇年以降地質学ではプレートテクトニクス理論などが提唱され、地震発生の原因についてはかなり仕組はわかってきましたが、まだ天気予報程度の精確さで予告できるには程遠い状況です。地中電流の微細な変動が地震発生の数時間前に見られるとか、樹木の電流が微妙に変化するとか報じられていますが、どれもこれも事後の確認で、たとえわかっても数時間前なら、火を消すとか、食料をととのえるとか、水を蓄えるとか、銀行からお金を出すとかはできても、避難するわけにもゆきません。地域も規模も特定できぬ以上、かえって混乱を招きかねません。

しかし、人の傲慢はきびしく警告をうけました。とりわけ阪神震災の場合それは余りにも明らかです。

だれ一人、神戸を中心にあの地震が起きると予測した人はいませんでした。その自然に対する無知のまま、大規模な自然改造（というより自然破壊）が公けに続けられたのでした。六甲の山並を削ってコンベヤーで海へ二十四時間体制で運び、海を埋立てて土地を造成し、また風光明媚な海岸をも埋立てて陸地を拡大し、削った山は住宅地として売り、埋立地にはホテル、会議場、住宅、それに病院までも建て、連絡橋はただの一本、この開発を神戸市株式会社として自他ともに誇ったのでした。

とくに病院の移転は市民に大害を与えました。六甲山裾の地盤の堅い所にあった市民病院が、埋立地へ移され、大きく美しくはなりましたが、今回の地震で病院自体も地盤の不等沈下で壊され、連絡橋も壊れて通行不能となり、あたら近代施設をととのえた大病院も、肝腎のとき市民の役に立ちませんでした。元市民病院跡地はホテルに売ったのでしたが、その高層ホテルはびくともしていません。

また判明したことは、都市生活の基本的要素がおろそかにされていたことです。火災多発に消防車がかけつけても、水道の水が出ませんでした。道路も不備、住宅も戦前戦後の老朽化のまま、その一方でハデな消費をあてこんだ巨大商業街は次つぎと建てられたのでした。市民の日日の生活を安全にゆたかにすることよりも、虚飾と見栄と貪りが、無計画にすすめられていたのでした。この傲慢・怠惰が罰せられたのです。

「私は光を造り、また暗きを創造し、
繁栄をつくりまたわざわいを創造する。
私は主である、
すべてこれらの事をなす者である。」（イザヤ書四五・7）

②罪

罪について藤井先生は個人の罪と国家、民族・国民の罪とを区別して考えられます。個人はその生涯も短かく、その罪の報いが生存中に全く行われることは少ない。善人の不幸、悪人の栄えはいたるところにみられる。個人が罪を改めず犯しつづけるとき、神はそれを恐るべき放任で罰せられる（ロマ一・24）。そしてその罪は来るべき日に審かれる——こう考えられたのでした。

しかし、国家・民族・国民のばあいは違います。国家も民族も永遠ではないとしても、その生命は個人とは比べものにならず長い。また個人には終末の審きがあるが、国家には来世はない。それゆえ国家・民族の罪は歴史の中で罰せられる。神は、敗戦か天災か滅亡か、いずれにせよ明白な形でその罰をくだされる——藤井先生はこう考えられました。そしてこれは正しいのです。

i朝鮮人と社会主義者の虐殺

大震災に当って藤井先生が指摘されるのは、この後者、国家・国民の罪です。その第一は、朝鮮人と社会主義者の虐殺です。まず先生がこのことをうたわれた「地はをののく」の四三—六三行をよみましょう。

43夕さりくれば軒場にひびく

蚊音のごとく何処よりとも
耳うち来るあわただしき声。

46 いはく不逞のやから起ると、
いはくさかんに血を流しつつと、
いはく川をかちわたりてと。

49 聴き入るるには余りに難き
風説《うはさ》も、しかし、機《をり》からゆゑか
余りに易く人をとらへた。

52 翼も及ばずまたたくひまに
この怪聞の伝はるかぎり
関東人《びと》らみな狂気した。

55 闇をやぶりてけたたましくも
鐘また鐘は息をもつがず
相応へつつ急鳴《はやな》りわたり

58 かしこに、ここに、喊声は沸きて
竹槍、剣、棍棒の勢《せい》ら

血の気も見えずあらぶれ奔る。
61かの悪しき者の霊に憑《つ》かれて
墓より出できしガダラ人らも
ここには何ら物の数かは。　（四三―六三行）

日本は維新以後いちはやく近代化をはかるとともに、西洋列国の植民地主義をまねて、アジアに勢力を張ることを企てました。征韓論にもすでにその萌しはあり、韓国内政の乱れ、とりわけ派閥対立に乗じて着々と勢力をはり、日清戦争後は閔妃殺害などの暴挙に出、日露戦争後一九一〇年ついに韓国を併合、経済搾取と武力弾圧を加え、一九一九年三月一日の三一独立運動をも、軍警の力で強引にねじ伏せ、韓国民衆の恨みをかっていることを、日本国民はうすうす感じていました。

一九〇五年には全国で留学生を中心にわずか三二九人だった在日韓国人が、併合後は母国の土地や仕事を奪われて、多数日本に渡り、大震災当時全国で十一万二千人、半数は九州に、関西に三万人、関東一円にも二万人近くの人々が、主として苛酷な肉体労働に、しかも日本人以下の賃金で働いていました。関東の人々もそれら韓国人を眼にし耳にし、同情半ばの軽蔑感をいだいていたのです。

そこへ震災後デマが流されました。韓国人が武装蜂起した、井戸に毒を入れている、放火略奪をしているなどと。日本人の罪責感が裏返しとなり、愚かにもこのデマを信じました。同じく震災で苦しみつつある、しかも異郷で寄辺なく困っている人々を、助けるはおろか、剣と竹槍と棍棒で、切り殺し叩き殺したのでした。

九月二日から三日にはこのデマは福島県まで届き、自警団は一一四五も組織され、夜警に当り、後押収された兇器一九四七点をふるって、この殺人を犯したのでした。五日には内閣告諭も出て東京では治まりましたが、埼玉・群馬など地方ではかえってひどくなりました。

政府の発表では、韓国人の死者はわずか二三一人、加害日本人で裁判被告となったもの一二五人、最高で四年の実刑判決をうけた者三二人、執行猶予九一人、無罪二名、しかも翌一九二四年一月の皇太子（のちの昭和天皇）結婚恩赦で全員出獄という、まことに茶番的なものでした。

今私たちは『現代史資料』（みすず書房）や吉野作造『中国・朝鮮論』（平凡社）、姜徳相『関東大震災』（中公新書）などで、正しい事実を知ることができます。

当時、この民族の大罪に敢然と正義の旗をかかげ、独自の調査を行い、批判した人がいました。キリスト者吉野作造です。吉野は各地で調べた結果を『改造』や『中央公論』に堂々と発表し、論陣をはりました。日本人の残虐性の指摘、賠償の必要、朝鮮人一般の利益に資する設備の提供、国民的悔恨を示す具体的措置、従来の教育の欠陥是正、朝鮮統治の根本的考え直しという、今日の日本人にも問わるべき正論でありました。

社会主義者虐殺は、九月十六日、憲兵大尉甘粕正彦が、無政府主義者大杉栄（三十八歳）、伊藤野枝

（その妻二十八歳）、大杉の甥の橘宗一（まだ子供）の三人を憲兵隊に連れこみ、部下と共に三人を扼殺《やくさつ》したことであります。大杉は海老名弾正に洗礼を十七歳でうけたが、幸徳秋水・堺利彦らの影響で無政府主義者となり、東京外語出身ゆえ哲学、進化論、労働運動などについての訳書・著書も多く、この年はフランスでのメーデーで演説して逮捕追放され、帰国してしばらくでありました。伊藤野枝は東京上野高女出で、十七歳のとき前年した結婚を解消して上野高女教師の辻潤と同棲、平塚雷鳥の青踏社に加わり、のち大杉と結婚していました。

幼い橘宗一まで殺す残忍な兇行をあえてした甘粕は当時三十二歳で麹町憲兵分隊長となったばかり、軍法会議で懲役十年の刑をうけたものの、一九二七年には出獄し、三一年満州に渡り満州事変の陰謀に参加、満州国の重職を歴任し、敗戦時は満州映画理事長をしていたが、自決しました。若い日の山口淑子（李香蘭）や、ハルピンフィルハーモニーの朝比奈隆を支援したりもしましたが、軍国日本の悪の結集した人物の一人でした。

この暴挙で、罪なくして兇刃にたおれた朝鮮人の数は六千人をこえるといわれ、正確な数は今なお不明です。これは当時関東地方にいた朝鮮人の約三分の一にのぼるとみられます。

藤井先生は、正義の憤りにもえ、痛切哀悼の意をこめて、この二十一行を公表されたのでした。そしてこの詩に先んじて、震災後直ちに、家の前に次の「ひとつの宣言」を貼り出されました（これは印刷せず）。

「今度の出来事に際して、多くの自警団が同情すべき朝鮮人に対し、又軍隊が無力なる社会主義者に対して取りたる態度は、赦しがたき人道的罪悪である。誰が何と言ふとも、私はさう確信することをここに宣言し置く。」(全集10巻363頁)

大杉栄も伊藤野枝も、藤井先生が何よりも尊ばれる結婚の神聖に背くこと大なる人たちでした。藤井先生はまた無政府主義に賛成ではありません。にもかかわらず、この蛮行に口を閉さず、めったに政治や社会に筆をそめない先生が、公然と宣言されたところに、この罪の深い自覚があり、真実を貫く義憤があふれています。

ii 霊に飢えて肉に肥ゆる国民

第二に藤井先生が指摘されるのは、日本社会の隅から隅までにみちわたる、虚偽、貪欲であります。まずその文をみましょう。

「危きは基礎なき建築である。信仰と道徳との根柢の上に立たざる浮薄きはまる文明である。禍ひなるは霊に飢ゑて肉に肥ゆる国民である。神を畏れずして自由を追求し、飽くなき享楽にふける叛逆の民である。明治大正の日本は、小ざかしき叛逆者、道徳的脊椎骨を有せざる憐むべき軟体動物の集団と化した。その新文明は盛装したる死屍に過ぎない。外は美しく見えて内は悪臭に充ちるのである。見よ、その政治を。自己又は自党の勢力扶植のほかに何があるか。正義と公道とはわが日本の政治の何処に之を認め得るか。見よ、その実業を。虚偽と利慾とが怪物のごとくにはびこる浅ましくも浅ましき日本の実業。見よ、その文芸を。穢いかな、腐爛したる肉の匂ひ紛々。見よ、その教育を。珍しいかな、標本棚上アルコール漬けの道徳！ 国民の凡てが霊的白痴である。彼等は旧時代の低級なる道徳観念すら失ひつくして、代るべきものは一つも之を握らず、洒然《しゃぜん》として野獣のごとく本能の奴隷となりすましてゐる。彼等はよく踊り、よく饒舌《しゃべ》り、よく儲ける。而して彼等の脳中に正義をおもふ念《おも》ひはない。彼等の眼前に神をおそるる畏れは毛頭ない。」（「大いなるバビロンは倒れたり」〔七〕、全集2巻616頁）

藤井先生がここに言を極めて痛烈に批判されているのは、政治、実業、文芸、教育です。自己と自党のことだけをはかり国家世界のことなど兎の毛の先ほども考えない政治家、金もうけにさえなれば信義を破っても、法律に背いても、良心を偽っても何でもする経済人、動物以下の劣悪な姿を描き写して若い魂に猛毒を注入する文学・芸術、教育勅語の文言に縛りつけられた教育、旧日本の儒教、武士道、町人道すら失い、欲望のままに走りまわる国民——藤井先生は新町の二階の書斎から、この日本の現実を洞視しておられたのです。

では今の日本はどうでしょうか。敗戦後五十年、藤井先生が右に指摘された欠点は日本社会からきれいさっぱりと除き去られたでしょうか。

政治はどうですか。戦後五十年、戦争責任をあいまいにしてきて、この節目に国会で決議をもって世界に、とりわけアジアの被害にあった国々の人たちに、国民としておわびすることすら、党利党略、政争の具にされて、与党議員すら欠席し、国会議員の半数の賛成すらえられず、その文言もかえりみて他を言う卑怯な、中途半端なものとなってしまったではありませんか。悪いことをして謝るときは、はっきりと謝るのが、個人でも国家でも品位を保つゆえんです。

一党支配が終り、連立となって、政府の力が弱まったとたん、これまでもつづいていた高級官僚の腐敗が次々と明るみに出ました。大蔵省の財政金融研究所長の中島某が、人から只金をもらい十数年にわたり脱税し、あまつさえ投資して蓄財していたとは何たることでしょう。国民なら働いて得た二千円三千円のお金にも、源泉徴収一割は差引されるのに！　しかも、発覚しても非を認めず、納税申告の必要を知らなかったとぬけぬけと弁明するとは！　貪欲に背任に虚偽まで添えて！

官官接待とは要するに公金で、高級料亭で只酒をのむことです。年に何百億円もがこれで消えます。それは府県市町村の地方自治体が、政府（官僚）を酒食で釣って、予算を少しでも多くもらおうとするためです。新憲法に明記されている地方自治が、ほんとうに根付き行われておれば、こんな必要はありません。高級官僚は中央官庁の関連団体へ天降りして、数年で多額の退職金（四十年勤めた勤労者も手にできぬ程の）を受けます。そのほか、府県知事に天降っているのが今十七人にのぼるといいます。中央との太い金蔓を売物に当選するのです。何でも中央の規制です。——こんなことがありました。

阪神震災で淡路島の海辺の町北淡町は大被害をうけ、道路もズタズタになりました。その復興を建設省に申請したところ、規定により幅員十七メートルにしないと補助金は出さない、というのです。海沿いの平地の少ない町にそのような広い道はいりません。そんな道をつければ住居地をつぶさねばなりません。道だけ通じても人は住めなくなります。人間不在、地方自治皆無の行政の典型に町長は困っているとありました。

震災後神戸市は、かねて計画中の神戸沖空港を見送ると発表しました。当然のこと、関西新空港へ船で三十七分で行けるのに、どうしてまた空港を造る必要があるでしょう。大阪伊丹空港へもバスで四十分です。多くの市民に必要ない空港をやめたのは英断（という程のこともない当り前のこと）と思いましたが、夏からまたぞろ中央に予算化を求め、建設をめざしての調査費がついたというのです。住民不在！　正義と公義など全くありません。

日本は政治家は三流だが官僚は一流だと威張っていましたが、中央も地方も官僚も公僕精神を失っています。政治は三流だが、経済は一流だ、だから世界一の金持国になったのだ、と財界人は胸を張り、国民もあるいはそうかと思わされてきました。しかしここにきて、経済界にも、国民と世界の民に必要なものを提供するという、経世済民の理念は皆無なことが判明しました。

日本の経済界は企業の無限拡張だけしか眼中にないことが、世界にあまねく知られました。ダブついた金を人民の益に用いず、金にあかせて何でも買いこむのです。アメリカの映画会社も買う、ニューヨークの中心街のビルも買う、もちろん国内の土地は買占めて、レジャー施設にし、価格をつり上げる。そのむき出しの貪欲に世界は顔をひそめました。そのあげく、バブルがはじけて、不良債権はGNPの一〇%の四十兆円にものぼることとなりました。

元最高裁判所長官の藤林益三先生が、朝日新聞九月十一日の「論壇」に投稿しておられましたが、「信頼感の喪失は金融界全体の危機」と題するその文に、私は全面的に賛成です。信頼誠実ということばは、民法の冒頭に現れることばで、信義誠実の原則は公共の利益、権利乱用、公序良俗などとともに、社会秩序を維持していく上での大原則の一つである。日本の金融関係者すべてがそのことを謙虚にわきまえよ、と先生は警告しておられるのです。

それにしても、金融機関のトップの人々が、皆から預った金を、担保も偽って、自分の親族企業に注入して、破産に至る、銀行も信用組合も自欲の道具としか考えないそんな人間が充満しているとは、何と情けないことでしょう。日本経済は音を立てて崩壊しつつあるのではありませんか。

文芸については多くを申しません。ただ一つ出版界の状況について言いますなら、古典及び本当にまじめな本は、全国中小都市の書店では、もう手に入らなくなっています。大都市でもよほどの大書店でないと置いていません。揃えておいてあるのは大阪でも片手でかぞえられる店だけです。そして愚劣な漫画と雑誌とが棚を埋めているのです。

教育界でも、子供の世紀といわれる二十世紀の終りをひかえて、子供の世界が抹殺されつつある日本の現状です。子供の心と体の成長に欠かせない遊びの空間と時間は、無残にも奪い去られ、大人の欲望充足のためふみにじられています。町は車に引き裂かれ、金目当の遊園地ばかりが盛んになり、高級官僚と財界人をめざしての塾づけは、オウムのヘッド・ギヤー並に子供の脳中からやさしさや思いやり、喜びやさびしさを追放し去ります。

この夏日教組は、教育現場の混乱を避けるためといって、文部省との対立をやめ、一転和解の方針を決めました。何でも反対でストだ闘争だと走りまわるのは感心しませんが、君が代一つとっても、それは和解の名のもとでの降服です。これで戦争責任を次代に伝え、国民主権の自覚を若人たちに教えられるのでしょうか。批判勢力の存在が誤りを抑えるのに役立つことを忘れたのでしょうか。

かえり見れば、明治以後日本の学校の教育内容は、たえず官界・実業界、そして軍部の要求に応じるように定められてきました。官吏と軍人と経済界で働く人々を育てるのが、学校教育の任務だとされたのです。戦前の軍国主義教育はその弊害をもっともあらわに示すものでした。しかし戦後しばらくの期間は別として、高度成長期以後、中教審の教育改革はたえず財界の意向をくむものでした。そのような教育にもっとも欠けているものは、人間として（国民としてではなく）どう生きるべきかの知恵でした。人生と世界について自ら考える力をつちかう教育の欠落が、オウム事件をもうんだといえます。

しかしこのように言いますと、何だか政治家、財界人、官僚、組合だけが悪いようにきこえましょうが、けっしてそうではありません。国民もその罪を同じくするのです。国民も、例外者は別として、少しでも利益を余計に得たいと血まなこではないでしょうか。あらゆる種類の賭事の盛行、戦後の食糧難のことを忘れ去り、今世界に飢えに苦しんで死んでゆく年四千万人の人たちのことなど思ってもみないグルメ志向、内心の規律を欠いて、ただ自利だけを求めるその醜さは、アジアの人たちの前に曝露されていないでしょうか。

藤井先生が七十年前日本国民に叱咤された根本的な罪は、今も変らず渦まいているというほかありません。

③第二の審判

国民と国家の罪がこのようにあらわに積もりつもって、神の怒りの鉢は傾けられ、震災となってこの民を撃ちました。それはまことに悔改めを求めてやまぬ神の深い愛のしるしでありました。

その神の警告を日本国と日本国民は無視して、なおも罪の道をひた走ったのでした。神がこの国と民を見放されぬ以上、必ず第二の審判が下される、と藤井先生は神から示されたのでした。

「地はをののく」一〇六—一二六行は、イザヤ書五章二五節の「しかはあれどエホバの怒やまずして、なほその手《みて》を伸ばしたまふ」以下をふまえての幻です。

地はをののき、バビロンは倒れた、
　民はおのづから天譴をおもひ
　一度罪の意識に醒めた。
併しおろかなる豚の群は
　束《つか》の間《ま》その身を洗ひしのち
　復《ま》たしても泥のなかに転ぶ。
聖者の怒なんぞ已まうか、
　更にきびしき鞭を当つべく
　彼はなほみ手を伸ばしたまふ。
すなはち高く旗をかかげて
　洋《うみ》の彼方の国々を呼び
　地の果の民を招きたまふ。
見よ、東風《こちかぜ》にむらがり翔る

蝗のごとく、空を蔽うて
機の集団はたちまち現はれ
121鳴りとどろくや雷《いかづち》のごとく
火を吐きさくや電《いなづま》のごとく
復興の府《まち》を灰にしてゆく。
124ああその日、わが民のどよめき
または地上にみなぎる暗黒
雲に呑まるる光明の影よ。　（一〇六—一二六行）

これをさらに明確にのべられたのは「日本に対する神の審判」と題する文の次の一節です。

「来るべき第二の審判は何である乎。私は知らない。或は恐れる。ユダの場合と同じやうに神一たび旗をたてて遠き国を招きたまふとき、飛行機と戦闘艦とは地の極より空をおほひ水を蔽ふて来り、以て天佑を誇る我らの国の光輝ある歴史に最初の汚点を印するのでもあるまい乎。これ敵の強きが故ではない。神の手加はるが故である。アッシリアもバビロンもみな斯くして神の鞭と用ゐられたのである。恐るべきは米国の太平洋艦隊ではない。その盛なる空軍ではない、

ただ神である。神の信頼を裏切るところ、神の愛を踏みにじるところに、必ず大なる審判はある。」（全集2巻601頁以下）

藤井先生のこの預言のとおり、軍国主義日本は徹底的に壊滅しました。二百七十万人の青年をいたずらに戦場で殺し、一千万とも二千万ともいわれるアジアの民の生命を奪い、人類初の原爆二発をその身に受け、全国七十余の都市は全く焦土と化し、全産業は壊滅し、一切の海外領土を失って、完全に亡びました。

しかし主の憐みは尽きることなく、悔改めの実を結ぶ機会を、いま一度与えてくださったのでした。平和憲法はそれでありました。日本政府の意向をおさえて、急ぎ作られた憲法草案には、作ったアメリカ側さえのちに改めたく思うほどの、徹底した平和と民主主義が盛りこまれたのでした。戦争放棄、主権在民、基本的人権、議院内閣制、地方自治をうたったこの憲法こそ、これで実を結ぶようにとの神の促しであったのです。神は厳しい罰と共に、恵みをも与えてくださるほどに、この国を愛してくださったのです。

しかしそれから五十年後の今日の様子は、すでに先ほど申上げたところです。軍国主義にかえるに経済至上主義、暴力のかわりに金、しかし同じ自己中心、虚偽と逸楽追求、本能の奴隷となり果てたのです。憐れみもし尽きずば、第三の審判がすでに備えられていましょう。それが何であるのか、私たちには今は見えません。摂取した食品や飲料水中の毒素の蓄積によって、ある時点で国民の広範囲に一挙に疾病が起るのかもしれません。余りの強欲がつのり、ついに経済が回復できぬほど破綻を来すのかもしれません。私たちはいたずらに憶測するのではなく、畏れおののいて悔改めの実を結ぶようつとめねばなりません。

④審きは恵み

こう考えますならば、地震も救いのうつわであります。阪神震災も、悔改めを促す神の指の動きです。主のかえりみです。イザヤ書二十九章六節（新共同訳）にあるように、「万軍の主によってお前は顧みられる。雷鳴、地震、大音響とともに、つむじ風、嵐、焼き尽くす炎のうちに」であります。主のかえりみの観点から思いかえしますと、阪神震災にも数々の配慮がありました。あんなに早朝でなくもう二時間あとだとすれば、電車は通勤客と通学生で満員で、どんな惨事となったでしょう。高速道路上にも車が充満していて、何百台もが道路といっしょに倒れ、何百台もがその下敷になったでしょう。オフィスにはすでに人があふれ、建物の倒壊で何千人もが死んだことでしょう。通路には勤め先へ急ぐ人がみち、その上に割れたガラスが矢のように降り注いだことでしょう。

こうみますとき、あの震災の中にも恵のあらわれをさらに見出すことができます。

第一に、国民の同情心が燃え上りました。全国からヴォランティアの青年たちが神戸へかけつけて、寒中疲れも忘れて、被災者の為に働きました。医師や看護婦もバスを仕立て、医療器具をつみ、薬をのせてかけつけ治療に当りました。消防も全国から車をとばして、跡片付けに協力しました。各会社もそれぞれの製品で役立つものを届けました。国民が寄せた支援金は一千億にものぼりました。私たちも合同集会で募金して予想以上の額を与えられ、被災者に配りました。被災者どうしの間にも助け合いの精神がうまれました。全国で、ゴルフや遊興や宴会や旅行が自粛されました。すっかりバラバラになったかに見えた日本社会の底に、まだ連帯感が伏流水のように流れていることを知らされました。何たる恵みでしょう。

第二に、まじめさの復興です。すべてを失って人々は、生活の基本、衣食住の最低限がどんなに大切かを悟らされました。当り前と思っていたことが実はそうではなく、たいへんな恩恵であることを知らされ、感謝という永い間忘れていた大切な心を取りもどしました。単純素朴を愛する心が芽生えはじめました。辛い生活をも忍耐する強さも与えられました。そして何よりも、自分たちの住む町の実態がこれまでどんなに薄っぺらに浮ついたものだったかを見せつけられ、住民としてそれを改めさせようという自治意識がきざし始めました。

第三に、国際的友情です。関東大震災のときも、各国は多くの援助をしてくれました。アメリカは百万ドル、ロックフェラー一人で二十万ドル、イギリスは二千万円をオーストラリアは六十万円を、中国はあの二十一ケ条要求に対抗して布いていた防穀令を撤回して、米八十万石（十二万トン）に二百万元をくれました。シベリア出兵で日本と対立していたソ連さえ、五万ドルと食糧・医師・看護婦を船につんで提供を申入れてくれました（これは日本が狭量にも思想伝播をおそれて突き返しました）。その他同情と自粛を表わした国の数は十数ケ国にのぼります。

この度も、フランスとスイスは早速埋った人をさがす捜索犬を送ってくれましたし、日本に恨みをいだくアジアの国々からも支援がよせられ、独立間もない小国も心からの援助をしてくれました。悲しむ者とともに悲しんでくれたのでした。

これらの恵みをいかして、本当に人と人、国と国、人と自然の正しい関係回復に役立てることができるかどうか、今それが問われているのです——人からも、そして神さまからも。

⑤再臨待望

阪神震災に当って、オウムは別として新興宗教の多くは、この時とヴォランティアを送り、信徒拡大の機会としようとしました。しかし、内村先生も言われたように、地震は信仰をつくらないのです。地震で信仰に入った人は、地震の経験が薄らぐにつれ信仰も薄らぎ、ついに神から離れてしまうのです。信仰を起してくださるのはただ聖霊のみです。また、人の弱みと苦しみにつけこんで己が囲いに入れようというのは、真実な心とはいえますまい。そのような伝道を神さまは喜ばれないでしょう。

しょせん、私たちはこの地上に永遠に住む者ではないのです。永くも百年の命、私たちは地上では旅人です。ヘブル書にありますように、寄留者、一時滞在者であるにすぎません。ものみなが朽ち腐り、砕け壊れてゆくこの世に、永遠の住処をきずいてはなりません。私たちは震われぬ国を受けているのです。私たちの故郷は天にあるのです。

その国をめざして歩む者に、神はやがて再び御子をつかわし、一切の黒白を明らかにし、旅人の眼から涙をことごとくぬぐい、すべての善き業を完成してくださるのです。その日、その時を待望しつつ、私たちはこの嘆きと悲しみの谷間を、上を仰ぎ見つつ着実に堅実に歩むのです。

藤井先生もその日を鶴首しつつ、この地震をうたった稀有の詩章を結んでおられます。「地はをののく」の一二七―一四七行を終わりによみましょう。

127 審判《さばき》は必ず来るであらう、
　併し神の憐憫《あはれみ》のゆゑに
　日本は滅びをはらぬであらう。
130 主は焼きつくす霊をもちゐて
　大和の子らの汚をあらひ
　その手を潔めたまふであらう。
133 今もバアルに膝をかがめぬ

いくばくの人は遺されてある、
「聖き種」のささやかなる群。
136 その四五のものを私も知る、
あるひは果樹の園に労《いたつ》き
あるひは厨《くりや》に炊事《かしぎ》しつつ。
139 イエスの霊に接木《つぎき》せられし
大和だましひ。彼らを見るは
しばしば私に霊感にちかい。
142 切られし橿《かし》の樹株のごとく
わかき芽生えはそこよりいでて
瑞々しくも茂るであらう。
145 滅びよ、腐れし現代日本！
出でよ、新しき義の国やまと！
ねがはくは祝福彼女にあれ！　（一二七—一四七行）

義の国とはどういう国でしょうか。それは、天地創造の神を心からおそれ、公義を慕ってやまない国です。弱い人々を守りあわれみ、生きとし生けるものをいつくしんで、金や虚飾でなく真実を求めに求める国、清潔な街と、謙遜な男女と、民に仕える役人と、自己の為だけでなく世界の貧しい人びとの為に働く国民のみちる国！　堅実な道義を心の背骨とし、朗らかな芸術に喜びがあふれ、子供らしい幼児たちが嬉々としてたわむれ、幸せな感謝する老人の住まう国！　地と富と力と時間と生命を、神と人びとの為に用いる国です。

なんと慕わしいことでしょう。

その国がここに成りますように！

マラナ・タ、主よ、来りたまえ！

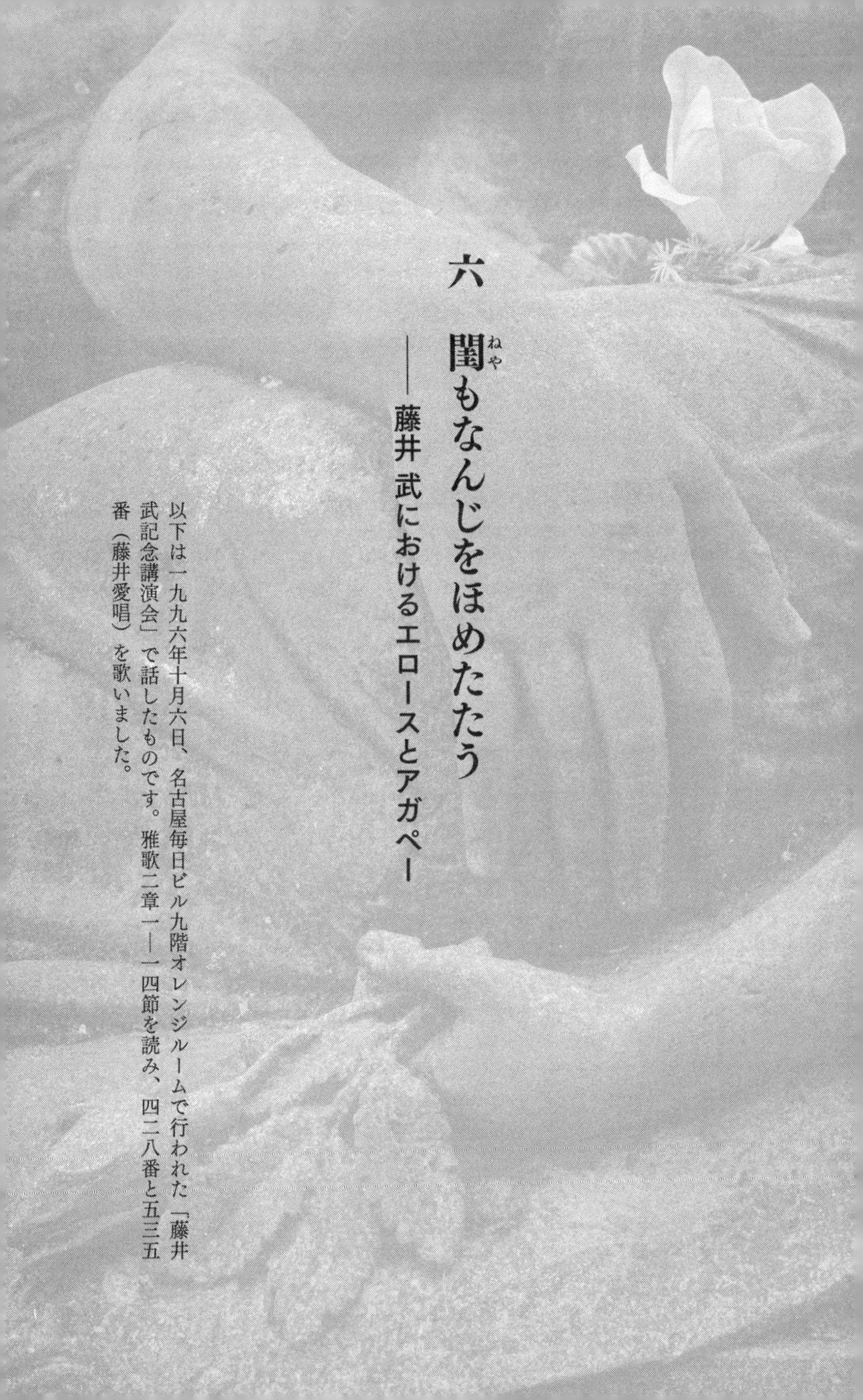

六

閨《ねや》もなんじをほめたたう

――藤井 武におけるエロースとアガペー

以下は一九九六年十月六日、名古屋毎日ビル九階オレンジルームで行われた「藤井武記念講演会」で話したものです。雅歌二章一―一四節を読み、四二八番と五三五番（藤井愛唱）を歌いました。

一　はじめに

　名古屋でのこの講演にお招きいただくのは、今日で八回目になろうかと思います。毎年ですと浦部雋子《しゅんこ》様のお祈りにもありましたように、中山博一先生がいつも最前列におられ、間違った事を言ってもあとで訂正してくださいますし、また先生が直接藤井先生に接しられたさまざまの逸事を教えてくださり、参りますたびに新しいことを学ぶことができたのでしたが、今先生は健康を損ねられ病院においでです。

　しかし、九十六歳のご高齢で、病気がおありでなくても夏を越されるだけでも大変ですので、こうしてまた起ち上ろうとしておられる先生の生命力の旺盛には、ただただ驚くばかりです。神さまのお護りのあついことを感謝せずにはおれません。

　今日はここにお姿は見えませんが、おこしくださっているものと心得て、お祈りに支えられながら、学んで参りたく存じます。

二　『羔の婚姻』について――上篇・中篇の第一歌より

『羔の婚姻』という藤井 武の未完成の信仰長詩については、中山先生が『ちとせのいわ』一九八二年十月号（喬子召天六十周年記念号）の編集後記に書いておられます。引用いたします。

◇世紀の詩作「羔の婚姻」は喬子夫人逝いて後暫くして始まります。これはある時野原を歩いていると天からの啓示がありそれに始まるのです。そこにはダンテの「神曲」からの示唆も多分にあったと思われます。

◇この詩作の構成は、聖書の示すキリストと人類の結婚、すなわち、「羔の婚姻」の真理の縦糸とし、自ら神よりうけし聖なる結婚の体験を横糸としております。

◇この「羔の婚姻」は遂に完成せず、未完成のまま残りました。しかしその思想の雄大さとその長編なることにおいてダンテの「神曲」、ミルトンの「楽園喪失」に匹敵するものと矢内原忠雄先生は申されます。

◇読んでみてこれは難解、誰でもが理解しうるものではありません。世界の文学界がその真価を認識する日はいつの日でしょうか。併し神は必ずその日を与えるでありましょう。案外外国において早くその真価が認められるのではありますまいか。

この先生の文に尽きますが、この詩は上中下の三篇に分かれ、各篇が三十六歌から成ります（三十六は十二かける三、十二も三も聖書で大切な数です）。したがって全体では百八歌から成るはずでした。各歌の長さはまちまち、短くも百二十六行、長いのは百八十行からできています。下篇が第十五歌まで未完成で、合計一二七九五行あります。これは「神曲」の一四二三三行、「楽園喪失」の一〇五五八行の中間に位します。しかし、もしあと二十一ヶ月の命を藤井先生が許されていれば、この歌は完成し、少なく見つもっても一万五千行をこえる詩となり、世界最長の信仰詩となったろうと思われます。

天地創造に始まり、終末、再臨、新天新地の到来までを歌いこもうとの構想でした。それは人類の精神史を太初から再臨の時までたどり、それに喬子夫人との再会の待望を横糸として編み出されたものです。藤井先生はこの詩に八年四ヶ月の歳月を費やされました、夫人逝いて半年後の一九二三年四月から先生召天の一九三〇年七月までです。そして、各篇の第一歌は、召された夫人に対する思慕の念で始まっています。それは、藤井先生が神から与えられた、この地にある夫人との婚姻のことを念頭におきながら、この長詩の行手を見定める舵として、八年四ヶ月の航海を天地呼応してすすめてゆかれたからであります。

今年もこの卓上にコスモスが飾られています。喬子夫人の女学校時代のニックネームがコスモスで、『羔の婚姻』上篇第一歌は「コスモス」と題され、

1目もはゆるコスモス、菊、ダリヤ
くまどるはうす紫の桔梗、
めづらしバラの小花《をばな》さへ添ひ
4きよき者の門出に栄えあれと
その面《かほ》おほひに胸かざりに、
秋は自然の誇りをつくした。　（一―六行）

と歌い出されています。

この長詩を歌い出すきっかけとなったのは、夫人の葬儀の時に内村鑑三が式辞の中で、「今より後、ビヤトリスがダンテを助けしやうに喬子さんが藤井君を助けらるるのであると信じます」と述べたことが心に留まったことです。そしてこの詩が歌い出されるまでのいきさつが、一三二行まで美しくつづられています。一三三行からは、中山先生もご指摘になった「天からの啓示」を歌ったところです。

133 夕ばえは染《し》み出たやうに深く、
薄闇《うすやみ》しづかに万象《ばんしやう》をつつみ、
天は地とささやくに適した。
136 祈るともなく聖名《みな》を呼びつつ
歩む私にたちまち或る声！
そのまま畔みちにわたしは立つた。　（一三三—一三八行）

藤井先生は毎日夕刻、太い杖を手に、下駄をはいて、武蔵野を散歩されます。道は毎日ほぼ決まっていて、樹の下に立って祈り、風景に親しみ、夫人を偲び、神に想いを馳せておられたのです。そこに神の声がきこえました。

139 「泣くな、私である、私である。
私がわがため彼女を呼んだ。
彼女の現在を私はよろこぶ。
142 このわが悦びを今みたすは

永遠より私の思ひであった。
今、汝らふたりの真昼時に。
今こそ時よ、げにこよなき時！
美しきは天にかがやくべく
弱きは苦杯を飲み干すべく。
この時のため私は備へて
五十年も羞ぢらふ十年を
吝《をし》まずすでになんぢらに与へた。　（一三九—一五〇行）

「美しき」とは喬子夫人、「弱き」とは藤井先生、夫人召天は藤井先生三十五歳、まさに人生の真昼時、二人の結婚は一九一一年八月三日、暫しの別れは一九二二年十月一日、ゆえに満十一年余の結婚生活でした。

「しばし所を異にするとも
怪しむな、羔は天にありて
己が新婦《はなよめ》を地にみちびく。

154 いやまさる輝きもてこののち
　ここより汝を助くる彼女を
　トスカナの貴女も羨むであろう。
157 起て、仰げ、目をここにそそげよ、
　破れし心臓の鼓動を歌に、
　歎きを讃美にかへよ、かの日まで。」（一五一―一五九行）

トスカナはイタリア中部の公国、首都がフィレンツェ、貴女とはその地生まれのベアトリーチェのことです。以上が神様からの啓示です。再臨の日迄、召される時まで、歎きを歌にかえてうたいつげよ、と神さまは命じられたのです。ついで藤井先生の応答、

160 足りる、ああ神よ、汝のことばは
　私に過ぎる。しかし私をして
　値するごとくに受けしめよ。
163 讃むべきかな、ひとつの十字架もて
　あるひは撃ちあるひは贖ひ

かくて永遠のみむねを成す者！
165 福《さいは》ひなるかな、召されてみそばに
　聖きよろこびを充たす彼女！
　聖名《みな》のゆゑに軛負ふ私！
169 ねがはくはそこに彼女をして
　ここに私をして暫しありて
合唱せしめよ、汝の栄光を。　（一六〇—一七一行）

上篇第一歌「コスモス」はこの言葉で結ばれています。

中篇はイエスの降世から始まる教会史をうたい、日本における聖霊の歩みをも歌いこみ、壮大な東西精神史といえます。その第一歌は「碧玉」と題されています。

碧玉とは一つの宝石というよりいろいろの石を指す語です。黙示録二十一章十八節以下にありますように、終の日天から降ってくる新しいエルサレムの城壁は、碧玉でできています。あるいは緑、あるいは青、赤とさまざまな色の玉です。そして天国の十二の門の第一の門の土台石も碧玉でできています。コスモスが白、赤、桃色とさまざまの色に映えるように、碧玉もまた七彩の輝きを放って、新しいエルサレムを飾るのです。四三行からよみます。

43あるとき睡《ねむり》より醒めしごとく
　私は目を挙げてわが前に
　ひとりの祝福《めぐ》まれしものを見た。
46その喜悦《よろこび》は地のものならず
　清火の空の薫りを帯びて
　いと潔らかなるおもひであつた。
49彼女が私に何であるかを
　さぐりて聖書《せいしょ》に見いでたとき
　私は叫んだ、「わが栄光よ！」と。
52輝かしき王冠をいただく
　王のほこりも、まことの女性を
　佳耦《とも》とする男性に及ばうか。
55わがベアトリチエは私を呼ぶに
　「兄弟よ」といはず、牧者を呼びし
　シュラミの婦《をんな》の言《ことば》もてする。

58おほよそ妻と呼ばるる貴女らよ、
なんぢら朽ちせぬ飾りをおもはば
彼女のゆゑに神をたたへよ、
61そは数ならぬ彼女のうちに
奇《くす》しきみわざを神はほどこし
「夫の冠」を編みたまうたゆゑに。　（四三―六三行）

「清火」とは天上の火です。藤井先生は妻が自分にとり何であるかを聖書にさぐり、それを第一コリント十一章七節以下に見出されました。「男は神のかたちであり栄光であるから、かしらに物をかぶるべきではない。女はまた男の栄光である。」パウロは教会では女性は頭におおいをかけなければならぬという主張の中で、この言をのべているのですが、藤井先生はそこから全く異なる示唆を与えられたのです。喬子夫人は夫藤井 武の栄光であり、藤井 武はキリストの栄光をあらわすべく召された者、そして、キリストは神の栄光をあらわす――つまり三重の栄光の真理をそこに発見されたのでした。「シュラミの婦の言もてする」とありますのは、雅歌の主人公の田舎娘は恋人の羊飼青年を呼ぶのに「わが魂の愛する者よ」と言います。喬子夫人は夫武をそのように呼びかけたのでした。

64地に起き臥すものが許されて
　いと高き君の永遠のおもひを
おもふはいかに福《さいは》ひなるかな。
67モリアの山にその独子を
　ささげし族長ならで誰か
酒槽《さかぶね》ふむ父のなやみを知らう。　（六四―六九行）

モリアの山に独子を捧げた族長とはアブラハムのこと、神はその愛する己が民を敗戦捕囚の苦難を通して鍛え、その罪をあくまで追求し、ついに独子イエス・キリストを降して、その十字架の死によって私たちの罪をあがなって下さったのでした。そこに父なる神の痛みがあります。

70癒えがたき傷痍《いたで》おさへつつも
　ふたたび往きて姦淫の妻を
愛しおほせし預言者のみぞ
73若かりし日の契《ちぎ》りにそむきて

あだし神恋ふる民をも棄てぬ
エホバの愛を身にしみ憶ふ。　（七〇―七五行）

これはホセアのことです。ホセアの妻ゴメルは姦淫をおかしていまして、ホセアは妻を去ろうとするのですが、神はゴメルを妻としとおせとホセアに命じられます。それはあだし神に心を寄せまことの神に背いたイスラエルの民をも、神さまが捨てず、罪を罰しつつも鍛え、やがて最後の救主をその民の中より起こされた。神の愛を歌うのです。

76 羚羊《かもしか》のごとく小鹿のごとく
山をとび岡を躍りこえ来て
窓より覗き格子より窺ひ
79 「わが佳耦《とも》よ、わが美しき者よ、
起ちていできたれ」と呼ばはるべき
羔のこころを知るは誰か。
82 ひとりの妻がその夫《せ》のために
いかなる存在であり得るかを

見るをゆるされし者こそ彼れ。　（七六—八四行）

ここは雅歌二章八節以下をふまえての歌です。「わが佳耦《とも》よ、いできたれ」と呼ぶのは子羊だとあります。としますと子羊キリストに呼ばれ召し出されるシュラミの女は教会（召し出されたもの）であり信徒であることになります。続いて中篇の結び、

127 女性よ、なんぢこひつじのごとき
　従順および貞潔に映ゆる
　神の聖績《みわざ》のいと奇しきものよ、
130 汝のうちにかぎりなくひそむ
　生命《いのち》の秘義をみとめて私は
　三たび七たび神をあがめる。
133 神の命は発してロゴスに、
　ロゴスのいのち溢れて人に、
　人のいのちは咲きて女性に。
136 祝福《めぐ》まれたるかな、男性の栄光、

キリストの栄光の栄光、
至高者《いとたかきもの》の三重の栄光！
天才が傑作におけるごとく
宇宙の生命《いのち》はなんぢにおいて
おのが理想を見いでんとおもふ。
なんぢを歌うて私は恥ぢない、
そは羔が新婦《にひよめ》をおもふ
心にかよふ心と知れば。
奇しきものの創造者、神よ、
重ねて願ふ、われらを潔め
きよき新婦の歌をたまへ。　（一二七―一四七行）

至高者の三重の栄光である女性、とりわけそれを表わす喬子夫人との十一年を、宇宙の理想の一つの具現とみて、「きよき新婦《にひよめ》の歌」である中篇の教会史が、声高くうたわれてゆくのです。そこにあるのは、藤井先生夫妻をはじめ、信じるすべての人を愛される神の愛です。そして、その愛に清められて地にあって結ぶ男女の愛です。

三　藤井 武における四愛一体

では藤井先生において「愛」とはどのようなものであったか、それを次に学びましょう。四愛一体の四つの愛とは、C・S・ルイスというケンブリッジ大学の中世ルネサンス文学教授の書いた『四つの愛』（新教出版社）から取りました。ルイスのこの本は一九六〇年刊ですが、その三十年前にニグレンという神学者の『エロースとアガペー』という難しい神学書が出ています。ニグレンはそこに人間の愛のエロースと神の愛のアガペーを鋭く対立させて、両者の意味と違いを明らかにしました。

ところがルイスは二つではなく四つの愛を区別します。四つとは次のものです。

（一）情愛（ストルゲー）……肉親の愛
（二）友情（フィリア）……友誼《ゆうぎ》
（三）エロース……自分に無い、秀れたものを求める愛
（四）アガペー……神の一方的に与える愛

情愛は、ある意味では動物にもみられる自然的愛です。そしてすべての人に与えられています。親は子を愛し、子は親を慕います。藤井先生にあっても、この愛はとても強くありました。ことに実父浅村安直への熱い思いは残された文によくうかがえます。実父もまた「旧約と新約」の包装・発送事務を、喬子夫人なきあと一手に引受けて、伝道を助けました。父子は互いに愛し励まし合いながら神さまの為に働いたのでした。

（二）の友情については三年前この講演会でお話しいたしました。藤井先生には良い友がたくさん与えられました。黒崎幸吉、石川鉄雄、椎津盛雄、矢内原忠雄、塚本虎二など、一高から東大法科へすすみ、柏会に集った人々です。同じ信仰の友です。藤井先生は友誼にあつく、一九三〇年一月号は「友情物語」として、全号石川、塚本、矢内原の三友のことを記してあります。

（三）のエロースは一語で日本語で言い表わせません。藤井先生にあっては何よりも妻喬子との間に交わした愛がこれですが、エロースは「自分に無い、秀でたものを求める愛」とでも言えばよいでしょう。それはプラトンが『饗宴』の中で言うように、真理探究もエロースなら、芸術家の美の理想追求もエロースです。詩人が情感に完全に合致する表現を求めてやまぬのもエロースです。そして最も低いと考えられているものに性愛があります。

（四）は神さまが罪人を愛してくださる愛です。このアガペーは他の三つと本質的に異なります。他の三つは皆「求める愛」です。友情も友を求め、友がまた熱き愛で応じてくれることを求めるのです。肉親の愛でも、親は子を愛しますが、それはまた子が親を慕ってくれることを、親の愛を求めてくれることを求めているのです。エロースも求める愛です。ところがアガペーは絶対的な「与える愛」です。求める愛はすべて、自分にとって大切な親、子、友、自分にない秀れた美、真理、自分の唯一人の伴侶となる相手を求めるのです。その対象はいずれも価値あるものです。神はしかし、何のとりえもない、全く無価値な、いやむしろ背き敵するものを愛されるのです。

藤井先生においてこのアガペーは、内村先生を通してキリストへ導かれるのに及んで、はじめて自覚されました。藤井先生はこの神の愛を豊かに受け、その愛ゆえに与えられる苦難をも真正面から呻きつつも受け担って、歩み通されました。これら四つの愛は藤井先生において、ふつうの人以上に豊かに、深く与えられました。三つの愛はアガペーと無縁のものではなくて、アガペーに浸され、アガペーに充たされ、アガペーに貫かれていました。肉親の情にも、友情にも、エロースにもそれは明らかに見られるのです。友情といっても、飲友達や遊友達ではなくて、信仰の友情でした。友情もアガペーと深くつながり、アガペーに抱かれていました。『羔の婚姻』の中に唯一人友人として歌いこまれている石川鉄雄にしても、こと信仰の根本で容認できないとさとるや、藤井先生は絶交されました。アガペーなき友情はありえないのでした。喬子夫人とのことは、今日の中心テーマですが、これも神の愛あってのエロースでありました。

こう見ますとき、藤井先生において四つの愛はじつに一体を成している、四愛一体であると思います。そのことは、その生涯に照らし、その著作にてらし、その生き方に徴して、はっきりと肯定できると思うのです。

四 「雅歌大意」の特色

藤井先生が雅歌について書かれた文は二つありますが、その紹介に先んじて、一般的な雅歌解釈法のことを短く申し上げねばならないと思います。

1 雅歌解釈のさまざま

雅歌は聖書中変わった一篇です。雅歌の中には神は一度も登場されないからです。他の諸書では、神が導き、神が預言者を通して語り、神が詩人の詩想の中心を占めておられます。しかし雅歌では神は全く姿を見せておられません。そして、二人の恋人の思慕の情が赤裸に歌われているのです。二章十六節には、「わが愛する者はわたしのもの、わたしは彼のもの」と女性がいいます。これが相思相愛の端的表現です。純の純なるエロースと言ってよいでしょう。

しかし雅歌解釈には四つの方法がこれまでありました。(一) 寓意、(二) 予型、(三) 劇詩、(四) 恋愛詩です。

寓意とは、恋愛が歌われていても、じつはその背後に別の事柄が実在している、それが雅歌の本質だ、というのです。雅歌は全篇をとおして、一つの喩えとなっていることになります。羊飼の青年はキリストであり、その恋人のシュラミの女とは教会であり信徒である、キリストと信徒の魂の交唱が雅歌をなしている、と解釈するのです。

予型とは、歴史的・時間的にいって後に来るもののひな型として見るという方法です。これはほかの聖書解釈にもよく使われる方法です。エジプトで宰相となり、父ヤコブや兄弟たちを飢えから救ったヨセフはキリストの予型と解されます。またイザヤ書五十三章の苦難の僕は、ピリポが解釈したように、キリストの予型なのです。ですから、雅歌は男女の愛を歌っているが、それは他の事柄の予型であることになります。

たとえば四章七節の「わが愛する者よ、あなたはことごとく美しく、少しのきずもない」という羊飼青年の句が、カトリック教会によって、マリヤの無原罪受胎といういかめしい教義の予型とされました。この信仰箇条は一八五四年十二月八日、教皇ピウス九世によって宣言されました。マリヤがその母の体内に宿った瞬間から原罪を免れていたのだという、はなはだ合理的な教義です。

（三）の劇詩は、雅歌を一つのドラマと読むのです。ドラマであれば登場人物が定まらねばならず、筋があり、起承転結もなければならないことになります。人物は二人または三人です、二人なら羊飼の青年とシュラミの女、三人ならそこへソロモン王を加えます。ソロモンが田舎娘のシュラミの女を自分のものにしようと宮廷につれてきたが、その厚遇にもかかわらずシュラミの女は心を曲げず、自分の恋人である羊飼への愛を貫き、ついにソロモン王が負けたというのです。ソロモンの名は雅歌の中に二度ほど出てきます。ソロモンは賢い王でした。ダビデとバテシバの間に生まれた二番目の子です。ソロモンには妃が七百人、側妾が三百人いたとされます。東西をとわず、昔も今も王公は後嗣を確実に得るために、多くの子をもうけたのでした。しかしこの多色家のソロモン王が羊飼の青年とシュラミの女の純愛に敗れたというのです。

（四）は恋愛詩です。これは雅歌を文字どおり、虚心坦懐によめばそうなります。ルターがこの読み方をしました。恋愛は人間が人間であったそもそものはじめから、宗教をとわず、民族にかかわりなく、時代をこえて、すべての人に共通する愛です。そしてこの愛は必ず歌となって現れます。ユダヤ民族は雅歌としてその愛の歌を残したのです。だから神はその中に姿を見せられないのです。日本にも万葉の昔以来、恋愛詩は秀れたものがたくさんあります。万葉集では相聞歌です。万葉集四五〇〇首中私の勘定でも八四五首は相聞歌で、実に一九パーセントにのぼります。歌だけでなくて、集中でも秀れた歌がこの相聞歌と挽歌に多いのは、人の心の常でしょうか。有名な柿本人麿の

笹の葉はみやまもさやにさやげども
われは妹《いも》おもふ別れ来ぬれば

という、石見の妻に別れて、中国山脈の笹原を東へ歩む人麿の胸中に吹きぬける淋しさとひたすらな思慕の情は、時をこえて私たちの心を打ちます。また安倍女郎《あへのいらつめ》の

わが背子は物な思ひそ事しあらば
火にも水にもわがなけなくに

という一途な情熱をひたすらに歌った烈しい一首、また薄倖多才な大津皇子と石川郎女《いらつめ》との唱和の歌、

あしひきの山のしづくに妹《いも》待つと
われ立ち濡れし山のしづくに

我を待つ君が濡れけむあしひきの
　山のしづくにならましものを

石川郎女の歌は大津皇子の歌を取って、それに返し言葉のように歌われていますが、雅歌にもそのような技巧があるのは、恋の通性でしょうか。シュラミ女が自分のことを「わたしはシャロンのばら、谷のゆりです」（二の一）と歌うと、羊飼はそれを受け返して、「おとめたちのうちにわが愛する者のあるのは、いばらの中にゆりの花があるようだ」と歌います。すると女性はまたそれに返して、「わが愛する者の若人たちの中にあるのは、林の木の中にりんごの木があるようです」（二の二、三）と歌います。盆踊唄や民謡はだいたいこのように、相応じ相こたえ、少し言い替え、言葉を受け渡しして、絡み合いながら歌は進んで行くのです。それが面白く楽しいのです。雅歌はこの点でもまさに恋愛詩の代表です。

四つの解釈中、（一）と（二）には無理があります。キリスト降誕の何百年も前に、雅歌がイエスと教会とをつなぐものとして、寓意として歌われたとは考えられません。またカトリックの言うように、一九世紀中頃に教義化される信仰を、雅歌のたった一行が予型として示していたとは、こじつけ以外の何ものでもないと思います。

（三）の劇詩は一応筋がとおります。しかし田園の男女がソロモン王を敗ったというのは、ソロモン王が田舎娘を宮廷に連れてきたという、いかにも不自然なありそうもないことと相まって、いま一つ心に響きません。各国の美妃七百人の中にこの田舎娘が入ること自体、むりではないかと思われます。

そこで恋愛詩だということになります。人は心で恋し、体で恋します。私たちの心も体も神によって創られ与えられたものです。神に創られた以上、心も体も尊いものです。パウロの言うように、体は「聖霊の宮」です。心の働きは実に素晴らしいものです。しかし、心も体も被造物にすぎません。それは神ではなく、創造主ではありません。それゆえ尊いと同時に卑しいものです。不完全であり、弱く、罪に負けやすくあります。

性もその被造物の一つです。性は神ではありません。そこにユダヤ、キリスト、イスラムの三姉妹宗教と、他の宗教との違いがあります。日本の土着宗教では性を神とすることが多いですし、パウロ当時のエペソのアルテミス女神も多産の象徴として何十個もの乳房をもつ性神でした。ヒンドゥ教でも、それを受けた仏教でも性は神とされます。歓喜天信仰はその一例です。

ですから雅歌がどんなに純愛を歌おうとも、恋愛を神と同列に崇めることは絶対に許されません。そういう雰囲気と伝統の中で、雅歌は歌われています。

2 藤井 武の雅歌論考

藤井 武先生の雅歌についての文は二つだけ有ります。
一つは、一九一九年十二月十一日に行われた「ユダヤ人と我らの信仰生活」と題する講演です。その講演の最後のところに、雅歌のことが少し出てきます。（全集九巻521頁以下）
そこで藤井先生は寓意的解釈をとっておられます。例えば二章の十一節以下の

見よ、冬は過ぎ
雨もやんで、すでに去り、
もろもろの花は地にあらわれ
鳥のさえずる時がきた。
山ばとの声がわれわれの地に聞える。

という恋の季にふさわしい歌詞を、冬はすぎとは信者がこの世にあっては患難を受けるが、そのような今の時代はすでに過ぎ去ったという意味だ、もろもろの花は地にあらわれとは、万物復興の時を歌っているのだ、そしてシュラミの女は雅歌全体をとおして、ソロモンの誘惑に勝ち愛する羊飼と結ばれるのですが、そのことは、シュラミの女が愛する者が自分のもとに来るのを信じ待ち望んで最後の勝利をおさめたことを示し、それはとりもなおさず信徒が待望忍耐してキリストの再臨を迎える

のと同じだ、というのです。この講演では終始寓意で一貫しておられます。

もう一つは、「誘惑に対する愛の勝利・雅歌大意」(一九二〇年十月、全集四巻568—604頁)という三十七ページにわたる解説です。ここでは劇詩と考えられています。テーマは人生の闘いです。藤井先生のみられるところ、雅歌のテーマは歓楽との闘いである。この闘いは非常にむつかしい。苦しみや痛みとの闘いの方がまだしも楽である。苦しい時には心が引き締まる。困難に会えば勇気をふるい起こす。その闘いはむしろ上首尾に運ぶ。歓楽と誘惑の中での闘いこそはむつかしい。安易に勝つことはできない。老人であれ若人であれ、男であれ女であれ、貧富の差もなく、政治家であろうと宗教家であろうと学者であろうと、誘惑は人をおそう。宗教家をおそう誘惑は此世の金や名誉ではなくて、霊的功名心であり、あわよくば天下に伝道者として名を馳せたい、天国で神さまに近い席を与えてもらいたいという誘惑です。それに対抗するのに修養や禁欲ではだめである。この壮烈な戦闘とその完き勝利をこそ、雅歌は描いているのだ、といわれるのです。

詳しく藤井先生の講解をたどることはできませんが、例えば一章二—四節は女性の歌で、シュラミの女ではなく宮廷の美妃たちがソロモン王の愛を頌えた歌だといわれます。「王は私をそのへやに連れてゆかれた」(4節)とあります。「わたしたちは、あなたによって喜びや楽しみ、……あなたの愛をほめたたえます。おとめたちは真心をもってあなたを愛します。」(同)あなたとはソロモン王、おとめたち……とめたちとは宮廷の一千人の美妃側妾だというのです。

五―六節はシュラミの女が王宮の美妃たちに言っていることばで、陽焼けした黒い顔をあまり見ないでほしいと言います。

九―十一節は、ソロモン王がシュラミの女にほめ言葉を告げていることとなります。

十六節から二章一節までは、女性が深い愛をもち確信をいだいてソロモン王の愛をはねつけて羊飼への愛を告白しているところです。そして二章八―十四節（今日読んでもらった所）は、シュラミの女が羊飼との愛を思い出し、熱心の余りついに失神し、その間に一つの幻の中に牧者がやって来るのを見、牧者が「わが愛する者よ、わが麗しき者よ……」という呼かけを行う。この愛のゆえに誘惑に勝ったのだ、という解釈です。

その牧者とは誰か、それは人の中の人、たった一人の人、独一無二の完き人、きずなき人、すなわちイエスであると解されるのです。福音書の中でイエスは自分のことを「私は良い羊飼いである」（ヨハネ一〇・11）といわれ、「見よ、ソロモンにまさる者がここにいる」（マタイ一二・42）といわれます。五章十節に「わが愛する者は白く輝き、かつ赤く、万人にぬきんで……」とあります。白く輝きとは罪なきことを表わす、ゆえにキリストのこと、かつ赤くとは十字架の血潮を示す、ここにキリストの十字架があるといわれます。これは劇詩解釈の諸所に寓意を織りこんでおられるのでしょう。

そうして、その文の結びのところで次のように述べておられます。

われを汝の心に置きて印《おしで》のごとくし、なんぢの腕に置きて印のごとくせよ。（八・6、文語訳）

彼女は愛の未来に就て語りつつある。我を汝の胸に腕に堅く結びて、離れざること印の如くせよ（古代人は印をその身に佩びて放さなかった）。我らの愛をして永遠に堅く密なるものたらしめよ。

其《そ》は愛は強くして死のごとく、嫉妬《ねたみ》は堅くして陰府《よみ》にひとし。その焔《ほのほ》は火のほのほのごとし。いともはげしき焔なり。愛は大水も消すことあたはず、洪水も溺らすことあたはず。人その家の一切《すべて》の物をことごとく与へて愛に換《かへ》んとするとも尚《なほ》いやしめらるべし。（八・6、7）

彼女の戦は誘惑に対する愛の戦であった。而して誘惑の力は大である。何ものも十分に之を滅ぼすことが出来ない。誘惑は大水である。洪水である。如何なる熱火をも消し、如何なる強者をも溺らしむ。併しながら茲《ここ》にただ一つのものがある。その強きこと万人を仆《たお》す死の如く、その堅きことは凡ての死者を呑みて放さざる陰府の如くにして、誘惑中の誘惑と雖も之が為には滅ぼされざるを得ない。その烈しさはいとも烈しき火の焔《ほのお》の如く、誘惑の大水又は洪水の最大なるものを以てするとも、之を如何ともすることが出来ないのである。此一つのものとは何であるか。曰く愛！　愛こそは誘惑の攻撃に曝されて微動だもすることなく却って攻撃者をして大なる恥辱を招かしむべき堅城である。「人その家の一切の物をことごとく与へて愛に換へんとするとも尚いやしめらるべし。」大王ソロモンの一切の権と富とを以てして、なほ谷の百合なるシュラミ女の清き愛に換ふる能はず、却てその前にいたくも辱められた。誠にソロモンの栄華の極みの時だにも、その力は谷の百合の一つに及ばなかったのである。（全集四巻603頁）

印《おしで》とは古めかしい言葉で、押し手のことです。たとえば皇室から先帝の遺愛の品を大寺へ献納されるとすると、その目録帳には墨書の背後に、巻物一面に、掌に朱をぬって押してあります。それが押し手でした。その書類の重要性と真正性を明示するものです。三文判でポンと押すというような軽々しいものではありません。古代人は自分の印を指輪に作り、いつも指にはめていました。

この結びの一文は、いかにも藤井先生らしい、力のこもった美しい、格調高い文章です。このように、藤井先生は雅歌をこの「雅歌大意」では劇詩として、純愛がソロモン王の誘惑に勝ったことをたたえる歌と解釈されたのでした。

五　四愛一体、とくにアガペーに包まれたエロース

藤井先生にあっては、四つの愛は一体をなし、アガペーが他の三つの愛を包み、貫き、充していると申しました。

人はさまざまのものを愛します。物をも愛し、人をも愛します。しかし、つきつめて人間の現実を見ますと、決してイエスの言われたように「神を愛し、隣人を愛する」のではないと思われます。人は最後の最後には自分を愛します。親子であっても、夫婦であっても、まして友人ならなおさら、相手を捨て、見限ってでも、自分の命を保とうとする根性が、人間の中にはあります。

第二テモテ三章二節以下に、終りの時に人間が露呈する悪しき姿がずらりと並んでいますが、その一番最初に「自分を愛する者」とあります。自分を愛するとは、自分以外の者を愛さない、隣人も神も愛さないということです。神を愛さなければ神の戒めに背きます。愛している人の言いつけには人間は従うからです。従わないが愛しているというのは嘘です。尊敬する師の言には服します。

ここで罪とは何かが明らかになります。それは神の戒めを破ることです。そして戒めを破るのは神

を愛さないからです。神を愛さないのは、自分を愛するからです。自分だけを愛することが罪です。

イスラエルは異なる神々に心を寄せました。天地創造の唯一の神以外の神々は、名は神であっても、結局、人間の自己愛の欲望の反映にすぎません。戎《えべっ》さんにおさいせんをあげて、後へ回って「忘れなや」といって裏戸を叩く人にとって、戎さんは自欲達成の手段でしかありません。

しかし、まことの神は愛そのもの、与える愛そのものであられます。ですから独り子イエスを私たちと同じ人の姿で遣わし、十字架の死に至るまで従順を貫かしめ、復活せしめられたのでした。まことの神は愛の何たるかをイエス・キリストにおいて私たちに明示して下さいました。イエスもその父の御旨を体して、神の戒めは、「心を尽し、思いを尽し、精神を尽し、力を尽して主なる神を愛すること」と「自分のように隣人を愛すること」の二つに極まると教えられました。この二つはじつは一つの戒めです。神が隣人愛を命じておられるからです。神を愛すれば、本当に愛すれば、この命令に従うはずだからです。

では、神が命じ、イエスも戒めとして立てられた「隣人を愛せよ」というその隣人とは誰でしょうか。何よりも最初の隣人とは誰だったのでしょうか。

それは楽園において、アダムとエバがまだ罪をおかす前の、アダムでありエバでありました。二人は互に唯一のかけがえのない隣人でありました。そしてその最初の隣人は、夫婦でありました。しかも、アダムにエバを与え、エバにアダムを与えられたのは、ほかならぬ神でありました。神は二人の愛を祝福して、一体になれ、生めよふえよと言われたのです。二人の間に流れ交わされる、いとも純な、いとも濃やかな愛も、神の創造の大きな愛、アガペーの愛の中に包まれ、アガペーの愛によって与えられ、保たれていました。罪におちて以後、もちろんそれらすべては変りました。二人は互の愛が汚れるのを覚えました。しかし罪に堕ちる以前には、二人の愛は神の祝福と恵みの下にあったのです。

神は、創世記一章二十七節にありますように、人を「神のかたちに創造し、男と女とに創造された」のです。つまり男と女は神の似姿の中に含まれているのです。神の似姿は男女の性を含みます。私たちが神の似姿ということを言う場合、何だか神学的・哲学的に、抽象的に、純粋な、透明な、浮世離れしたものを想い浮べるのではないでしょうか。聖書はしかしそうは言わないのです。聖書によれば、神の似姿とは男であり女であるのです。もちろん似姿は神ではありません。ですから性は神ではなく、神には性はありません。神様は性を超えておられます。私たちは「父なる神」といいますが、神様は男性ではありません、女性でもありません。中性ではさらにありません。しかし神の似姿は男と女なのです、性を必ず含んでいるのです。

したがってエロースは、男と女の愛は、神が定められた愛です。そうだとしますと、その愛の中には、エロースの中には、本来神が天地を創造されたアガペーの愛が含まれており、いやアガペーがエロースを包み、貫きとおしていると言えないでしょうか。罪に堕ちてすべては一変しました。けれども、この雅歌に歌い交わされているシュラミの女と羊飼の青年の純粋な愛、あるいは万葉集の中で私たちの祖先が歌いかわしたひたむきの愛、そのほか歴史上数多くの詩人たちがどの民族でもどの時代でもおのずから歌い出でた愛、その愛の中に、神が創造の愛の中にこめられ、創造の愛をその中に沁み透された楽園におけるエロース、少しなりともその愛の香りを、少なくともその余香を保っていることは、あるのではないでしょうか、いやそれはあると私は思います。

藤井先生はその愛を神さまにより示され、味わわしめられた唯一の人ではないかと思います。それが今日のテーマでした。

そしてこのことは、エゴイズム、終りの時の人間の陥る最も醜い罪である自己中心の克服へとつらなってゆきます。

自分を愛することが直ちに罪であるのではありません。自分を愛さないというのは嘘です。また自分を本当に大切にせぬ人が他人を大事にすることはありません。自分を愛さないという建前で行動すれば、どこかに偽善がひそむことになり、それはやがて白日のもとにさらされます。そして偽善は自分をも傷つけ、他をも損なうのです。自分の国を本当に愛さない人が、世界人類を愛することはありえません。自分の国は憎むが世界人類は愛すると言う人のことばを、世界の人はそのまま受けとめるでしょうか。そんなことはぜったいありません。

自己愛が悪しき姿に崩れ腐れば、本当に醜い罪となります。しかし、アガペーに貫かれ、アガペーに充たされ、アガペーに包まれたエロースでは、相手の喜びが自分の喜び、自分の喜びが相手の喜びとなるのです。二人はまさに一体です。自分の悲しみはまた相手の悲しみです。二人は互いに互いの上を気づかい、互いが互いを敬い、大切にし、冒険をおかすのも、責任を負うのも共にし、心も体も含めての全人格的共同の生を生きるのです。すべての事にともに参与し、「わが愛するものは私のもの、私は彼のもの」とシュラミの女が歌ったように、互いに自己のすべてを捧げ切るのです。しかもそれを犠牲と心得て、しぶしぶではなく、心の底から、歓びと満足をもって行うのです。自分のすべてを与えて嬉しいのです。——それが本当の男女の愛ではないでしょうか。

純粋な、純の純なる、アガペーに包まれたエロースの中では、私たちは、本来神のみがいだかれる与える愛（アガペーの愛）の消息を少しくかがされるのです。その可能性と機会は、すべての人に開かれており、心すればすべての人が味うことができるはずです。その機会をとらえず一生を過す人は、まことに気の毒です。

放っておけば自己中心、エゴイズムの泥沼に落ち沈んでしまう人間が、自己愛ではなくエゴイズムではなくて、少しの間にもせよ、与えて喜ぶ愛の余香をでも味うことを許されるのは、何と素晴らしいことではありませんか。エロースはその可能性を開くのです。神の愛をいささか味わわせていただく、かつて余すところなくアダムとエバに注がれた神の愛の移り香を、私たちは純愛においてかがしめられるのだ、と言ってはいけないでしょうか。

ここにエゴイズム克服の一つの拠点があります。アガペーに充たされれば充たされるほど、エロースもその目的に近づきます。神は楽園において「人がひとりでいるのはよくない」と言われました。それはアダムが独りで自己満足して、自分に固まっていては良くないとのことです。アダムはエバを与えられて、互いに与え与えられる共同の愛に目覚めるべきだ、その中にこそ神の愛はゆたかに流れ込む、と神はお考えになったのだと思います。

六　全人格的福音への復帰

以上のことが、この最後のテーマとつながってきます。

1　霊肉ともに……二元論による歪曲

恋愛とは心をもち体をもった生身の人間同士のあいだに起ることがらです。その心も体も、霊も肉も、ともに神により創造されました。私たちの心にも体にも霊にも、神の創造の愛が働いています。

ユダヤ教徒は、霊も肉も、心も体も神によって創られたものとして尊びました。けれどもキリスト教は、そのユダヤの伝統の中から起りつつ、やがてギリシャ思想の圏内へ伝えられました。ギリシャ思想の中へ進むにつれて、ギリシャ的二元論の影響を受けないわけにゆきませんでした。つまり霊と心を尊び、肉と体を卑しめる、魂は貴いが身体は価値がないという考え方にかぶれたのです。これは福音の歪曲といってよいでしょう。

ですから、歴史の中を歩んできたキリスト教の中には、本来の神の思し召し、本来の福音、イエス・キリストの御心以外に、その歴史の過程でこびりついた垢、妥協し習合した誤った考えが、深く入りこんでいるのです。キリスト教は霊と肉とを分断しました。二元論による福音歪曲が教会史を支配してきたのでした。

体を軽視することは、ギリシャでも東洋でも見られたように、肉体労働軽視となって現れます。ギリシャの自由人は、身体を動かす仕事は奴隷にまかせて、広場で論議を交わすのに明け暮れしていました。今でも事務職の方が現場職より偉いといった考えが残っているでしょう、それです。

そしてこの考えは女性軽視へ直結してゆきます。男と女では、女性のほうが身体を動かすことが多く、また身体にその生活は一層多く左右されるのです。身体の世話は女性のほうが上手です（例外は別として）。ギリシャでも日本でも、女性は軽視されました。

さらにまた、体の中の体、肉の中の肉、身体中もっとも身体的な営みというと、性です。ですから、性は軽んじられ、卑められ、劣等視されました。福音が二元論に歪められたばあい、全き人間、全人格的人間、創造された似姿としての人間丸ごとではなくて、人間の一部を尊び他を卑しめる傾向に陥らぬわけにはいきませんでした。性は即罪であるとの考えはこうしてキリスト教の中へも入りこんだのです。

2　性の管理と性の反逆

聖書本来の教えは、性を悪そのもの、汚れそのもの、罪そのもの、なくもがなのものとは考えないのです。もし性が罪そのものなら、性は全面的に否定されてしかるべきです。しかし、皆が皆性を全面的に否定すれば――トルストイがその「性欲論」で主張したことを実行すれば――人類は亡びます。人類が亡べば教会も消滅します。それでは困るのです。どこかに誤りがあります。ではどうすればよいのでしょう。

それほど汚れた悪い性ならば、放置してはいけません。教会がこれを管理しなければならぬ、ということになります。じじつ教会は性を管理してきました。そのことは、教会がやがて地上の物質をも財産をも管理し、また政治権力をも管理し、知識をも学問をもその婢女としたのと同じです。そしてあげくのはてには、体や物や地上のものだけではなく、神ご自身が直接働かれる場である霊の世界までも、教会は完全に手中に収めようとしたのでした。

ルターの宗教改革は、この管理を打破しようとしたものと言ってよいでしょう。そのように教会が性を管理した精神は、聖書本来の教えというより、二元論に歪められたキリスト教でありました。それに対しては反動が起らずにはいません。じじつ起りました。まことに激烈な反動でした。およそ反動というものは、振子が一方の端に振り切ってゆり戻すときには、真下の中点で止ることはなく、逆の反対の端へと振り切れるのと同じで、極端に走ります。霊肉分離、体の軽視、肉の軽蔑に対してこんどは身体の復権です。(ドイツ観念論に対する唯物論者フォイエルバッハの反対も、その一つの現われでした)。

身体は無ではない、価値なきものではない、素晴らしいものである。そのとおりです。オリンピックをはじめとして、人間の身体能力の極限を発揮する営みは、まことに美しく、ほれぼれします。身体の復権とともに性も黙っていませんでした。そのときにはかつて霊肉一体で人間の全人格であったときとは異り、やはり霊肉分離の二元論に突走るのです。但しこんどは霊を卑しめ、肉だけを尊ぶのです。魂や心などは無い、尊いのは肉とその歓楽だけ、人生の目的は快楽、死ねば一切の終りです。身体だけを尊ぶとすれば、身体中の身体、最も肉的な働きである性は、心や霊と全く離されて、ただそれだけで、人生の中心に祭り上げられることになります。現代二元論の惨状がそこにあります。

そこに露呈されるものは、肉に走った罪そのものです。健全な性はもはや失われました。エゴイズムの極、最も醜い自己中心です。市場にあふれ、青少年を毒している、遊びと不真面目、人格無視の性の退廃は、まさにそれを示しているのです。福音歪曲の結果を、今私たちは刈り取っているのです。霊肉分離を改めない教会に、この事態を打破する力はありません。教会はただただ既成事実を追認するだけです。反動さえその追認を軽蔑することを承知の上で、そうするほか術のないのが現状です。

3　閨《ねや》もなんじをほめたたう

以上一望してきましたような、まことにゆゆしい愛の崩壊の事態の中にあって、藤井先生がいみじくも歌っておられる、「閨もなんじをほめたたう」という「羔の婚姻」の一句は、藤井先生が神から直接示され、楽園における堕罪以前のアダムとエバにも比すべき男女の愛の中に、神のアガペーに包まれ、充たされ、貫かれたエロースの姿を言い表わされたものとして、深くかみしめねばならぬと思います。

このアガペーに包まれた愛の深みは、キリスト教史上、藤井先生をおいて誰一人本当に味わったことはないと思います。その消息が、下篇第一歌の「雅楽《よきうた》」に歌い出されています。それを学んで終りにしたく思います。

「雅楽」の二十一行までは、上篇・中篇の長い船路を通して、神が藤井先生を導いてここまでつれ

てきて下さったことの回顧と感謝です。ついで二二行から、

22 羔おのが佳耦《とも》に合ふべき
　聖き饗宴のその日とともに
　われらが再会の日またちかづく。
25 始に私は思ひさだめた、
　彼女なき世に何の欲《ねが》ひか、
　今より土の匂ひを断ちて
28 百合のごとくに私はあらうと。
　しかし余りにも惨《いた》ましきまで
　裏切られしかな、甘き予想は。
31 ああ芳はしの白百合ならぬ
　乱れまつはるおどろが身にて
　私は彼女に会はねばならぬ。
34 ああ泥濘《ぬかるみ》に着きて離れぬ
　豚のたましひ、ああ切り剖《さ》かれ

なほ死にきらぬ鰌《どぜう》のこころ。
37「赦せ！」涙して私は呼ぶ。
げにわが半身ながら私は
彼女の赦をこはねばならぬ。　（二二一—三九行）

これは藤井先生の深刻・赤裸々な告白です。喬子夫人なきあと藤井先生はなお七年九ヶ月生き、四十二歳で召されました。その間藤井先生は再婚することなく、独身で通されました。もちろん当時のこととて、お手伝いの方は雇っておられまして、炊事、洗濯まで自分でされたわけではありません。それにしても、五人の子供があり、大変な生活であったことは想像できます。経済的にはもとより、養育上の心くばりにおいて一層。藤井先生は喬子夫人を天におき、そのベアトリーチェとしての導きのもとに、来るべき再会の日まで、清く立派に歩み通そうとされたのでした。しかし藤井 武は生身の体です。三十五歳の男性です。性欲は先生をも責めさいなみます。そのことがここにこれらの句となって告白されているのです。

藤井先生は喬子夫人を天に送って以後、全く聖人君子のように、木石のごとく心動ぜず生きられたのではぜったいありません。もしそうなら、少しも偉くもなく、私たちの参考にもなりはしません。そうではないのです。「乱れまつはるおどろが身にて」——雑草や蔓草がからまり乱れるような、何

とも醜い姿で、と言われるのです。香り清い白百合ではありません。そして、

40彼女は赦すであらう、
　而してわたしの重き軛を
　もろともに負ひくれるであらう。　（四〇—四二行）

これは神様に対する告白であると同時に、喬子夫人に対する告白でもあります。

では具体的にどうだったのか。それは私は存じません。また今さら調べる必要もありません。しかし、藤井先生自身ここに歌っておられるように、神様と喬子夫人の赦しを乞うと言っておられるのです。それで十分です。

64冬の日、冷たくおもき空気
　地を圧し鎮むるがごとくして
　思を静寂の境にさそふ。
67かかる折しも世の煩ひを
　陰府《よみ》とあざけり、曙のごとく

甦りくるひとつの思ひ――
70地にありし日の彼女をとほして
私は触れた、天の至聖所の
ケルビムのなかに据わるものに。　（六四―七二行）

イスラエル人は神の顔を見れば必ず死ぬと信じていました。これは、藤井先生以外誰一人口にすることのできぬ言です。地に在りし日の喬子夫人をとおして、至聖所にいます神ご自身に触れた、と言われるのです。それは、今日話してまいりましたように、エロースの生活がアガペーにより隅なく充たされ、包まれ、貫かれて、藤井先生はそのアガペーに直接触れ、その神の愛を感じ取った、といわれるのです。ほとんどの人はそれを追体験することはできないでしょう。そして、藤井先生のその体験を嘘いつわりだと非難することでしょう。しかし、藤井先生にとっては、それは事実中の事実であったのです。私はそれを認めます。

73その清らかさよ、おごそかさよ、
人のいかなる舌か語らう、
地にある何の型か比《たぐ》はう。

76夏の日、気さへ黴生《かびお》ふまでに
暮れまた明けても降りつづけたる
雨やみ、久しらに空は霽れた。
79何の美はしさ！　たちまちおもふ、
彼女とのわが結合《むすび》にありし
かぎりもなく美はしき或るもの。
82笑はば笑へ、彼女によりて
私に臨みしそれのごときを
何れの庭にかまた見いださう。　（七三—八四行）

存命中すでに藤井先生に対し、「ヴェヌスの子」という批判が投げかけられていました。性愛にとりつかれて、神の愛と性愛、アガペーとエロースを混同したのだ、キリスト教としては全くの異端である、というのです。ですから「笑はば、笑へ」と言われるのです。

藤井先生がエロースとアガペーについて神から示され体験されたところ、聖書が神の愛と男女の愛について教えるところ、また雅歌がうたうところ——それを全面的に、全体として、自らの愛の経験をとおして学ばなくては、私たちにはわからないことです。しかし、それは私たちの心に響きます。

魂の琴線はそれに共鳴して震えをはじめます。皆さまもそれをお感じではありませんか。――そして今日の表題を含むところとなります。

85或る夜私はさびしき夢を
　見た、おそらくわが罪のゆゑに。
　しかし私はなほ憂へまい。
88げにわが歩みを私はなげく。
　かかるとき、しかし翻りて
　過ぎにし日々のみわざを思ふ。
91かみよ、厨《くりや》はなんぢを見いでた。
　くりやは汝を見いでてかがやき
　閨《ねや》もまたなんぢを讃めたたへた。
94すべて彼女の住ひし家に
　なんぢの聖き薫りは染みをる、
　見て過ぎるさへ心ゆくまで。
97さしも汝みづからのわざなる

十一年の地上のいとなみ
われらの婚姻に意味なからうや。
100 素より物の数ならぬほど
ちひさくかつは熟せぬながら
われらは信ずる、希望において
103 見ぬものを掴む希望において
聖なるもの、羔の婚姻を
われらは既に味ひ知ったと。（八五—一〇五行）

これは、狂人か誇大妄想でなければ言にできぬことです、でなければ本当に神からそれを示され、地上でそれを味わったのでなければ、筆にはできぬ言です。「見ぬものを掴む希望において…羔の婚姻をわれらは既に味ひ知った」と藤井先生は信じておられるのです。その事は嘘いつわりではなく、そのことは聖書に背くことではなく、むしろ、そのことこそが、神が楽園に己が似姿として男と女をつくり、二人を相愛せしめたもうた、そのエロースの中に、神が注ぎこみ輝き出でしめられたアガペーの愛の表明であったと思うのです。

そしていよいよ結びに入ります。

127 或る冬の日の朝のまぼろし――
（古きイスラエルがバビロンよりの
解放をおもひつづくるうち）
130 夢に彼女を見る毎に見る
あらゆる絆《きづな》と重荷とより
今は名残なく解き放たれ
133 神の賜ひし礼服を着て
雅楽《よきうた》にこころあはせながら
見るともなく此方をかへりみ。
136 その言ひがたき変貌のすがた！
而もこれさへ地の低みより
かいまみたる片影《かたかげ》に過ぎない。　（一二七―一三八行）

じつに美しい言で、天に在る喬子夫人を地より仰ぎ見た思いが歌われています。「見るともなくこちらをかへりみ」というのは、フィレンツェを流れるアルノ川にかかる、屋舎付きの橋ポンテ・ヴェッキオの上で、九年ぶり十八歳で出会ったベアトリーチェが、ダンテのほうをかえり見たことをふまえて歌われています。

139ああいやまさる輝きおびて
黎明《しののめ》またき瞳のごとく
私の前に顕はれいづべき
142その日よ、かつて彼女とともに
並びあるとき胸をみたしし
誇らしの思ひを完うして
145想ひうかぶるだに抑へがたく
心躍るかな。ああ祝福の
その日は近い、佳き日は迫る。　（一三九—一四七行）

この最後の九行を、藤井先生は和歌にもよんでおられます。

いやまさる輝きおびてわがまへに

顕はれむ日ぞああ躍らしき

（一九二七年七月）

まことに、藤井 武と喬子夫人は、神が楽園で創られた最初の二人のように、神に選ばれ、神のみまえに立ち、四つの愛を一つに結んで、四愛一体、とりわけアガペーに包まれ、貫かれ、充たされたエロースの生を、この地上にあって味うことを許されました。これは藤井先生と喬子夫人にのみ与えられた特別の恵みであり、特別の試練でもありました。藤井先生はそれをよく悟り、それをよく生き、よく望み、よく味い、それを良き歌に歌われました。

そこに、キリスト教がその歴史の初めの頃から、全き全人格的福音をはなれ、歪んだ形で伝えられ、それが二千年後の今日、さまざまの痛ましい結果を及ぼしていることが、省みて知られるのです。

今こそ、全人格的福音への復帰が行われねばならぬ時です。その時に、アガペーとエロースの深いかかわりを、私たちは今日、創世記をとおし、雅歌をとおし、藤井先生の生をとおし、文をとおし、そしてこの『羔の婚姻』の歌をとおして、少しく学んだのでした。そこに満ちあふれる神の愛こそが、現代の性の乱れをも克服して、人間を再び本当の人間らしい人間として、この地上に御栄をうつして歩むことを得しめる、唯一の力だと思います。そのことのみが、霊肉をともに神によって創られたものとして、清め全うするのだと信じます。

■（付記）この日の講演会をもって、永年名古屋で開かれてきた中山聖書研究会は解散し、あらたに「ちとせのいわ聖書研究会」が浦部龍三氏のもとに結ばれて、聖書の学びを続けてゆかれることとなりました。

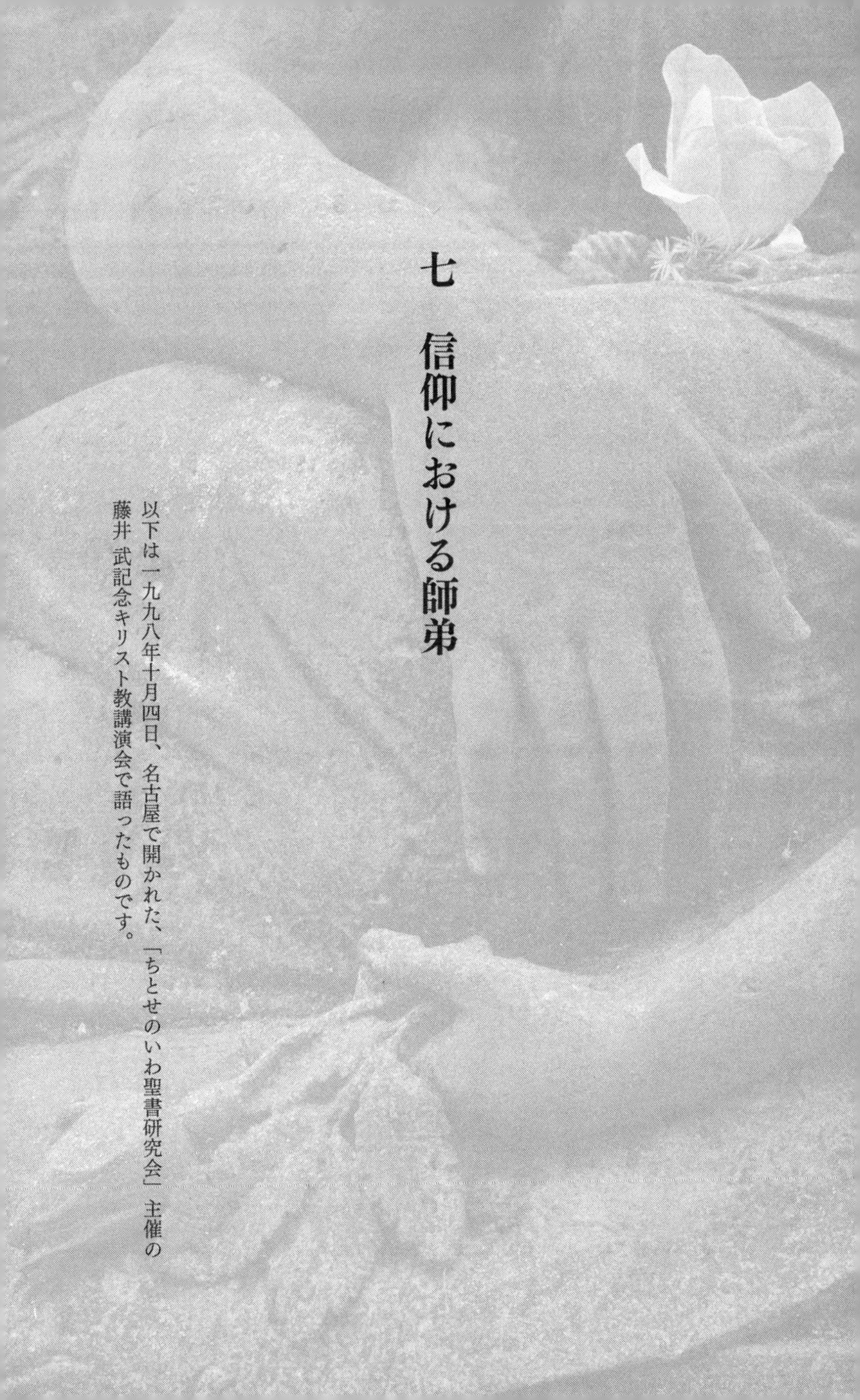

七　信仰における師弟

以下は一九九八年十月四日、名古屋で開かれた、「ちとせのいわ聖書研究会」主催の藤井 武記念キリスト教講演会で語ったものです。

一 中山博一先生

中山博一《ひろいち》先生が今年（一九九〇年）四月七日に召されまして、本日は先生がこの世におられなくなって初めての藤井 武記念講演会であります。今日で、この名古屋の地で藤井 武記念の講演をしますのは、十回目になります。毎年テーマを与えられて話を致しておりますが、今年は中山先生が召されてすぐこのテーマを示されました。

いつも藤井先生の『羔の婚姻』から引用してきましたが、今日はその引用は休みまして、少し古い和文をご一緒に読むことといたします。

中山先生はこの「信仰における師弟」というテーマで、集会でお話しなさり、また文章もいくつか書いておられます。「無教会文庫」の第九冊に入っている『平安の所在』の中に「師弟のことども」という一文があります。そこで中山先生は道元の言を引いておられます——「良師を得ざれば学ばざるにしかず」です。道元のもとの文では「良師」でなく「正師」となっています。これは『学道要心集』という本の中に出ています。道元はもとより正師に出会うことができた人でした。

正師とは禅宗ではどういう人を指すかといいますと、ただ信仰が正しいだけではありません。行解相応の人を正師というのです。行とは修行、実行、解とは理解、すなわちお経や戒律や論議をよく知ってかつそれを行うこと——言いかえると体と心、実践と信仰その二つが正しい教えにかなって相応じていることを指します。ただ頭が良いとか学問が深いというだけでは正師ではありません。

もう一つ、矢内原忠雄の葬儀のときに、矢内原先生の弟子の人が言ったことばを引いておられます。それは矢内原先生が平素言っておられた言葉です——「良き師は弟子の幸福であり、良き弟子は真理の幸福である。」中山先生はことにこの真理の幸福というところを強調しておられます。良い先生にめぐり会うことがどれだけ有難い幸福か、皆さまは痛感しておられましょう。悪い先生について変な方へひっぱられれば、一生を棒にふることになります。「良き弟子は真理の幸福である」と矢内原先生が言われるその「真理」とは、イエス・キリストであります。弟子が正しい信仰を学んでくれ、信仰に基く生活をしてくれるのは、もとより先生も嬉しいですが、それ以上に神とキリストがお喜びになる、と矢内原先生は言っておられるのです。

中山先生にはもう一つ、卒寿記念に皆さまがお出しになりました『光は暗黒《くらき》に照る』という本があります。これは『平安の所在』と重なる内容もかなりあるのですが、その中に「師弟の道」と題する章があり、それには「縦の関係、内村鑑三にひそむ一つの精神」という副題がついています。内村先生が多くの信仰の弟子を育てられたことに、中山先生は思いを致しておられます。そこにこういう文があります――「昔のような師弟関係は失せた。しかし、その間に働いた精神、師たる者の権威と犠牲、弟子たる者の尊敬と信頼、少くともそれへの思いがなくなったわけではない。」

明治時代の師弟関係、矢内原先生と内村先生、藤井先生と内村先生のような師弟関係は、何といっても儒教の精神の息吹きをつよく受けていたといえます。中学校には漢文の時間が週二時間は各学年ともあり、小学生の頃に矢内原先生は漢学の先生へ素読を習いに通われたとのことですから、少くとも学問に手を染めるほどの人には、儒教が道徳的脊椎骨となっていました。

儒教では「七尺下って師の影をふまず」（日本では三尺下って）といいます。先生とは二メートル位空けて歩けということです。それ位先生を奉るのです。そういう師弟関係は無くなったけれど、その精神はつづいて存在している、と中山先生は言われるのです。

「師たる者の権威と犠牲」とあります。師は弟子のために心を砕き、祈り、相談にものり、時には叱り、時にはほめ、場合によっては金品を与えても弟子の窮乏を助けるのです。そして何よりの犠牲は弟子の為に時間を与えるのです。時間こそは人間に最も貴重なものです。時間は自分で増《ふ》やすことはできません。若い時はそのことがよく判りませんが、年を重ねてきますと一日一日がどれ程大切かが痛切に感じられてきます。中山先生のように九十八歳まで生きられるのなら、まだまだ余裕もあるのですけれど、皆がそうはまいりません。その大切な時間を先生は弟子のため割き与えるのです。

そして「弟子たる者」は先生を尊敬し信頼します。中山聖書集会の師弟関係のことを先生は言っておられるのだ、と思います。

師弟道は福音継承のうえで大きな意味をもつ、と中山先生は言われます。縦の関係とここで言われるのは教育です。教育といっても無教会集会では聖書講義ということになります。中山先生の強調しておられるのは、内村先生のばあい、西洋流の学校教育ではなくて、東洋流の塾方式を取ったことです。藤井先生の集会も塾方式で、ごく少数の弟子に講じられたのです。一番少い時は二人だけのこともあったといいます。そこでは先生と弟子一人ひとりが人格的な交りをもって、顔と名だけでなく、その悩み苦しみをも知った上で聖書講解が行われるのです。学校ではそのような人格的交流はない、といわれるのです。

そのほか二、三か所で師弟道にふれておられます。芭蕉の言も一つ引いておられます。「古人の跡を求めず、古人の求めたるところを求めよ」というのです。これは芭蕉が弟子の許六《きょりく》（江戸時代前期から中期にかけての俳人、近江蕉門。蕉門十哲の一人。）を離別する時の辞です。昔の人の足跡をなぞるだけではいけない、昔の人が目指しつつも行きつけず倒れたその目標を求めよというのです。

中国と日本では昔から師弟関係を重んじます。儒教では『礼記《らいき》』という古い書物に「師を選ぶは慎まざるべからず」とあります。これは道元のさきの句と同じ精神を指しています。また唐の韓愈《かんゆ》の言には「道の存する所は、師の存する所なり」とあります。年齢や身分は一切関係がない、その人が道を説いていればその人は師である、というのです。年下でも先生は先生であるのです。中国にも日本にも、師弟関係をのべた金言、格言、諺はこのほかにもたくさんあります。

二　三組の師弟

さて、信仰に立つ師弟関係を、私たちの先人はどのように考えたかについて、次に三組の師弟を通して学びたく思います。

1　明融と明全——仏道優先

明融が師、明全《みょうぜん》（一一八四—一二二五）はその弟子、道元《どうげん》（一二〇〇—一二五三）は明全の弟子、この話は『正法眼蔵随聞記《しょうぼうげんぞうずいもんき》』第五の十二にあります。

明全は小さな子供の時から明融に比叡山で養われ、すべて学びました。

『随聞記』は道元とその弟子の懐奘《えじょう》（一一九七—一二八〇）の間にかわされた法話です。懐奘は道元より三歳年上ですが、叡山に学び、道元に会って悟りを開き、永平寺を開くにも力を協せ、道元示寂後は同寺第二世となった僧です。眼蔵とは蔵《かく》されている仏教の正しい教えを眼で見て明らかにするという意味です。

全部原文でよむとよいのですが、時間もとりますので大事なところは原文を引き、あとは大意をとることとします。

道元が言われた——亡き師明全和尚が宋へ留学しようとした時、その師の明融が病重く、寝たきりで死に瀕していた。そこで明融が弟子明全に言うには、「自分は老病の身で死も近い。この度の宋留学はしばらく見合せて、自分の看病をし弔いもして、私の死んだ後で宋留学の本意をとげてほしいものだ。」

そこで明全は弟子や法系上の親類を集めて評議をして言うには、「私は幼少の時両親の家を出てからずっと、明融先生に養育を受けて成長した。その御恩は最も重い。また仏教の大切な真理や教理を知って、同輩以上に名誉を得て、今宋留学の志を起こすまでも、ひとえに師の恩でないものはない。ところが師は今年になって老衰の極、余命保てぬ有様である。今留学すれば師に再び会うことはできないので、師は強いても私の出発をとめられる。この師の命には背きにくい。しかし今私が身命をも顧ず宋へ行って仏法を求めるのも、菩薩の慈悲心を体して、多くの人々の為にしたいからである。そこで、先生の命に背いて宋へ行く道理があるかどうか、各々のお考えを言ってもらいたい。」

このむつかしい意見聴取に、弟子はそれぞれ考えをのべました――明融老師はもう亡くなられるに決っている、今年は日本に留り来年宋へ行くことにすれば、師の命に背かず師の恩も忘れず、一年や半年ぐらい留学が延びても何の妨げもないでしょう。

道元はこの時まだ二十四歳で末席にいましたが、意見をのべました――仏法の悟りにてらして、今はこうでなくてはいけないとお考えなら、留られるがよいでしょう。

さて皆の考えを聴き了って明全和尚は断を下して言いました。ここは迫力ある道元の原文を引きましょう――明全は言いました。

「おのおの評議、いづれもみな留るべき道理ばかりなり。我れが所在は然あらず。今度《このたび》留りたりとも、決定《けつじょう》死ぬべき人ならば其《それ》に依《よっ》て命を保つべきにもあらず。亦《また》われ留りて看病外護《げご》せしによりたりとて苦痛もやむべからず。亦最後に我あつかひ、すゝめしによりて、生死《しょうじ》を離れらるべき道理にもあらず。只《ただ》一旦命《めい》に随《したがい》て師の心を慰むるばかりなり。是《こ》れ即ち出離得道の為には一切無用なり。錯《あやまつ》て我が求法《ぐほう》の志しをさえしめられば、罪業《ざいごう》の因縁とも成《なり》ぬべし。然《しか》あるに若《も》し入宋求法の志しをとげて一分の悟りをも聞きたらば、一人有漏《うろ》の迷情に背くとも、多人得道の因縁と成りぬべし。此の功徳もしすぐれば、すなはちこれ師の恩をも報じつべし。設《たと》ひ亦渡海の間に死して本意をとげずとも、求法の志しを以て死せば、生生《しょうしょう》の願つきるべからず。一人の為にうしなひやすき時を空《むな》しく過《すご》さんこと、仏意に合《か》なふべからず。故に今度《このたび》の入宋一向に思切り畢《おわ》りぬ。」

当時東シナ海を渡るのは難事で、よく難破しました。空海《くうかい》（七七四―八三五）も上海あたりへ行くはずが、大風でずっと南の福建から広東の方へ流されてしまいました。明全は万難を覚悟して、その上でついに宋へ留学しました。この時の留学には道元も行を共にし、海路無事中国に着きました。一二二三年宋に着き、二年後の一二二五年、明全は宋で死んで日本へは帰って来ませんでした。結果論からすれば、宋で死んで仏法伝来の任を果さず終るくらいなら、師の求めに応じて、日本に留った方がよかったともいえます。しかし道元は師明全の考えに賛成して言います――これはこの随聞の時です。

「先師（明全）にとりて真実の道心と存ぜしこと、是らの道理なり。然あれば今の学人も、或は父母の為、或は師匠の為とて、無益の事を行じて徒《いたず》らに時を失ひて、諸道にすぐれたる仏道をさしをきて、空しく光を過《すご》すことなかれ。」

道元のこの冷徹きわまりない言に、懐奘は質問しました。――まことに法を求めるためには、父母や師の恩愛もあっさり捨てるべきでしょう。しかし菩薩行ということがあります。自分の利益はさしおいて、人の為に尽すことです。とすると老病の師をうちすてて留学するのは、この菩薩行に背くのでありませんか。どうして求法のことばかり考えて、老病の師を助けなかったのでしょうか。――なかなか鋭い質問です。

道元は最終結論を示して言いました。――自利であれ利他であれ、絶対的な価値にてらしてすぐれた方をとれば、それが菩薩行だ。利他だとて必ずすぐれているとも限らない。ついで厳しい言となります。――

「老病を扶《たす》けんとて水菽《すいしゆく》（水をのみ豆をたべるほど貧しいくらし）の孝をいたすは、只今生《こんじよう》暫時の妄愛迷情の喜びばかりなり。迷情の有為《うい》に背いて無為の道《どう》を学せんは、設《たと》ひ遺恨《いこん》は蒙ることありとも、出世の勝縁と成《なる》べし。是を思へ是を思へ。」

恩愛の情を断つのが仏法求道の真実である。それを、師への恩にからまれて求道をなおざりにするのはよくない、というのです。

道元は師明全に大賛成です。仏道優先、仏法を究めることが第一で、そのためには此世の一切を捨てよ、というのです。キリスト教的にいうなら神中心、キリストのみです。親子の関係も師弟の縁も、思いすてよというのです。この厳しい求道心は私たちに、わが先人の心意気を示して余りあります。

2　法然と親鸞――真理の前での平等

法然《ほうねん》と親鸞《しんらん》の師弟関係については、皆さまもよくご承知かと思います。『歎異抄』から三つばかり見ることにします。

法然（一一三三―一二一二）と親鸞（一一七三―一二六二）とは四十歳年が違います。明全と道元は十六歳ちがいでした。法然も親鸞もともに比叡山で勉強しました。しかし法然は十分の悟りを得ることができず、四十三歳の時に、専修念仏の真理をさとり、念仏往生の道を唱えたのでした。親鸞は九歳で比叡山にのぼり、二十九歳で山を下りました。その二十年間に学問は積んだものの心の安心は得られず、京都の六角堂で九十五日行をしたところ、観世音菩薩が現れて、法然のところへ行くようお告げがありました。そこで直ちに赴いて弟子となりました。法然はすでに六十九歳でした。

ところが一二〇七年念仏宗が弾圧を受け、法然は四国へ、親鸞は越後へと流され、以後二度と出会っていません。ですから直接師事したのはたった六年でした。しかし親鸞は師法然から教わった念仏往生の義を確と守り、さらに深めてゆきました。

『歎異抄《たんにしょう》』は親鸞の弟子の河和田の唯圓《ゆいえん》（一二二二―八九）が師の没後何十年かたって、真宗内に親鸞とは違った考えの信仰が生じてきたのを歎いて書いた文です。

十八条から成っていますが第二条に有名なくだりがあります――

「親鸞におきては、ただ念仏して、弥陀にたすけられまひらすべしと、よきひとのおほせをかふりて信ずるほかに別の子細なきなり。念仏はまことに、浄土にむまるゝたねにてやはんべらん、また地獄におつべき業《ごふ》にてやはんべるらん、惣《そう》じてもて存知せざるなり。たとひ法然聖人にすかされまひらせて、念仏して地獄におちたりとも、さらに後悔すべからずさふらう。そのゆへは、自余の行もはげみて、仏になるべかりける身が、念仏をまふして地獄におちてさふらはゞこそ、すかされたてまつりてといふ後悔もさふらはめ、いづれの行もおよびがたき身なれば、とても地獄は一定《じょう》すみかぞかし。」

ひたすら師法然の教えた専修念仏往生を信じるだけ、それで浄土に生れようと地獄に堕《お》ちようとかまわない、念仏以外の行をつめば浄土へ行けるのに法然に従って念仏を唱えて地獄へ堕ちるのなら、だまされた、しまったとの思いもあろうが、自分のこの罪深い身では地獄行きに決まっているから、何の後悔もない――ここには師法然に寄せる徹底した信頼と尊敬の念があります。

つづいては畳みかけるような「信仰の論理」の展開を示す文がきます――

「弥陀の本願まことにおはしまさば、釈尊の説教虚言なるべからず。仏説まことにおはしまさば、善導の御釈《おんしやく》虚言したまふべからず。善導の御釈まことならば、法然のおほせそらごとならんや。法然のおほせまことならば、親鸞がまふすむねまたもてむなしかるべからずさふらうか。」

ここには阿弥陀仏の念仏往生の悲願にはじまり、釈迦の説かれた浄土三部経、善導（中国の僧、六一三—八一）の注釈、法然の専修念仏の教え、そして自分の言へと、信仰の真理が一貫して流れ通《とお》っていることを断言しているのです。

次に第六条で、親鸞は弟子は一人もないと言います——

「専修念仏のともがらのわが弟子、ひとの弟子といふ相論《さうろん》のさふらうらんこともてのほかの子細なり。／親鸞は弟子一人《にん》ももたずさふらう。そのゆへは、わがはからひにて、ひとに念仏をまふさせさふらはゞこそ弟子にてもさふらはめ。弥陀の御もよほしにあづかりて、念仏まふしさふらうひとを、わが弟子とまふすこと、きはめたる荒涼のことなり。／つくべき縁あれば、ともなひ、はなるべき縁あれば、はなるゝことのあるをも、師をそむきてひとにつれて念仏すれば、往生すべからざるものなりなんどいふこと、不可説《ふかせつ》なり。如来よりたまはりたる信心を、わがものがほにとりかへさんとまふすにや。かへすがへすも、あるべからざることなり。」

念仏は阿弥陀仏が唱えさせてくださるのであって、親鸞が唱えさせるのではないのに、自分の弟子として独占しようというのは以ての外だというのです。師を離れて他の人と一緒に念仏を称えていても一向かまわんではないか。自分と一緒でないと地獄行きだというのは大きなまちがいだ、というのです。そして最後に味わい深いことを言います——

「自然《じねん》のことはりにあひかなはゞ、仏恩をもしり、また師の恩をもしるべきなり。」

親鸞は弟子を一人ももたない、そのことはキリスト教においても同じように言えましょう。先生もキリストによって救われる、私たちもキリストによって救われる、救いはただキリストの恵によるとすれば、先生も弟子も神とキリストを仰ぎ見ているのです。そこには親鸞のいう「同朋《どうほう》」(友人)「同行《ぎょう》」(一緒に行く仲間)の関係が成り立つのです。

もう一つは第十八条の総括ですが、これは原文はよまずに内容だけを申しましょう。そこでは、親鸞の信心も法然の信心も共に阿弥陀仏からたまわった信心である点で同じだ、という事が述べられています。それは法然の並居る弟子たちの中では、なかなか判っている者は少なかったのです。親鸞が

「自分の信心も法然の信心も同じだ」と言ったので、他の弟子が承知せず、法然に決めてもらおうというので、その子細を話したところ、法然は「親鸞の信心も私の信心も同じである、共に阿弥陀如来から頂いたものだ。別だと考える人は私の行く浄土へはおいでになるまいな」と皮肉ったのでした。

これらによって判りますことは、絶対的真理である念仏往生の信仰が第一で、それあってこそ師の恩をも判ってくる、というのです。親鸞は師法然の恩を十分覚えています。しかし事念仏往生となれば、親鸞と阿弥陀如来の直接関係である、法然ともその点では平等である、と信じます。しかも法然に従って地獄に堕ちてもかまわないとは、師に対する何たる信頼でしょう。

3　賀茂真渕と本居宣長――師より真理

日本の先人の師弟関係として、次に国学の両大家のそれを取り上げましょう。

宣長は伊勢の松阪の商人の子に生まれましたが、商売には向かぬと見定めた母親が、京へやり医学を学ばせました。業を修めて故郷の町で生涯開業医をしました。幼い頃から聡明で、稀代の記録好き（メモ魔）でしたから、松阪の宣長記念館には今も、毎日の患者来診の様子、診断、処方、代金に至るまで、細かい字で書いたものが残っていて、江戸中期の医家の実態を知る無二の資料となっています。

宣長はこの毎日の医業の傍ら、国学の研究をしたのでした。

本居宣長（一七三〇―一八〇一）が師と仰ぐのは賀茂真渕（一六九七―一七六九）です。三十三歳の年齢差です。真渕は万葉集を研究し画期的な業績を残しましたが、ついに古事記には手を伸す余裕がありませんでした。真渕は浜松の賀茂神社の神官の出です。京で勉学して江戸で出、将軍吉宗の子の田安宗武に仕え、万葉集ことに枕詞を研究しました。宗武も学問好きで、万葉調の良い歌を詠む殿様でした。

宣長は真渕の『冠辞考《かんじこう》』（枕詞研究）をかねて読んで尊敬していましたが、出会ったのは只の一回きりです。一七六三年五月二十五日に松阪の宿に泊っている真渕を宣長が訪ねたのでした。当時真渕は田安宗武から一度大和の万葉の故地を訪ねてこいと休暇を与えられ、人をつれて西へ上り、奈良の寺々をめぐったあと伊勢神宮へ詣でたのでした。真渕が松阪から伊勢へ赴いたあとで、宣長はそのことを知り残念がりましたが、真渕は帰路も松阪に宿り、そこで両国学大人の対面となったのです。ただ一回だけの出会いでした。

そこで半年後に正式入門し、以後は手紙のやりとりで教えを受けました。真渕が死ぬまで六年間の師弟関係でした。真渕は宣長に自分の著述原稿をも貸して勉強させました。しかし宣長は『玉膳間』でも書いているように「先生の研究は古事記や日本書紀については必ずしも詳しい所まで行っておられない。漢意《からごころ》もまだすっぱりと去ってはおられない」と、師真渕の欠点をもよく見抜いていました。

『玉勝間』二の巻の「師の説になづまざる事」という章と、その次の「わがをしへ子にいましめおくやう」という短い章とに、宣長の師弟関係の考えは一ばんよく現われています。

「おのれ古典《いにしへぶみ》をとくに、師の説とたがへること多く、師の説のわろき事あるをば、わきまへいふこともおほかるを、いとあるまじきことゝ思ふ人おほかめれど、これすなはちわが師の心にて、つねにをしへられしは、後によき考への出来《いで》たらんには、かならずしも師の説にたがふとて、なはゞかりそとなむ、教へられし、こはいとたふときをしへにて、わが師の、よにすぐれ給へる一つ也。」先生の説より良い考えがでれば、先生の説に拘泥することはない、先生の説の誤りを正せばよいのだとは、真渕自身が宣長に教えた、まことに秀れたた師の心構えである、というのです。

昔の事を勉強するのに、一人二人の力で全部を明らかにすることはできない。良い先生の説にもまちがいはある。自分ではこれこそ正しい、これ以外に考えられぬと思っても、案外ほかの人の良い考えも出てくるのだ。多くの年月の間に先行研究をふまえて、さらによく考え究めるからこそ、次第に詳しくわかってくるのだ。先生の説になずんで「よきあしきをいはず、ひたぶるにふるきをまもるは、学問の道には、いふかひなきわざ也」。「師の説なりとして、わろきをしりながら、いはずつゝみかくして、よさまにつくろひをらんは、ただ師をのみたふとみて、道をば思はざる也。」

学問は真理の探究である以上、師に従うよりも真理に従うことが大切だというのです。「宣長は、道を尊み古《いにしへ》を思ひてひたぶるに道の明らかならん事を思ひ、古の意のあきらかならんことをむねと思ふが故に、わたくしに師をたふとむことわりのかけむことをば、えしもかへり見ざることあるを、猶わろしと、そしらむ人はそしりてよ、そはせんかたなし。」真理を明らかにするのを第一にする以上、先生を尊重できないことも起こる、それはけしからぬと悪口する人は、勝手に悪口するがよい、仕方がないというのです。

道を曲げ、古の意味を曲げてまで先生に従っていい子になりすますことなどできない——しかもこれこそ真淵先生の教えだから、そうする方が却って先生を尊ぶことになるのだ、というのです。

このことは宣長自身の説についても同様に当てはまると明言しているのは、まことにいさぎよい心です。

「吾にしたがひて物まなばむともがらも、わが後に、又よきかむかへのいできたらむには、かならずわが説にな〻づみそ、わがあしきゆゑをいひて、よき考へをひろめよ、すべてのおのが人をゝしふるは、道を明らかにせむとなれば、かにもかくにも、道をあきらかにせむぞ、吾を用ふるには有ける、道を思はで、いたづらにわれをたふとまんは、わが心にあらざるぞかし。」

以上三組の先人たちの師弟観を見てきました。そこには本当に絶対的な真理を求める烈々たる気魄が、私たちにもひしひしと迫ってきます。その真理の前には、先生と弟子というこの世での人間関係は断ち切って、それを超えた真理の前に共に膝をかがめ頭《こうべ》を垂れるという、敬虔な精神が漲っていました。

三　藤井 武と中山博一

中山先生は藤井先生のことを「自分のかけがえのない唯一の先生だ」と言っておられます。中山先生が藤井先生からもらわれた手紙は、藤井全集にたった一通しかありません。それは中山先生のまだ学生時代のもので、内容もそう深いものではありません。喬子夫人を召された藤井先生は、淋しくはあるがただキリストによってのみ慰められている、という言葉があるに留ります（一九二三年八月一日付）。

藤井先生が召されたあと、塚本虎二と矢内原 忠雄の編集で『藤井 武君の面影』という本が出ました。これは追憶集で、その中に中山先生は、「出棺に際して」とさらに長い「噫《ああ》藤井先生逝けり」、さらに短い文「信仰によりて今なほ語る」「新町学廬記」の四篇をのせておられます。「噫藤井先生逝けり」は十ページにわたるもので、中山先生が藤井先生に寄せられる信頼の念を、心一杯、紙面よりも溢れんばかりに書いておられます。一九三〇年七月一四日に藤井先生が召された直後筆をとられ、「ちとせのいわ」誌の八月号にのせられたものです。そこでまず中山先生は言われます。

「私の生涯を通じて、私が心から先生と呼ぶ事の出来た人は此の先生以外にはなかった。私は今唯一人の先生、掛替のない先生を失ったのである。噫！」（267頁）

そうしてつづけて、藤井先生との最初の出会いのことを述べられます。一九一九年一月二十六日、内村先生が神田の基督教青年会館で開いておられた集会で、藤井先生が、大阪で開かれた再臨講演会のもようを報告されたのを見られたのです。「頭髪を短く刈り込み、強度の近眼鏡をかけた先生がやや反身《そりみ》になって真摯そのものの如き態度を以て、一語一語力強く述べられた姿が今尚昨日の如く私の記憶に鮮に生きる」とあります。

その年の五月二十一日、中山先生は友人の野中弥六に伴われて、東中野の藤井先生を訪ね、その日

（水曜）開かれていた聖書研究会に、出席する許可を直ちに与えられたのでした。

以後十一年間、中山先生は藤井先生に従って歩まれました。ことに一九二二年十月一日に喬子夫人が召された時の藤井先生のことは、中山先生も詳しく書いておられます。藤井先生は本当に血を流して祈り、自分の惨めな様に涙を流して、苦しみの杯を最後の一滴まで飲みほし、ただ神のみにすがる悲しみの人となったとのべておられます。

藤井先生は結婚生活の祝福ということを声を大にして書きもし語られもしたが、また神によって実に重い軛を負わされ、その重荷をキリストの十字架に頼って恵みにかえられた。藤井先生は夫人の召天によって見えざる世界が一層確実になってこられた。

結びにはこう言っておられます。

「此の先生の存在は現在教会《エクレシヤ》に於ける大なる観物であった。之を見し我らの眼は幸ひなりしかな。」（275頁）

中山先生は藤井先生を信仰の唯一の師として尊敬され、先生なき後もその教えに従ってその長い生涯を歩み通されました。藤井先生の記念会はここ名古屋と仙台でずっと開かれて来ました。仙台では佐藤 勲先生が中心となって記念講演会を開かれ、私も仙台で一度その会で「藤井 武の愛」という題で話しました。その同じ日、佐藤勲先生は名古屋での同じ講演会で話しておられたのでした。

中山先生は名古屋では毎年この記念会を主催され、私が参りました時も、先にお話しくださいました。三十分、四十分、もっと長い時間になるそのお話では、中山先生ならではの冷暖自知に基く真実を教えてくださいました。私がまちがった事を申しても、先生が後で訂正してくださいます。そこにも、真実に徹せられる中山先生の藤井先生から受けられた精神を痛感したのでした。

四 内村鑑三と藤井 武

藤井 武は一八八八年の生れ、内村は一八六一年の生れで二十七歳の年長です。だいたい師弟の関係が成立するのには、やはり三十年くらいの年齢差が適当なようです。道元のばあいは十六歳の差で少し近いようです。三十年差ありますと、親子に近い感情も生まれ、自ずからにして尊敬の念もわいてき、親しみも滲み出るのでしょう。内村と藤井は恰度ふさわしい年齢差でありました。
藤井 武は一高東大を出ましたが、東大学生時代の一九〇九年に内村に入門しました。卒業後は内務省に奉職し、京都府の役人になりました。ついで山形県の警視として、農村の青年の教育に画期的な構想を立てました（自治講習所）。しかし藤井先生は実は最初から伝道を志していましたので、内村先生にその旨をのべたところ、内村は学校を了えて直ぐ伝道はできない、少しは世の中を見てこいと指示したのでした。ところが藤井先生の伝道への思いはつのる一方で、就職後六年にして将来ある職をなげうって、内村の助手になりました。一九一五年十二月のことでした。内村は大喜びで藤井夫妻を駅頭に迎え、「聖書之研究」の編集、校正、講演筆記などの仕事を藤井に与え、給与を支払い生活に不安のないよう心づかいをしました。

内村鑑三は自ら金に困った経験があり、それゆえ金銭についてはとてもきちんとする習慣でした。子息祐之の妻の美代子さんが雑誌の校正をしたときも、相当の謝礼を呈せられました。「聖書之研究」は公の仕事であって、その為の労働にはたとえ嫁であろうと只働きはさせないという、労働の神聖を大切にした人でした。

藤井夫妻を駅頭に迎えたとき内村が「何も恐れることはない……」と言った言葉には、自分が仕事を与えることが含まれていたのでした。

ところが、十二月に内村の助手になってわずか三月《みつき》、一九一六年三月号の「聖書之研究」に藤井がのせた「単純なる福音」をめぐって、早くも考えの対立が起こり、以後藤井は原稿執筆を差しとめられました。それは十字架贖罪という内村の信仰の中心点を、藤井が少しく曲げて、十字架を神の愛のしるしとして描いたからでした。十字架において神は人間の罪をキリストにおいて罰せられた事を、藤井はまだ十分信じえなかったのでした。内村は訂正を強く求める､藤井は自分の今の信仰だからと拒む､そこで寄稿差しとめとなったのでした。けれども編集は手伝わせ筆記は続けさせました。——そこがまた内村の大度を示します。ふつうなら自分の中心思想と異る考えを改めない弟子は､直ちに破門するでしょう。内村がそうしなかったのは､「聖書之研究」の刊行をただ自己一個の仕事と考えず､神の仕事と考えていたことによります。また､藤井一家への深い愛にもよります。

藤井はこの辛い出来事によって､罪の贖いとはどういう事かを､真剣に考えぬく機会を与えられたのでした。信仰鍛錬の良薬を内村は藤井に与えることになったのでした。

その年の十二月には寄稿禁止もとけて､藤井はまた「聖書之研究」に文をのせはじめました。

やがて二年後の一九一八年には内村は再臨運動を展開することとなり､東へ西へ､教会の人々と共に陣を進めます。藤井も各地へ共に赴き､前座をつとめて話をします。

ところが､一九二〇年藤井には思いがけなくも､内村と決定的に対立し､そのもとを離れることとなります。それは黒崎幸吉と藤井が共々後見人を頼まれて引受けていた､住友家の御曹子寛一の結婚問題に関しての対立でありました。後見人といっても学問を教えるのではなくて､人間教育の指導といったものです。黒崎は四国にいるため､在東京中の指導を藤井が頼まれたのでした。ところが寛一という人は少し精神の弱い人で､それゆえに後見人も必要だったのですが､体も弱く､看護婦が身の廻りの世話をしていました。ところがその看護婦に寛一は手をつけてしまい､その事が判明しました。そこで二人をどうするかが大きな問題となったのでした。

藤井 武は相談係として、たとえどういう経過があったにせよ、二人は一つになった以上、結婚させるべきだと主張しました。内村はこれに対して、住友家が日本全体に対してもつ大きな重さから考えると、そのような形の結婚は許されない、と考えました。当の住友の父君はというと、藤井と同意見でした。結局は寛一は結婚し、住友家の長子権は放棄したのでしたが、その結婚生活は永続きしませんでした。寛一は、藤井が考えているようには結婚の神聖を考える人物ではなかったからでした。女性の方が年上でもあり、離婚に終ったのです。

この時、結婚させるか否かが問題となっていた頃、一九二〇年一月、内村は黒崎と連名で一つの声明文を作り、黒崎をして藤井に届けさせました。そこには、藤井は事情の流れにからまれて、父君ともども、結婚すべきでない者の結婚を主張している、内村と黒崎は反対だが、事ここに至っては已むをえないという主旨のことが書かれていました。

そこで藤井は、いかに師内村であっても、いきなりこの声明文を公にされることは容認できない、自分は突然内村の弟子たり、黒崎の友人たることを、一方的に拒否されたと考え、黒崎とは直ちに絶交し、内村とも分れることとし、分離独立したのでした。

しかしそのご二年近くして和解が成立します。一九二二年一月のことです。しかし藤井は内村と離れて、「旧約と新約」という自分の雑誌を出し、自分の集会を開きました。中山先生はこの時から藤井先生の集会にずっと行かれたのでした。(それまで藤井の集会は土曜なので、日曜の内村集会にも出席できたのでした。)

もし分離がなかったとすると、藤井は自分の雑誌は出さず、自分の集会も開かなかったでしょう。もしそうだったら、あの『羔の婚姻』という大信仰詩は生まれず、あの聖書的歴史哲学の書である『聖書より見たる日本』も日の目を見なかったでしょう。またもしこの一九二〇年にこの分離がたとえなかったとしても、内村・藤井両人の性格を考えますと、のちに信仰上の問題であれ、はたまた人間関係をめぐってであれ、いつか対立が起こることは大いに可能と考えられます。藤井は現実に内村と別れてから十年しか生きられなかったことを考えると、ここで内村先生から切り離されたことは、藤井自らの言では「神の摂理」でした。すなわち離れたくない弟子と離したくもない師との間に、一つの誤解を置いて、仲を割き、一旦独立せしめ、かつ時をへて和解させるという手段を、神はとられたのでした。

一九二二年の十月一日、喬子夫人が召された時には、すでに和解は成立していて、内村が司式を担当しました。そのとき内村が「ビヤトリスがダンテを導いたように、今よりのち喬子さんは天にあって武君を導くのである」とのべた言が、『羔の婚姻』執筆の一つの動機となったのでした。

内村と藤井の師弟関係は、まことに神の大能の聖手の内にあったとしか考えられません。会うべき時に会わせ、従うべき時に従わせ、背くべき時には背かせ、和解の時いたるや和解させ、ずっと導かれたのでした。

内村が一九三〇年三月二十八日召されたときには、藤井は先生を記念する三つの大きな話をしました。その三つのどれを読んでも、実に多くの深い真理を学びます。

内村と藤井との第一回の対立は、藤井に贖罪信仰の自覚をうながしました。師であり、当時は雇主でもある内村が、君の考えは誤りだから改めよと迫っても、藤井はこれは今の自分の考えだから改められないと主張し、許しを求めたのでした。藤井の真実に徹する心根はそこにもはっきり現れていました。

第二回の対立は、内村自身にとっても弟子から独立する機会となったのです。藤井の独立につづいて、内村の助手となった弟子たちは次々独立してゆきました。畔上賢造《あぜがみけんぞう》も、塚本虎二も独立させられました。この二人の場合も、そうすんなりと独立したのでなかったのは、ご承知のとおりです。ことに塚本のばあいは、最晩年の内村も、塚本も深く傷つきました。しかしともかくも分れたのでした。

そしてこの分離独立は無教会にとっては良かったといえます。それは事終わった後からかえりみて、本当に良かったといえるのでして、分離の渦中にある最中は、師弟ともに苦しんだのでした。

内村にとって、住友家の結婚にからむ問題をめぐってとはいえ、信頼する弟子の藤井 武が去ることとは大きな心の痛みでした。内村も藤井が結婚について独自の考えをもっていることは百も承知です。藤井はじつに聖書以上に結婚を重く厳しく考えていました。内村は三度結婚しました。藤井は離婚再婚非認論です。この問題については内村も藤井に対し心安らかではありえませんでした。そこで、一九二〇年一月に藤井と分れて以後、かなり長期にわたり、内村は「聖書之研究」に非常に厳しい評言をのせたのでした。

正式に師弟が分れたのは三月、その二月《ふたつき》後の五月号の「聖書之研究」から、内村は藤井と名指しはせぬものの、藤井も、事情を知る者ならだれでも、それとわかる批判を書くのです。内村は書いています――「聖書之研究」は毎月十日頃に家に届く。その十日前後はいつも一番憂欝な時だった。また内村先生が自分に皮肉な言を書いておられる。これでもか、これでもかと言わんばかりであるというのです。

内村は藤井のことを近代人と呼びました。「近代人は先生において己が理想を見出さんとする。先生とは近代人の偶像である。そこで近代人は先生に失望して、怒って背く。近代人は圧制家である。鬼千疋の小姑である。」ひどいことに藤井はとうとう鬼千疋にされてしまいました（四月三日日記）。

八月号には「師弟の関係について」というととのった文がのりました。これは立派な文です。内村は言います。弟子たる者はいつまでも私の弟子であってはいけない。学んだ上は独立して、神の器として働け。「ただし、余を敵視するなかれ。余もまた永久に弟子に縛られない。永久の師はただ一人キリストだけである。われらキリストの為に会い、キリストの為に離れる。いつかまたキリストに在りて会わざるをえない。光輝く讃美の里にては、主はひとり、われら兄弟として会うてまた離れず。」

──しかしこのキリスト者としての師の模範（道元にも親鸞にもかよう）を示す文の一番の力点は、「余を敵視するなかれ」にあったのです。

九月号には「誤解の恐怖」という短い文があります。そこで内村は、イエスもパウロもルターも皆誤解された。社会の誤解、教会の誤解、信者の誤解、不信者の誤解、自分もずいぶんと誤解されている、とのべています。

同じ号に「イスカリオテのユダ」という文もあり、これは藤井をユダにたとえたものです。内村は言います、聖書に明るく、世の中の事に通じ、師に忠告をする、温厚で篤実で同情心がある、しかしイエスに最もよく似たる彼ユダは、イエスの第一の敵である。ユダのやからは今もなお絶えない。イエスと優劣を争うて人を己れに引き寄せる者、それがユダである。──これはとても辛辣な皮肉ですが、藤井はこれにも耐えました。

まだあります。十月号の「直覚と実験」という文がそれです。「弟子は直ちに師の言を信ずるあたわず。ゆえに往々にして反抗して、強いて自説を行わんとする。されど、その後にいたり、多くのつらき経験によりて、師の誤らざるを知るのである。先覚者の直覚をききて、つまづかざる者は幸いである。」ここでは少しく落着いた表現をとり、辛い経験をへて先生の方が正しかったと悟るに至るとたしなめているのです。

つぎに十二月号には、「結婚の神聖」という文があります。内村は述べます。「わが為と新しき人は言う。われ以外の者の為と旧き人は言う。わが家の為と旧き日本人は言い、わが神の為とクリスチャンは言う。恋愛そのものは神聖にあらず。神の御旨に従うて初めて申請となる。恋によりて成りし家庭に苦痛多し。近代人は恋を過重視して、自ら選んでホームの幸福を斥けつつある。」ここで新しき人、クリスチャン、近代人とは、藤井を指し、旧き人とは内村のことです。内村は住友家の重要性のために、寛一の結婚に反対したのでした。しかし藤井も恋愛を神聖とは見ていなかったのですから、この評言は半ば当たりません。

年が明けて一九二一年四月号の、三月十四日の日記にはこうあります（三月十四日とは一年前内村と藤井が正式に分れた日だと思います）。「余は俊才を求めない。かえって彼らを嫌う。彼らは遅かれ早かれ余と離るべきものである。故に、彼らにとり最も善きことは、断じて余の門下に来らざることである。その次に善きことは、一日も早く余を捨て去ることである。オオ俊才よ来るなかれ。オオ俊才よ早く去れよ。」これは藤井にきびしく追い討ちをかけた言葉です。

だいぶ間遠になり次は七月号です。「反抗と服従」という文で、「近代人は反抗せざれば偉大ならずと思い、偉人これ反抗の人であると信ずる。偉大なることは服従である。悪魔何者ぞ、神の謀叛人であって反抗者である。キリスト誰人ぞ、神の僕であって模範的な服従者である。キリスト者は近代人と全然異り、自覚と解放と改造とを服従において求めて、反抗によって得んとしない。」

このほか「ガラスの破片のような人間」とかいろいろな表現で、内村は藤井に当たっています。それもこれも内村が藤井を信頼し大事に思っていたからこそでした。内村も心に傷を負い、落着かず、それで次々と矢を放ち続けたのでした。

しかし、藤井は決意して、内村に一言も言い返しませんでした。師の言にひどく心を痛めつつも、しかし一言も批判すまいと決意して、それを貫きました。これは仲なかできないことです。そうであったからこそ、和解の時が与えられたのでした。藤井は「師師たらずとも、弟子弟子たらざるべからず」という考えに徹したのでして、これは実に秀れた師弟関係の受けとめ方です。

一九二二年一月、黒崎が藤井に、「先生が会いたがっておられるから会いに来たまえ」と呼びに来ました。藤井は会いにゆきました。内村家の部屋で待っていると、隣の室の階段を内村が降りてきて、下駄を突っかけて庭へ出る音がした。夜ですが、先生は祈っておられるな、と藤井は感じた。やがて戸が開いて内村は入ってきて、「やあ藤井君よく来た」と大きな手で握手して、双方他に何の言いわけめいた言葉もなしに、一挙に和解が成立したのでした。

内村はこの和解あってすぐの二月号に、藤井の「旧約と新約」誌の紹介広告をのせました。藤井は「聖書之研究」の三月号に、「代贖を信じるをえて」という文を書き、内村は、十字架による罪の贖いを藤井が信じてくれたのは実に嬉しいという長文をそれに付してのせました。

以後藤井は「聖書之研究」にはもう文をのせません。しかしこの和解があってこそ「羔の婚姻」が歌い出され、内村の葬儀に当っての「新日本の定礎式」という宣言や、記念講演での「すべての真理の敵に対してあらたに戦いを宣する」という不滅の言も藤井の唇からあふれ出たのでした。

こう考えますと、内村も藤井もまことに烈しく切り結ぶ師弟関係であったことがわかります。それはさきの明融と明全の関係、真渕と宣長の関係とも相似ていますが、中心は神にあり、キリストにあり、また真実にあり、自己の確信に忠実に、自己の信仰の真実を偽らず貫くところにありました。それゆえに神は憐んで和解を与えられたのでした。二人の師弟関係は神の祝福を受けることができたのでした。

師弟関係が密接であればあるほど、また真理の継承を正しく行おうと神さまが望んでおられればおられるほど、高速道を車でとばすようにすいすいとゆくものではありません。そこには必ず様々の誘《いざな》いがあり、障害があります。誤解も置かれてきます。その場合にも、藤井のように、黙々と忍んで、師の心の浪立ちの治まるのを待つ態度こそが祝福への道であったと思うのです。

五　イエスと弟子たち

では、内村先生も藤井先生も、中山先生も、そして私たちもが救い主と仰ぐイエス・キリストとその弟子たちとの関係はどうであったか、これを最後にかえりみたく思います。

聖書五か所から学ぶことにいたします。

はじめはマタイ福音書一〇章二四節以下です。

「弟子はその師以上のものではなく、僕《しもべ》はその主人以上の者ではない。弟子がその師のようであり、僕がその主人のようであれば、それで十分である。」

この御言は本当にそのとおりだと思います。内村鑑三はおそらく今後百年二百年たとうと、日本語がなくならない限り、その開き示した真理は、世界全体にとって大きな意味をもつ人だと思います。このような人が私たちの民族に与えられた意義は、じつに大きいと考えます。藤井武も内村先生がどれほど神に嘉《よみ》せられ、神の大事な真理を託された方であるかを、よくよく知っていました。黒崎幸吉も内村の弟子として、内村先生の偉大を痛感していました。黒崎が自分の弟子の小田丙午郎に、京都の鴨川のほとりを歩きながら言ったことばに、「内村先生の最初の記念講演会に立ったその弟子七人――矢内原忠雄のいうわれらは七人――の皆を集めても、内村先生一人には及ばない。それほど内村先生は大きな人だ」とあります。

内村の科学者としての天然に対する理解と生涯変らぬ関心、歴史に対する深い洞察、社会悪に対する徹底した憤り、その信仰の厳しさと広さと深さは、他に類を見ないものでありました。内村は随分固い人のように思われ、激しい一方の人だと考えられがちですが、その魂はじつに柔軟でした。中山先生が御著書に書いておられます——内村先生は人の顔さえ見ればすぐその人をキリスト教に引きこもうとは、決してされなかった。また本当に純粋な宗教心の人には、その人の信仰をじつに尊重された。その点は、今後の世界でも大きな意味をもちます。

中山先生は「大法輪」という仏教の雑誌に吉田絃二郎（一八八六―一九五六）という作家が寄せた文を紹介しておられます。信州沓掛の星野温泉に吉田も内村先生も夏をすごし、吉田は先生と散歩を共にしてこの話を直接きいたのでした。——内村が早朝温泉に入りにゆくと、湯槽に一人の老婆が入って、「なんまんだあ、なんまんだあ……」としきりに念仏を称えています。内村先生も湯に入って、「おばあさん、有難いかね、ずいぶん有難そうだね」と言うと、答えて、「お迎えがだんだん近くなっているし、こうしてお湯に入れさせて頂くなんて、ほんとうに有難いことでさあね。」

内村はこのお婆さんの一筋の心に打たれて、「おばあさん、あんたの言うことは本当だよ、一心に念仏しなさいよ」と言いました。この事を語ったあと内村は吉田に向って、「どんな宗教だって宗教心の最後は『ただそれだけ』のこと、難しいことはない。——しかしこの『これだけ』ということが実はなかなか難しい。あのおばあさんに多くのことを教えられてしまった。」さらに言葉をついで、「吉田君、浄土信仰には単純ないいものがあるね、ただ念仏する、このただが羨ましいことだね」と少し興奮した面持で言ったのでした。

この逸事は内村先生の他の行いや文章とも軌を一にするもので、内村の心は実に寛やかであったのです。とすると、イエスがここで教えておられるように「弟子はその師以上のものではない」ことは、内村先生といわゆる二代目の先生たちとの間にも、当てはまるのではないでしょうか。

中山先生は九十八歳の長い生涯の終りに至られるまで、じつに心の柔かな方でした。最晩年まで、中山先生は私ごとき若輩からも何事かを学ぼうという心をおもちでした。ご自身がかつて書かれた所と違ったことが正しいとお考えになれば、先生はご自分の考えを変えられました。九十半ばをすぎて、自分の考えを変えることは、とてもできる事ではありません。ましてや変えたことをその当の人に告白することなど、ほとんど有り得ないことです。中山先生はそれをなさったのです。先生はじつに心のしなやかな方でした、じつに謙虚で、愉快な方でした。神さまはそのことを嘉せられて、長寿を恵まれたのだと思います。

二番目の聖句はマタイ福音書二三章八節以下です。これはイエスのパリサイ人批判のところです。

「しかし、あなたがたは先生と呼ばれてはならない。あなたがたの先生は、ただひとりであって、あなたがたはみな兄弟なのだから。また、地上のだれをも、父と呼んではならない。あなたがたの父はただひとり、すなわち、天にいます父である。また、あなたがたは教師と呼ばれてはならない。あなたがたの教師はただひとり、すなわち、キリストである。」

ここで言っておられるのは、師はただひとり、イエス・キリストのみということです。これは、親鸞が師法然の信心と自分の信心とは同じだ、共に阿弥陀仏から念仏をいただいていると、仏の方に向いてひたすら念仏を称えたのと同じ精神です。

何人も父と呼ぶなということの戒めは、カトリック教会が教皇を「パパ」と呼ぶ習わしと抵触すると思います。キリストのみが真理そのもの、キリストのみがまことの師、神のみがまことの父なのです。信仰の道を千歩先に歩んでいる人も、絶対的真理である神、キリストの前には、今日信仰に入ったばかりの人と同じく頭を垂れなければならないのです。

三番目はヨハネ福音書の一五章一二―一五節です。

「わたしのいましめは、これである。わたしがあなたがたを愛したように、あなたがたも互に愛し合いなさい。人がその友のために自分の命を捨てること、これよりも大きな愛はない。あなたがたにわたしが命じることを行うならば、あなたがたはわたしの友である。わたしはもう、あなたがたを僕とは呼ばない。僕は主人のしていることを知らないからである。わたしはあなたがたを友と呼んだ。わたしの父から聞いたことを皆、あなたがたに知らせたからである。」

ここでイエスの弟子たちに、互に相愛せよとさとしておられます。そして、愛する点において、イエスが罪人のためその命をお捨てになるのと同じように、友のため命を捨てよと教えておられるのです。

パウロはキリストの僕であることを、その多くの手紙の冒頭に書き、それを誇りとしました。ヤコブも神と主イエス・キリストとの僕と名乗り、ペテロもそう言っています。僕も、神のしもべ、キリストのしもべというのは、大きな名誉です。主に徹底的に服従することを表わすからです。しかしイエスはここで「もうあなたがたを僕とは呼ばない」と言われるのです。すでにイザヤが、神がアブラハムを「友なるアブラハム」（イザヤ書四一・8）と呼んでおられることを告げています。僕《しもべ》は十分理由を教わることなくただ従うのです。友はすべてを聞かされています。友は主人のパートナー（相談相手）です。友とは遠くから仰ぎ見、七尺退いてその影をふまぬというのでなく、親しく見つけ、言をかわすことができます。教えの理由も尋ねられます。イエスがこの告別遺訓で、弟子たちを友と呼ばれたことに、その愛の深さを見るのです。

第四に、ヨハネ福音書一〇章一一―一五節をみます。

「わたしはよい羊飼である。よい羊飼は、羊のために命を捨てる。羊飼ではなく、羊が自分のものでもない雇人は、おおかみが来るのを見ると、羊をすてて逃げ去る。そして、おおかみは羊を奪い、また追い散らす。彼は雇人であって、羊のことを心にかけていないからである。わたしはよい羊飼であって、わたしの羊を知り、わたしの羊はまた、わたしを知っている。それはちょうど、父がわたしを知っておられ、わたしが父を知っているのと同じである。そして、わたしは羊のために命を捨てるのである。」

羊飼は命にかけて自分の飼う羊を守ったのです。アモス書三章一二節に、「羊飼がししの口から、羊の両足、あるいは片耳を取り返すように」とあります。羊飼は羊が襲われればあくまでおおかみを追いかけて、喰い殺された羊の足一本、耳一つだけでも、おおかみの血まみれの口から奪い返すのです。ダビデも、ししやクマから羊を守る羊飼でした。

そう考えますと「わたしは羊のために命を捨てる」と言われることを、イエスは文字どおり実行されたのでした。

もう一か所、洗足のところを見てみましょう。ヨハネ福音書一三章一三―一六節です。

「あなたがたはわたしを教師、また主と呼んでいる。そう言うのは正しい。わたしはそのとおりである。しかし、主であり、また教師であるわたしが、あなたがたの足を洗ったからには、あなたがたもまた、互に足を洗い合うべきである。わたしがあなたがたにしたとおりに、あなたがたもするように、わたしは手本を示したのだ。よくよくあなたがたに言っておく。僕はその主人にまさるものではなく、つかわされた者はつかわした者にまさるものではない。」

イエスはここで、弟子たちが互に自分を高しとせず、互に仕え合い、愛し合い、互の足を洗い合えと教えておられるのです。それはいと小さい者が天国では大いなる者となり、後から来た者が先になる、最も自分を低く卑《ひく》くする者が最も栄光を与えられるという、イエスご自身が世にあって実行された、価値の転倒のことです。謙遜と奉仕のすすめです。弟子たちは、イエスがエルサレムへ十字架につくべく直進しておられるその間にも、誰が一番偉いかなどと言い争っていたのでした。そういう弟子たちなればこそ、イエスはここでこの教えを与えられたのです。

このように見てまいりますと、キリスト教の信仰における師弟というものは、法然と親鸞がそうであったように、また宣長が真理を信じて、その前には師の誤りをも憚らず指摘し改めたのと同じように、相ともに、イエス・キリストを贖い主、救い主と信じ、天地創造の唯一の神を信じるその絶対的真理の前にあって、ともに手を携えて同じ道を歩む友とされるのです。

師弟関係には、藤井武がそうしたように、考え、ふみ行い、守るべき一線があります。それを守ることは神さまもよしとされるでしょう。しかし私たちが仕えるべきは、真理そのものなる主イエスであり、真理そのものをこの天地に創り入れられた神さまであります。けれども、その神を私たちに教え、そのイエスへと私たちが心と顔を向けるよう導いてくださった先生に対しては、私たちは愛と尊敬をいだかなければなりません。しかし明全が師の明融に対してしたように、もしその先生が私情にからまれて、道を求める志をくじこうとなさるなら、明全のようにまた道元のように、真理を優先して、先生とはひとたび離れることもありうるでしょう。

全く誤りなく、本当に師たるに値する方は、イエス・キリストただ一人であります。私たちも、良き師を与えられて、正しい信仰の道を歩ましめられている幸せを、つくづく思うと同時に、先生もまた人間であって、キリストの十字架によらねば救われない罪人であることをも心すべきです。そこに、先生を先生として尊敬するとともに、先生もまたすがられたイエス・キリストに最後はすがって、共ども同じ主を仰ぎ、一なる神を信じて歩みつつ、深く師弟相信じ、相むつむ人生の美しさがあると思います。

皆さまがたの多くは中山博一先生に永く教えを受けられ、中山先生はじつに柔和・謙遜に久しく皆さまを導かれました。その先生の教えをむねに、信仰の道を歩み続けられますことを、神さまも、主イエスも、在天の中山先生も、必ずやおよろこびのことと信じます。

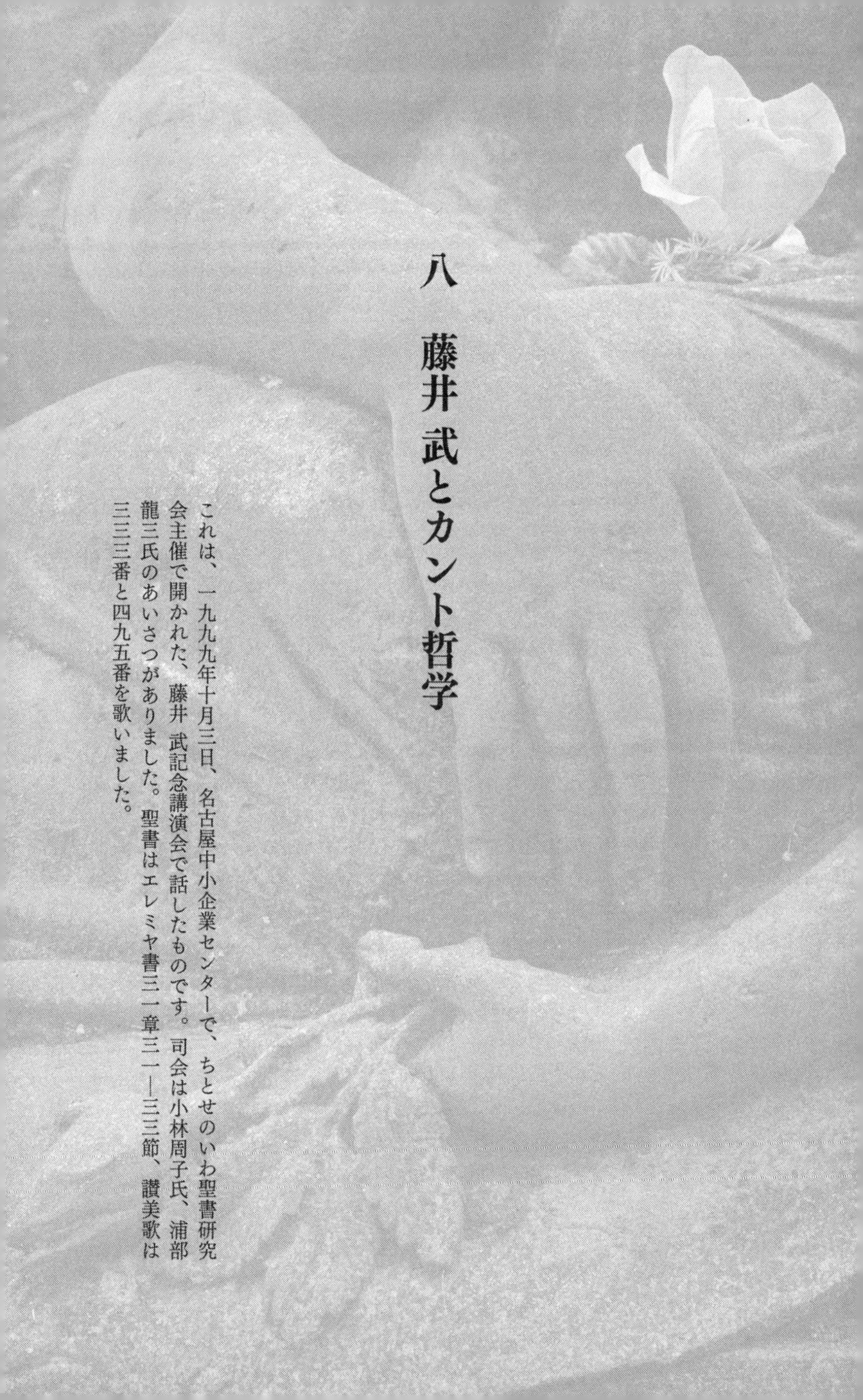

八　藤井 武とカント哲学

これは、一九九九年十月三日、名古屋中小企業センターで、ちとせのいわ聖書研究会主催で開かれた、藤井 武記念講演会で話したものです。司会は小林周子氏、浦部龍三氏のあいさつがありました。聖書はエレミヤ書三一章三一―三三節、讃美歌は三三三番と四九五番を歌いました。

一　はじめに

十月の第一日曜、ここ名古屋で藤井 武記念のお話しをさせていただくのは、これで十一回目となります。ここ数年のテーマをふりかえりましても、「友誼」（九三年）、「自然」（九四年）、「地震」（九五年）、「結婚」（九六年）、「無教会」（九七年）、「師弟」（九八年）となります。昨年は、四月七日に召された中山博一先生をしのびながら、その主題を決めて話させていただいたのでした。

今年は少し、というよりも相当堅いテーマとなりました。

藤井 武はいわゆる無教会二代目の先生方の中でも、その思想は最も体系的、組織的でありました。三谷隆正、矢内原忠雄にも哲学的関心はありましたが、藤井 武の哲学好きはきわ立っています。二代目の方々は多く東大法学科出でしたから、哲学は副（マイナー）として勉学されたのでした。

そして、藤井 武は詩人です。師の内村鑑三にも詩人的素質はあり（その訳詩は措辞も情感も第一級です）、矢内原忠雄にもそれはみられますが、何といってもあの『羔の婚姻』は、日本文学史上空前のものでした。未完成に終わったとはいえ、総一二七九五行、ダンテの『神曲』、ミルトンの『楽園喪失』に匹敵します。しかし量よりもむしろその質において『羔の婚姻』は無比なるものがあります。構想の雄大、形式の整美、情感の優雅、思想の透徹、批評の激烈、史眼の確実、信仰と希望と愛の真実は、他に類を見ないものです。

その中でも、中篇第二十七歌の一四七行は、「純なるもの」と題して、全歌カント哲学をうたったもので、世界に二つとないものです。その哲学者カントの三批判書を、およそ詩にうたうことなど、世界のどの詩人が想い到ったでしょうか。詩人と哲学とはむしろ相容れぬものと考えられますのに、藤井 武はこれを見事に融和しているのです。

哲学者カントは、文章の超重厚で有名です。一つの文が一ページも続くことさえあります。しかしカントにも詩の心が皆無ではありませんでした。若い頃には、亡くなった先生を悼む詩をラテン語で作っています（余り上手ではありませんが）。また、後年にいたっても、その文章のところどころで、詩的閃きを感じさせる句に出会います。今日も学びます「心を常に新たなるいや増す感歎と畏敬とを以て充たすものが二つある――わが上なる星繁き空と、わが内なる道徳法則、これである」という箇所などは、その好例です。

今日は、詩人藤井 武のこの世界無二の長詩に即して、藤井 武とカント哲学とを考えてみたいと思います。私は藤井 武は中山先生と同じように敬愛していますし、カントも少々のぞいていますから、できるだけわかりやすくなるようつとめてみます。

二　藤井 武の哲学的傾向

内村鑑三は哲学は不得手でした。アマスト大学でも、心理哲学で唯一つ落第点をとりましたし、哲学系の他の科目も、五段階評価で二〜二・五と芳ばしくない成績でした。しかし、大哲学者の思想は好きで、後年も原文ではなくても、大英百科事典などでカントやプラトンを復習し、感嘆の言葉をのこしていますし、自分の書斎に、カントとルソーの肖像画をかかげていました。

しかし、藤井 武は大の哲学好きでした。

1　若き日の日記

藤井の一高時代は一九〇四—〇七年、大学は一九〇七—一一年（明治三七—四四年）です。この時代は藤村操のあの投身自殺（明治三六年）につづき、真面目な青年たちは、人生の意味を追い、宇宙の究極に心を馳せて、沈思《ちんし》、煩悶《はんもん》したのでした。

明治四一年九月二十日の日記（藤井二〇歳、大学二回生、全集一〇巻40頁）によりますと、一高時代から仲良しの黒崎幸吉、石川鉄雄、椎津盛一と四人で石川宅に集り、哲学と宗教のことを談じ合ったが、煩悶にたえないと記しています。この年夏、藤井は郷里の金沢で西永喬子（一五歳）と婚約したのでしたが、それも心の雲を吹払うことにはなりませんでした。

その三日後には自室で、「天地の間に占むる我なるものの地位」に思いをこらし、至誠をもって生命とするとの結論に達したものの、疑惑は去らず、世は一面の暗黒で、「頭はシンシンと痛む」とあります。

こえて十月十二日には黒崎宅に石川と三人集って談論後、夜十時頃石川を送ってゆく途中で月を見て、「あはれ思ひ出多き月夜よ」と言ったところ、石川に「否、君は感ずる事少なかるべし、哲学者なればなり」と言われました。

翌年には、友を慕い、友誼《ゆうぎ》に憧れ、心の飢えを神によって解決しようと読書に励みました。友人黒木三次の紹介で内村を訪問しますが、それも「往ってあげる」という太い気持でした。藤井の感想では、内村の説くのは天国と此世との接触面、つまり信仰生活の外郭である、「何故に先生はもっと深く信仰独自の消息を伝へられないのであらうか」とあります（全集一〇巻123頁）。

寂寥、悲哀、懐疑、煩悶、自己の内にある高きを求める心と低劣きわめる欲望！　青年藤井は悩みに悩みました。それはまた、義母との仲がうまくゆかず（九巻89頁）、妹緑の病気がますます重く（明治四三年六月六日死去)、喬子とのことも根本の慰めにはならなかったからでした(九巻99頁)。

新渡戸 稲造はさびしさに三種をみとめています——一つは月を見てさびしい、秋の虫の音が身に沁みてさびしいといった、感傷的なさびしさ。二つは人を求めるさびしさ、郷里を離れていて親や弟妹に会いたい、心の友がほしい、生涯の伴侶を得られない、子供がほしいといったさびしさ。これは、親兄弟に会い、結婚し、子供が与えられ(なければ養子をもらう)れば解消する。しかし第三のさびしさは、地上の何物をもってしても充すことはできない、絶対者、永遠なる者と一つになるまではいやされない、深い深いさびしさ、宇宙的なさびしさで、そこにこそ魂の成長の秘密がある、というのです。

藤井は今この宇宙的なさびしさを味っていたのでした。そこでしだいに祈りを深め、神への絶対信頼へと導かれてゆくのです。

こうして藤井は、一九一一(明治四四)年六月、東大を卒業しました。伝道に従事したいと内村に申し出たところ「しばらく世の中を見てくるように」と言われ、内務省に奉職し、京都府におもむくのでした。

2　一高・大学時代の読書

一高時代の読書として日記にみえるものは、カーライルの『英雄崇拝』『サーター・リザータス』(後者は読み破ったとあり、それは新渡戸の感化でしょう、全集一〇巻59頁以下)。『論語』、トルストイの『懺悔録』、テニスンの短詩、などです。

大学時代のものとしては、スピノザの『エチカ』、綱島梁川《つなしまりょうせん》の『寸光録』『回光録』『病窓雑筆』(九巻44、67、180頁)がまずあり、綱島については「先生はいつも迷へる我の光明である」とまであります。綱島梁川(一八七三―一九〇七)は岡山の人、坪内逍遥門下で、一九〇一年から肺を病み、ますます情熱的な神秘主義を深め、見神体験をし、法悦思想を次々と本にあらわし、明治ロマン主義の一面を表した人でした。

そしてレッシングの『賢者ナータン』、清沢満之《きよざわまんし》の『精神講話』(同35頁)、歎異抄講話(180頁)、多田鼎《かなえ》の『修道講話』(78頁)。清沢(一八六三―一九〇三)は真宗大谷派の僧で、東大卒、一高および哲学館で教えるかたわら、東本願寺の財政・組織改革をはかり真宗の近代化に活躍したが、一八九七年除名されて挫折しました。他力に徹しつつ、実践を重視し、信による自我確立を唱え、西田幾多郎にも影響した人です。多田(一八七五―一九三七)は愛知生れのやはり真宗大谷派、清沢と志を同じくし、暁烏敏《あけがらすはや》と並ぶ人、三河同朋会や浩々洞を作って、寺院を離れた仏道を追求しました。

そのほか、『陽明学派の哲学』(52頁、著書はあげてないが井上哲次郎)では「藤樹の偉大な人格に少からず感動す」とあり、『吉田松陰伝』(蘇峯のか)、『南洲伝』(92頁)では、Imitation of Nanshu (南洲にならう）とあります。

徳冨蘆花の『不如帰』は愛読した一つで、主人公浪子の父片岡中将の愛に感動しています（59頁以下、70、77頁以下、87頁）。同『寄生木《やどりぎ》』（114頁）、シェンキェヴィチの『クオ・ヴァディス』（これは一九〇五年ノーベル文学賞をうけたポーランド作家（一八四六―一九一六）の作品）。『藤村詩集』は朗吟しています（111頁）。桜井忠温《ただよし》の『肉弾』、桜井（一八七九―一九六五）は愛媛の人、陸軍少将、のち作家（この作品は藤井の父浅村安直も従軍した日露戦争の戦記ベストセラー）。そして柏井園の『書窓遠景』があります。柏井（一八七〇―一九二〇）は同志社卒、植村正久の推薦で明治学院に入り、のち東京神学校教授、ＹＭＣＡ理事をつとめた人です。

日本の哲学者については、西田幾多郎以外に言及はなく、西田は「東洋において起るべき新しき哲学の予言者たり開拓者たるべき人」として尊敬しています。

読書に見る限り、哲学よりはむしろ宗教と文学の方が多く、それらが藤井の魂を耕し、潤いをそえた経過がうかがわれます。

三 「哲学研究」執筆の理由

その藤井 武が、一九二八年五月から翌年十月まで六回にわたり、哲学研究に属する文章を書きました。とりわけ、二八年五月号の『旧約と新約』誌は特集「カント号」で、あの「純なるもの」が巻頭を飾り、「カント哲学に於ける自然と道徳」「基督教とカント哲学」「カントの道徳批判に現れたる『純なるもの』」の三篇が収められています。その後もカントを主題とする文章はいくつかあり、「ロマ書研究第十二」でもカントを念頭において論じるなど、カント哲学への関心は深いものがありました。そしてこの時期（一九二八―二九年）、新町学廬のテキストにはカントの道徳哲学書が使われていたのでした。

この時期、昭和の初年に藤井が「哲学研究」を執筆したのは、どういう理由によるのでしょうか。それは四つあると考えられます。

1　道義退廃

昭和の日本の道義は、あらゆる方面で崩壊していると、藤井は見ていました。政治は軍備増強を第一とし、田中義一内閣のように、内政の悪化への批判をかわすために外に兵を起こし、国民を無駄死にさせていました（一〇巻353頁以下）。大学は真理探求と人格形成という理念を失い、実際化に走り、社会改革に眼を奪われています。青年の性は乱れに乱れ、モガ、モボが横行する始末です（同348頁以下）。文学は恋愛を描くことに走り、読書界はただ売らんかなの宣伝をきそい、朝鮮人への理解と同情は国民になく、浅薄のきわみ、偶像崇拝におぼれ、享楽にひたっているのでした（同370頁）。

そこに道徳の根本を明らかに示す哲学の必要がある、と藤井は信じたのでした。

2 思想的混迷

大正の文化主義、民本主義、自由主義、平和主義は、昭和に入る前からすでにくずれ、ロシア革命（一九一七年）にすっかり眼のくらんだ学者、評論家が言論界をリードし、運動実践のみを貴とぶ風潮が、青年一般に滲透しました。親がかりで学業中の大学生が工場へ出かけて、青臭いマルクス主義を説き、蹶起《けっき》をうながして冷笑されることはざらでした（亀井勝一郎も）。

他方第一次大戦後の軍縮で肩身の狭くなった軍部は、大陸侵攻と補助艦艇充実をはかり、マスコミはそれに迎合、政党も軍部と組み、右翼思想が力を得てきました。それはやがて一人一殺のテロとなり、思想弾圧となって亡国にいたるのです。

このマルクス主義と軍国主義という二つの誤った思想を克服するには、正しい思想の剣が必要です。それなしには混迷を脱することはできないと藤井は考えました。（哲学とまことの信仰がなければ、相当物をわきまえた人でも、この二つの思想に引きこまれることは、三木清、倉田百三、武者小路実篤の例でも明らかになります）。

3　真の共同体の必要

この全社会をあげて堕落退廃に走る中にあって、まことの信仰者は共同しなければなりません。ただ一人信仰を守るだけではこの流れに巻きこまれてしまいます。そこに、信仰者の共同体、エクレシアの必要が痛感されます。それは福音の灯を高くかかげる灯台であり、この世に真理で抵抗する砦《とりで》なのです。

しかし藤井の見るところ、日本の教会は堕落しており、この任を果すことができません（五巻530頁以下）。そこに真のエクレシアの基礎を確認する営みがどうしてもなくてはなりません。無教会論とその根底をなす神学、神学の底にある哲学の必要を、藤井は覚えたのでした。

4　哲学、神学の改革

明治以後、日本の哲学は（ましてや神学は）、西洋で生まれた新旧の思想を、その歴史的必然性とは無関係に、次つぎと受け入れてきました。古来日本に無かったものなのですから已《や》むをえないことではありましたが、日本の現実とその精神的伝統とに何の関わりもない哲学や神学が、しかもまるで洋服の型の流行のように、次から次へと入ってきたのでした。そこに混迷の元があると藤井は見ました。『聖書より見たる日本』も『歴史的に跡づけたる聖書神学』も、その欠を補うというより、日本での創造的哲学と神学への基礎工事の試みといえましょう。

哲学の改革、神学の改革、そのためには西洋の大思想家の哲学を、福音に立って深く学ぶ必要がある、と藤井は考えたのでした。

こうして「哲学研究」の一連の文章が書かれ、『羔の婚姻』中篇第二十七歌「純なるもの」が歌い出されたのでした。

四 「純なるもの」

藤井がカント研究を物するとき、カントの著作のいくつかは、すでに日本語に訳されてはいました。『純粋理性批判』は天野《あまの》貞祐《ていゆう》の訳がまだ緒についたばかりでした（一九二六—三九）。『実践理性批判』は波多野 精一と宮本和吉の訳で一九一八年に出、一九二七年に改訳されました。『道徳形而上学の基礎づけ』は安倍能成と藤原 正によって一九一九年に訳されました――以上どれも岩波書店からです。『判断力批判』は斎藤要が一九二六年に新潮社から出しましたが、これは美学だけで、目的論をも含めた全体の訳は、一九三二年、私の恩師坂田徳男先生によって鉄塔書院からはじめて出たのでした。

藤井は、二、三の訳書は参照したでしょうが、ほとんどは原書から学び取ったと思われます。哲学の専門家でもない藤井が、よくぞあの難しいカント哲学を、十分正しく理解し、それを詩にさえ表わしたのには、全く驚かされます。

その、世界無二の「純なるもの」を味うに先立ち、藤井がカントに寄せる尊敬の念を表わした文を引きましょう。『歴史的に跡づけたる聖書神学』で藤井はこう述べています――

「私は思ふ、人類が天の使にさへ示して誇り得る書があるとしたら、それは（もちろん聖書は別として）恐らくダンテの『神曲』と、カントの『実践理性批判』と、そしてアウガスチンの『告白』ぐらゐのものであらう。」（六巻584頁以下）

これはカントにとって、甚だ名誉な言です。藤井はこれほどまでにカントの道徳哲学に、神の御心にかなう真理の一つの表現を見出していたのです。

では「純なるもの」を学んでゆきましょう。

1「上には輝く星辰の空
　内には統ぶる道徳の法《のり》!」
　二つの大いなるもののまへに
4塵につく身のいかに小さき
　「叡智」の人格いかに高きを
　怪しみつつ哲人は呼はる。　（一—六行）

一—二行は『実践理性批判』の「結び」にカントが、詩的と言ってもよい美しい言でのべた二つのものをうたっています。今、豊川昇訳（角川文庫234頁以下）で引用します——

「それを考ふること屢々にして且つ長きに及ぶに従ひ、常に新たなるいや増す感歎と畏敬とを以て心を充たすものが二つある、我が上なる星繁き空と我が内なる道徳法則、これである。」

四—六行も「結び」のその続きの次の文をふまえて歌われています——

「第一の瞥観、すなはち無數の世界群のそれは、謂はゞ動物的被造者としての私の重みを零《ゼロ》にしてしまふ。すなはち動物的被造者は、暫らくの間（どうしてさうのなのかは知らぬが）生活力を持たせて貰つたのちに、自分を形成してゐた物質を再び遊星（宇宙に於ける單なる一點）に返却せねばならぬのである。之に反して第二の瞥観は、叡智としての私の價値を、私の人格性によつて無限に高め、この私の人格性に於て道徳法則は、動物性から、且つ感性界全體からさへも、獨立な生命を私に啓示する。少くとも、この生の制約と限界との埒内には制限されてゐない、無限の中に進み入るこの法則（即ち道徳法則）によつて、私の現存在が合目的々に規定されてゐることから推測できるところでは。」

被造物（生物の一つ）としての人間は、全く無に等しい存在で、大宇宙のこの片隅に、ほんの一瞬生きたのち、死ねば体は塵となって、地球に戻ってしまうのです。しかし、人格としての人間、この目に見える世界全体をも超えた超越界、本体界、物自体の世界に根拠をもつ道徳法則を与えられた人間は、全く異なる高次の生命を与えられているのです。——ここにはカントは読んでいなかったがその百二十年前、パスカルが『パンセ』三四七でのべた言と響き合うものがあります。津田 穰訳（新潮文庫・上巻から引きます——）

「三四七　人間は、自然のうちで最も弱い一本の葦にすぎない。しかしそれは考へる葦である。これをおしつぶすのに宇宙全體が武装する必要はない。一つの蒸氣、一つの水滴もこれを殺すのに十分である。しかし宇宙がこれをおしつぶすとしても、そのとき人間は、人間を殺すこのものよりも、崇高であらう、なぜなら人間は、自分の死ぬことを、それから宇宙の自分よりずつとたちまさつてゐることを知つてゐるからである。宇宙は何もしらない。」

単なる物質、単なる生物としての人間の微小と、霊的存在としての人間の尊とさをのべて、この二つの文にまさるものはありません。

7 その声さながら遠きむかし
　ユダヤの小野にたかくあがりし
　詩人のうたの反響にまがひ。
10 彼は油そそがれし身ながら
　かさなる患難《なやみ》の浪をあびて

「なんぞ棄てたまふか」と叫ぶまでに
13義の道徳の大法《おほのり》をあがめ
かくて来るべきなやみの王
羔のきみに先駆《さきがけ》した。　（七―一五行）

この人間の卑小と価値との自覚は、旧くダビデが詩篇八篇三―九節、一九篇一―六節で、天然の壮大と創造の雄大と人間の小ささを対比して、神をほめたたえたのに相当します（七―九行）。一〇―一二行は、油注がれて王たることを約束されながら、サウル王に妬まれ疑われて宮廷を去って異国にその追及を避けたダビデ、また子アブサロムの反逆にあい、涙ながらに子を討たねばならず、子の死に号泣したダビデ、そして、詩篇二二篇で神に捨てられた呻きを歌ったダビデのことをのべています。一四―一五行の「なやみの王」はキリストのことです。イエスは十字架上で、神からも見捨てられて、罪を負い死ぬ苦しみの中で、「エロイ、エロイ、ラマ、サバクタニ」と叫ばれたのでした（マルコ一五・34）。

16此《これ》は白熱の炉にて三たび
煉りきよめたる白銀《しろがね》のごとき

「純粋」の哲学をうちいだし
19晨の空の星もおよばぬ
とこしへの潔らかさを見せて
新婦《はなよめ》ごころを証《あか》しぞする。 (二二一一六行)

一六—二一行で再びカントにかえります。「白熱の炉」とは『純粋理性批判』『実践理性批判』『判断力批判』の三批判書を指します。カントはこの三批判書によって、知識、道徳、美の根本原理を、理性に基礎づけ、感覚、快楽、快適などの不純物を取り除いたのでした。

まずは知識の批判です——

22土をも払はぬ生《き》の姿の
人の思ひの粗鉱《あらかね》をとりて
第一の炉にかれは投じた。
25吹きわかたるるもろもろの滓《おり》
——塵の性《さが》なる感官の知覚《おぼえ》、
すべて経験にまつろふ意識《さとり》。

28これら受けみの「素材」をのぞき
　のこるは何か。心みづから
　先天に具する知の「形式」のみ。　（二二一―三〇行）

知識が成立するのには、感官を通して与えられる感覚が素材となることは言うまでもありません。しかし感覚は不正確で、欺きやすいものです、個人差もあり、周囲の状況でどのようにも変化します。そんな不確かなものだけで知識にはなりません。それとは違って、人間の心に先天的にそなわっている枠組、形式がある、それが知識成立の最も大切な条件だ、とカントは考えたのです。「知の形式」の第一は純粋直観（直観形式）とよばれる時間と空間です。感官をとおしてバラバラに心に入ってくる感覚印象を受けとめるに当って、心はまず時間・空間という枠でくくります。時間も空間も、外物ではなくて、人間の心の側にあります。

たとえてみれば、メリケン粉を練って平らに延したものが感覚です。これを知識のビスケットにするには、そのままではだめです。金型で抜かねばなりません。抜けば花形であれ、動物形であれ、ドラえもん形であれ、ビスケットのまとまった形が現れます。その金型こそ、カントのいう純粋直観です。金型は、練った粉の側ではなく、ビスケットを作る人間の側がもっているのです。

31材の混沌を秩序に統ぶる
　式よ、その名は「悟性の思念《おもひ》」、
　これぞ知識のいと純《きよ》きもの。
34さはれ材なき式は石女《うますめ》、
　経験の空気のそとに出でては
　悟性のつばさ何をか撃たう。　（三六―三一行）

三二行の「悟性の思念《おもひ》」とは、詩にするための苦心の用語ですが、ふつうは純粋悟性概念（範疇《はんちゅう》）といいます。概念自体、多くの個物を一般化してまとめたものですが（犬という概念の下には、数百種の犬と数千万匹の個々の犬が包まれ、その中には愛犬テリーも入っています）、純粋悟性概念はそれをさらに大きくくくる概念で、たとえば一と多と全（これは量）のような十二種をカントは算えました。

三四―三六は有名なカントのことば「直観なき概念は空虚であり、概念なき直観は盲目である」を詩にしたものです。先ほどのたとえで言うなら、練ったメリケン粉なしでは、ビスケットの型は空《から》であり、型がなくては練った粉は何の形もなく混沌としている――どちらもビスケットにならぬ（知識は成立しない）ということです。材とは直観、経験を指し、悟性のつばさとはその概念をいいます。

37知識はかくて高処《たかみ》をきはめ
まだ見ぬ国をはるかにのぞむ、
済《わた》りゆくべき途は断たれて。
40たとへばピスガの嶺のモーセか、
むしろ浄罪の山をかぎりに
足はばまれし導者その人。　（三七―四三行）

こうして不純な感覚的要素を除いて、純粋な知識が成り立ちます。それが科学的知識です。しかしこの知識は、その入口であった感覚の世界の外には及びません。感覚に入らないもの、見えもせず、聞こえもせず、触ることもできぬものは、ビスケットにはならないのです。感覚の世界をカントは現象界、感性界と呼びます。科学はこの世界を越えられないのです。知識は現象界で行き止まりです。

三八行の「まだ見ぬ国」とは、感覚をこえた本体界、超感性界、物自体の世界です。道徳はその世界に成り立つとカントは考えました。裏から言えば、どんなに努力しても、物理学で行為の善悪は決められないということです。

四〇行は申命記三四章一―五節のことです。イスラエルの民をひきいてエジプトを脱出し、荒野を四十年、神に従いながら、文句だらけの民をようやく約束の地にまで連れてきたモーセも、四十年の間に神の命に背いた罪によって、ピスガの山の頂から約束の地を眺め渡すことは許されましたが、その地へ入ることは許されず、モアブの地で死んだのでした。

四一―四二行はダンテの『神曲』によります。ダンテを導いて地獄を底まで降り、転じて浄財界（煉獄ともいう）を山の頂まで共に登ってきた導者ヴェルギリウス（英語ではヴァージル）も、天堂界へは足をふみ入れる資格はなく、ベアトリーチェにバトン・タッチするのです。

次の四三―一〇五行までは、第二批判の扱う道徳の世界を歌うところです。

43ふたたび人の思ひをとりて
　第二の炉にとかれは投じた、
　――知識につぎて道徳の批判。
46熱火に曝され醜《しこ》のすがたを
　露《あら》はしきたる渣《おり》のかずかず、
　おほよそ実物《もの》を目あてのおもひ。　（四三―四八行）

四七行に「渣《おり》」といわれ、四八行に「実物《もの》を目あてのおもひ」と呼ばれるのは、カントの言う傾向性のことです。それは五〇―五一行に「感性の快楽」、幸福を求めるものとされるものです。道徳法則の命令を尊敬して、それに服従するのでなく、傾向性のさそうままに流れてゆくのでは善は実行されません。傾向性は欲望と言ってよく、人間は何の努力もしなければ、欲望のままに、快楽を追求していくのです。カントは快と善とをきびしく分けるのです。

49根ざすは律法《おきて》の崇敬《あがめ》ならぬ
　実物《もの》に喚ばるる感性の快楽《けらく》、
　己を本位《もと》の幸福《さいはひ》にして。
52卑しいかな商人《あきうど》のごとく
　得るところゆゑに、結果のゆゑに
　思ひを右し左しするは！
55かかるはすべて奴隷のこころ、
　みづから則《の》るべき笏をすてて
　他者《あだびと》の手にゆだぬるのわざ。
58死にし蝿は香油をくさらす、
　功利の動機の一片《ひとひら》さへ
　善を源《もと》より毒せではやまない。

61「実物《もの》」にはあらぬただ「形式《かた》」ゆゑに
律法《おきて》の絶対命令ゆゑに
みづから従ふ意志のみぞ善。（四九—六三行）

五三行に、結果の故に道徳判断を左右にすることを、藤井は批判しています。カントの倫理はいわゆる心情倫理で、行為の結果に善悪の基準をおくのでなく、心がけ、心ばえ、心構えにその基準を求めます。動機は不純でも結果がよければよいというのでは、金もうけしたいための正直な商売と、本当に正直な商売との区別もなくなり、また、あとでのお返しを期待しての親切も本当に相手を思っての親切と少しも変らぬこととなります。カントは動機の純粋を徹底して求めるのです。

五八行は、伝道の書一〇章一節をふまえたもので、功利、自己の利益、幸福からする行為は善とは言えぬということです。

六二行の「律法《おきて》の絶対命令」とは、定言命令のことです。およそ道徳原理は、「……せよ、」または「……するな」という命令形をとります。カントはこの命令を、仮言命令と定言命令に分けます。前者は条件付命令、後者は無条件の命令です。カントにとっては「汝《なんじ》……すべし」という無条件の命令にひたすら服従するところにのみ、善があります。

仮言命令は「もし……ならば、……せよ」というので、たとえば「もし人にほめられたければ、親切にしなさい」がそれです。親切は善であるとしても、この命令では、条件がついており、その条件の中味（ほめられること）が実は目的であるのです。親切な行為はそのための手段にすぎません。そんなのは本当の善でない、ただ「汝親切にすべし」という絶対無条件の命令——人からほめられようと、そしられようと、結果が良かろうと悪かろうと、一切関わりなく、ただひたすらそれに従う意志だけが善だと、カントは言うのです。

64およそ世のなか世の外にして
　肩書もなく善と呼び得る
　何ものかあらう、善き意思のほか。
67善き意思の善きは、その結ぶ果《み》に
　あらず、調度としての役立《えだ》ちに
　あらず、ただその自体にぞある。　（六四―六九行）

六四行以下は、『道徳形而上学の基礎づけ』の第一章の冒頭の文を指しています。豊川昇訳『道徳の最高原理』（角川文庫17―19頁）を引きます——

「世界の内に於て、いな、そもそも世界の外に於ても、無制限に善と看做され得るものは、ただ一つ善なる意志のほかに之を考えることは不可能である。」

知性も才能も、権力も富も、名誉も思慮も、克己も抑制も、みな人の求める善ではあっても、それが善き意志を欠くときは、絶対的に無制限に善とは言えないのです。悪人が権力をもてば悪事をするでしょうし、思慮深い泥棒は、このごろ逮捕されている大銀行の頭取と同じで、巧妙に盗みをはたらくでしょうから。

70たとひ彼女に運命《さだめ》きびしく
もしくは継《まま》しき仲の母が
支給《そなえ》殊さら吝《やぶさ》かにして
73何のわざをも遂ぐるに足らず
何の益にも立つにかなはず
ただ善き意思としてのみあるとも
76見よ、なほ彼女は珠玉《たま》のごとく
おのが光によりてかがやく、

　価値を自体にもつものらしく。
79巧用《はたらき》はあれ、はた是なかれ、
　珠玉《たま》みづからに備はる価値に
　何をか加へ、何をか殺《そ》がう。
82よりて眼はなき人の心を
　惹くに足るとも、真《まこと》の識者が
　鑑賞には薦むべくもあらぬ。　（七〇―八四行）

この七〇行―八四行までは、次の文を詩としたものです。

「たとえ運命の特別な不興によって、或は継母のような自然の與え吝みによって、この意志がその意図を貫徹する能力を全然欠いているとしても、またこの意志が努力の限りを盡すに拘らずそれが何の役にも立たず、ただ善なる意志（もちろんそれは別に單なる願望ではなく、我々に出来る限りあらゆる手段を盡すのである）のみがあとに残るに過ぎぬとしても、それは寶石《ほうせき》の如くに、全き價値を内に藏する或るものとしてそれだけで光輝を放つであろう。効果の有無はこの價値を増すことも減ずることもできない。効果の如きは、普通一般の取引に寶石を一段と扱いよくするため、或は鑑識眼のまだ十分でない者の注意を惹くため、それを嵌め込む謂わば台みたようなものに過ぎず、鑑識眼ある者に勧めてその價値を定めるためのものではないと云ってよい。」

善き意志はあっても、母なる自然がけちけちして、善を実行する能力を与えてくれない（たとえば病気、障害など）としても、善き意志の価値は少しも減らない。一所懸命努力しても、何の役にも立たなかったとしても、善き意志の光りは少しもかげりはしない、というのです。カントとしては珍しく、宝石と台座を比喩として使って説明しています。

つづく二一行で道徳の批判は終ります。

84 ピスガに尽きしモーセの職《つとめ》を
ヨシュアは継いだ。浄財の山の
導者に、美はしの貴女は代つた。
88 経験の国の外なる淵に
くるめく知的理性を承けて
実体の世へと翔るは誰か。
91 これぞ第二の炉にて煉られし

律法《おきて》をあがむる純なる思ひ、
永遠の世に住む実践理性。　（八四―九三行）

ここで、参考のためカント哲学の全体像を下の図式で示しておきましょう――

現象界と本体界との間には越えがたい壁があります。科学と道徳は次元を全く異にします。理論理性は本体界に一指も触ることはできません。そこで理論理性に代って本体界を打ち開き、永遠の理念を人間に確信せしめるのは、実践理性なのです。八七行の「美はしの貴女」とは『神曲』天堂篇でダンテを光の源まで導く、ベアトリーチェです。

94遺はされたる使者《つかひ》のごとく
「要求」とよぶ翼をのべて
おのが故郷に彼はみちびく。
97そこにして示す、雄々しき「自由」

カント哲学の全体像

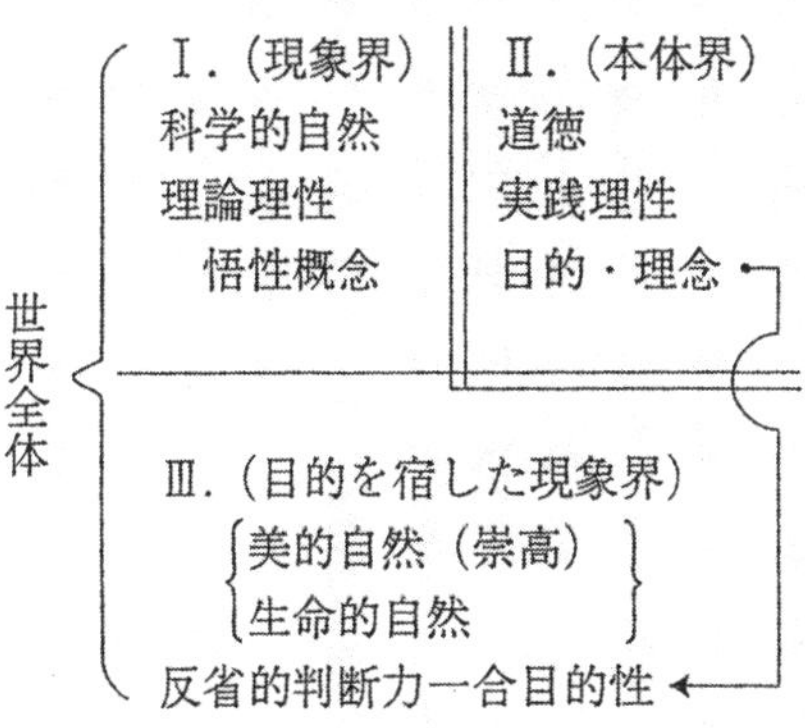

因果の鎖をしだきて立つは
　高き命令に応へんがため。
100そこにしてまた輝く「来世」、
　道徳の船路つひに帰すべき
　聖き調和のその港として。
103而してそこに栄光の「神」、
　善には必ず福《さいは》ひすべく
　右手《めて》に巻物、左手《ゆんで》に星もち。　（九四―一〇五行）

九四行―一〇五行は、『実践理性批判』の弁証論のところを、実に簡潔に、見事に詠じ切っています。九五行で藤井が「要求」というのは、ふつう「要請」と呼ばれるものです。要請とは、理論的に証明できなくても、理性に基いて必要とされる原理をさします。カントでは自由と来世（不死）と神の存在とです。

道徳を、純粋実践理性の定言命令への服従という、善き意志に基礎づけたうえで、カントはさらに、自由と不死と神の存在という、三つの理念を要請してゆきます。この三つは、理論理性が知識を成り立たせる現象界では、ただ理性概念だけがあっても、それに対応する感性的直観がないため、知識とはならなかったものです。神が存在するかどうか、魂は不滅なのかどうか、必然的因果性に縛られない自由がこの世界にあるのかどうかは、肯定も否定もできないままだったのです。

まず自由とは何でしょうか。それは藤井の歌うように「因果の鎖をしだ」くものです。宇宙の中のすべての物質の運動は、例外なく、必然的法則に従って起ります。リンゴの落下から、月が地球をまわり、地球が太陽のまわりをめぐり、宇宙探査衛星が外惑星の近くにまで飛行することまで、すべては物理法則に縛られています。科学的自然とはそういう世界です。

では私たちの行為はどうでしょうか。それも何らかの原因に縛られた結果にすぎないのでしょうか。もちろん行為にはその動機があります。死ぬほど空腹で金はない、そこにパン屋があり店先に人がいない、だからパンを盗むとすれば、この行為は空腹と貧乏という原因の結果と考えられなくもありません。そしてその貧乏がリストラによる失業の結果だとすると、失業こそ盗みの原因でしょう。さらにリストラは勤めていた企業の放漫経営のせいだとすると、原因はさらに遠くに求められてきます。その原因はもはや私たちの手の届かぬ所で起って、私たちを束縛するのです。

こう考えるのが正しければ、善でも悪でも、みな私たちの外にある出来事が決定して、私たちに自由はないことになります。善行もほめるに値せず、悪行も咎めるわけにゆかなくなります。悪い行いをするのは社会が悪いということになるのです。――カントはこれを断乎否定します。

道徳法則の定言命令に従うか背くかは、本質的に人間の自由にあるのです。外の条件がどうであろうと、どんなに貧しかろうと、どんなに飢えていようと、盗みは絶対しないという自由が人間にはあるのです。もしこれが無いのなら、人間ではありません。そして、道徳法則の命令に従って行為することにより、新しい世界が創造されます。従わなければ、それはそれでまた異る新しい世界が出来ます。人間は自由において、新世界創造という本体界、超越界に属する働きをなしうるのです。そこに、道徳的存在としての人間の尊厳があります。人格の価値は地球より重いといわれるのはそこです。

次に一〇〇—一〇二行で藤井は「来世」を歌っています。「道徳の船路つひに帰すべき聖き調和のその港」とは次のような意味です。

道徳法則は定言命令を下して、私たちに絶対的服従を求めます。私たちはそれに従うことが善であると知っています。しかし従うこともあり、背くこともあります。たとえば正直を考えても、道徳法則は一〇〇％の正直を求めるのに、私たちはせいぜい九五％ぐらいでしょう。法則はそれを許しません。五％の嘘はいっそう有効に作用するからです。人間は誰一人、法則を充していません（律法を充すことのできぬ罪人なのです）。

では定言命令がまちがっていたのでしょうか。もしそうなら、そんな命令を下した実践理性が誤っていることになります。理性が矛盾を犯していることとなります。出来もしないことを命令するのは、暴君か馬鹿者か狂人です。

するとこの命令は実行可能でなければならぬ、一〇〇％の正直は実現しなければならぬこととなります。しかし私たちはこの世でそれを実現できません。ではいつどこで実現するのでしょうか。カントは人間の魂は死後も、一〇〇％の命令実行を目指して、努力精進をつづけ、無限の進歩をとげるのだ、と考えます。道徳命令がある以上、来世はなくてはなりません、不死は保障されねばならないのです。何と雄々しい思想でしょう。

最後の一〇三―一〇五行は、最高善における徳と幸福の一致を歌っています。「右手《めて》に巻物、左手《ゆんで》に星もち」とは、黙示録五章一節と一章十六節をふまえてですが、聖書ではどちらも右手になっています。では徳福一致と神の存在の関係はどうなのでしょうか。

カントは法則の一〇〇％実現は可能と考えました。道徳的完全に人間は到達できるのです。人はついに聖性に達します。そこにまで達したとき、その道徳的努力と進歩にたいして、それを認め、それに見合う報賞を与えることこそ、道徳世界の秩序にふさわしいといえます。では一〇〇％到達を認定し、それにふさわしい幸福を与える力のある存在者とは誰でしょうか。それが人間でないことは確かです。人間は受験生の方です。その認定者、幸福授与者は、全知全能の神以外ではありません。神だけが人の心の奥底をも切り開いて、不純な動機の一片をも許されぬ方です。聖徒に至福で報いてくださるのは神だけです。こうして、道徳がある以上、神の存在も確実でなければならぬことになりました。

キリスト信徒にとっては、神こそが何ものよりも先に存在され、人間も道徳も神在ってこそ存在するのであって、カントの理論は逆だとひびきます。信仰の立場からはまさにその通りです。けれどもカントは、人間たるかぎりすべての人がもっている道徳意識、人類すべてにみられる善悪の区別の根拠を、信仰ではなく理性に求めたのでした。それはそれで大きな意味があります。信仰のない人も、善悪の区別を知るかぎり、神と来世と自由を認めなければならないのですから。

こうして藤井は、この第二十七歌全体の七分の三、三批判書の中味を歌った行でいえば五分の三を、『実践理性批判』に、道徳の世界に、本体界の説明にあてたのです。

残るは『判断力批判』です。

106 認識の「悟性」、欲求の「理性」——
　のこる情感の「判定」のために
第三の炉をも彼はそなへた。
109 変らず強き試煉の焔よ、
さながら関節《ふしぶし》、骨髄をも
透してわかつ両刃《もろは》の剣《つるぎ》。
112 美《うる》はしとさばく情感のうち
純《きよ》きは何か。色また音の
感覚にむすぶ楽しさならぬ

115それら土の香《か》うせぬ素材が
　時空のうへにつらなり描く
　無垢の形式をめづるこころ。　（一〇六—一一七行）

第三の炉でカントは美と生命とを論じるのですが、藤井は美のことだけを歌います。生命を論じた「目的論」は、あまりに難しく、十分理解できなかったからかもしれません。真・善・美の三世界を歌えば、それでかえって整っていると見たのかもしれません。

一一一行の「両刃の剣」とは、ヘブル人への手紙四章十二節によります。そこでは「神の言」をさします。

カントは美と快適とをきびしく区別しました。美は感情ではあっても、すべての人の善遍的賛同を求めます。「美しい」というとき、そこには万人が美しいと感じるべきだ、という意味がこもっています。そのような賛同要求の根拠を、カントはやはり理性に属する能力の調和に見出すのです。快適は感覚的快楽のことで、とうてい賛同を求めることはできません。タケノコやゴボウがおいしいといっても、西洋人にはその味はなかなかわからぬようなものです。快適の根拠は感覚であって、理性ではありません（一一二—一一四行参照）。

藤井が「無垢の形式」と呼ぶのは何でしょうか。カントの考えはこうです。美しいという感情は心に満足を与える。それは心（理性）の能力で知識成立のとき働いた、構想力と悟性とが、知識が成り立つまさに適当な結合調和の姿勢をとるから覚える満足です。知識のばあいは感官をとおして来る素材が必要でした。しかし美のばあいは、素材をぬきにして、構想力と悟性が、純粋能力として、素材の束縛を脱して自由なたわむれの中に、調和するところに成立するのです。美は、人間の認識能力の目的にかなっているところに生まれます。両能力が知識成立の形をとるからです。これを合目的性といいます。美はしかしあくまで感情であって、素材をふまえた知識とは違います。美は形式であって、そこにもし素材を入れれば知識となるのです。

花を美しいと感じるのには、その花の名とか生育条件を知る必要はありません。また、空手の名人の型の演技は美しいですが、型では実際の格闘は行われていません。しかし型が決って、美しいなら、格闘しても勝つでしょう。けれども格闘すれば、もう美しくはないのと同じです。怪我もし、血も流れるからです。

118 純《きよ》さをそこなふ澱《おり》はすなはち
物の存在につながる関心、
肉をし慕ふ恋人に似て。
121 快楽《けらく》のゆゑに獲んとのねがひ、

目的《めあて》のゆゑに善しとのみとめ、
いづれ美の国の民ではない。
124
何かは知らずただソロモンの
栄華も如《し》かぬ円《まど》かさゆゑに
野の百合うれしと美は満ち足る。　（一一八―一二六行）

一一八行―一二三行は、カントのいう美の契機四つのうち二つを歌っています。すなわち、関心を離れた合目的性と、目的なき合目的性です。

関心とは物の存在に向う主観の志向作用を言います。とても美しい壺を見たとき、その壺を自分のものにしたいと思えば、関心が働いています。美しい高山植物を見て、これは掘って帰って庭に植えようと思えば、関心が働いているのです。展覧会で気に入った絵を見て、どうあってもそれを所有したいと思うのは関心の作用です。快適は必ずそのものの存在に関心をもちます。おいしそうなケーキは、ただ美しいと見るだけではだめで、それを食べたいと思わせるのです。

美しいものをただひたすら美しいと判定することには、このような存在に心が縛られる関心はありません。純粋に、能力の調和を感じるだけです。

目的についても似たことが言えます。快楽は、その欲望の対象を目的として、それを獲得しようとつとめます。目的の束縛を受けます。道徳では、各人を「つねに同時に目的として」行為します。人格を単に手段としてはならないとは、定言命令です。その命令は私たちの意志を縛り、強制します。それにひきかえ、美は全く自由に、ただ認識成立の型を悟性と構想力がとるだけです。自由な調和だけでよく、目的はありません。

ソロモンの栄華（マタイ六・28以下）は、己が権力を誇示しようとの目的、己が住居、衣服、廷臣美妃の装飾をいやが上にも美しくしようとの関心から生まれたものですが、何の関心もなく、目的もなく、虚心純粋に、ただ咲き香る野の百合を、美しいと喜び見る心の至純の調和には及ばないのです。

最後の一区切は、以上の三批判の総括です。

127 ああたぐひなきわが煉金家よ、
　新にまうけし三つの具にて
　いかなるわざを汝は遂げたか。
130 焚《や》きて熔かして煉りて分ちて
　雑物《まじりもの》の微塵をもゆるさず
　つひに思ひの至純を得るまで。
133 二心《ふたごころ》はいかなるよそほひ

いかなる境《さかひ》にあるを問はず
みなその面《かほ》をあからめて出で
136 ただ透きとほる水晶も羞づる
真実《まこと》は白雨《むらさめ》すぎし空の
満月のごとくおほどかに照る。
139 人のあがむる純潔にさへ
煤、塵などの染まぬはなき世に
こはまたいかに稀有の観物ぞ！
142 みづから真実《まこと》そのものにいます
羔の君に相応《こた》ふべき
ただ一重なる新婦《はなよめ》ごころを
145 証《あかし》するには、なんぢが浄めし
優越理性をおきて何か。
祝福その故になんぢにあれ。　（一二七—一四七行）

感覚や快楽や快適を少しもゆるさず、理性の純粋な概念、理性の絶対的命令、能力の純粋で自由な調和に、真・善・美の根本をカントは見出したのでした。

藤井はカントのこの純の純なるものをひたすら求めてやまぬ思索に、「真実《まこと》そのものにいます羔の君」キリストの、新婦《はなよめ》としてのエクレシアの、清純至浄な心の告白を見出したのでした。

カント哲学を歌って一四七行、こうしてカントの哲学も、人間のすべてのいとなみと同じく、いと高く、いと聖き神を証しするものとして、その冠を御前に捧げて拝するとされました。カントにとって、何たる光栄でありましょうか。「純なるもの」を求めてやまぬ藤井 武にして、はじめて、カント哲学のこの純粋探究と魂が共鳴し合った、と言ってよいでしょう。

五 カントを尊ぶ理由

1 律法を踏み越えて

これは、「ロマ書研究第十二『道徳と信仰』」中にある文によります（全集六巻146―155頁）。一九二九年三月の作です。

全き道徳は信仰からであるのに、一高時代の藤井は、特に道徳家でした。「いつも柏会のような顔をしている」と言われ、友人たちからは、冷たい、傲慢、陰険だ、偽善、皮肉、虚偽だとさえ評されたそうです。

一高のドイツ語名物教授の岩本禎の紹介で、ケーベル博士を何度も訪ねたところ、一日岩元先生の言われるに、「ケーベルさんが君の事を話して、藤井はペダント（衒《てら》ふ奴）だと言ってをられる。どういふ訳が僕には分らんが、一度直接に聞いて見たまへ」ということでした。

藤井がケーベル博士にただしたところ、「それは君が何にでも道徳的な説明を附けるからです、たとへば酒をのまぬとして、それは罪だからとすぐ説明するからいけない」と言われました。

藤井は回顧して、本当にそうだった、当時の自分は「道徳の為の信仰」だった、十字架も道徳生活の手段だった、内村先生も「君のは倫理的贖罪論（ethical atonement）だ」と言われたが、それがなぜ悪いか判らなかった、と述懐しています。

ダンテが手荒なことをしたのでつまづき、スピノザもクモを闘わせて遊んだと知って軽んじたのでした。

しかし、或日、真赤な焼落ちる宇宙の炎のような、恐しい律法がふり返り迫って、藤井の上に崩れ落ち、律法の恐しさに怯《おび》え、はじめて、罪人としての自己を発見しました。そして道徳を超える世界に導かれ、キリストがアルファにしてオメガ、キリストが律法の終りとなりたもうた（ロマ一〇・4）ことを信じるに至りました。律法は福音の守役であり、「正義の小学、福音の大学」（内村）ということも悟らされ、「善き行はキリストからでなくては出て来ない」（六巻154頁）と確信し、律法をふみ越えることになりました。

2 道徳は心から

これも一九二九年三月号の文によります（全集六巻159―168頁）。

ルカ福音書五章三三節以下に、パリサイ人がイエスに、イエスの弟子はヨハネの弟子たちのように断食や祈りをしない、と難詰するところがあります。藤井は言います――ヨハネの弟子たちの励んだのは施し、断食、祈祷、要するに行為であって、それは偽善に至る。しかしキリストは心である、生命であり、真実であり、活力である。義理とか慣例、対面といった形式の強制はキリストにはない。またたとえ内容、実質があっても、利欲のために善を行うのは道徳ではない。義を行うは、常にそれ自身が目的でなければならぬ。売名や報い、他人の信用を求めては善行といえない。「私の知る限りにおいて、イエスのほかにこの問題を徹底的に教へたものは哲学者カントである」（六巻167頁）と藤井は言い切るのです。

3 カント哲学の源は信仰

カントは信仰に場を明けるため、知識を制限し、理論理性に立つ純理哲学（形而上学）は、神の存在や自由や不死を知ることはできないことを、論証しました。つまり、信仰の独立を宣言したのでした。

科学的知識を成立させる悟性は、天界には入ることはできない（ヴェルギリウスのように）、このことによって、カントは信仰の非合理性を明らかにした、と藤井は言います。――ただしこれはカントの言分と少し異るようです。カントの信仰は実践理性に立つものですから、理論理性は超えていても、非合理ではないのです。

しかし藤井が、カントでは宗教は道徳によって完うされるから、律法的宗教であって（藤井自身かつてはこれに立っていた）、恩恵の福音ではない、というのは正しいのです。マタイ福音書十一章一一節をもじって藤井は断言します――「天国にて小さき者もカントよりは大である」と。カントが宗教を単なる理性の限界内に入れたからです。

カントは藤井に、道徳法則の純粋さ、その峻厳を教えました。一点の濁りさえ許さない、一〇〇％の善の実行、法則への服従を求めるその道徳哲学に、藤井は聖にして聖なる神の律法を見ました。律法におののく良心こそ、恩恵の必要と有難さを解する、旧約なしには新約はない、律法なしには恩恵はない、カントはその律法を明示して罪意識を深からしめる預言者であり、永遠の義の雷を轟かすのだ、と藤井は言います。

カントは決して人生の醜さを知らぬ人ではありません。おそらく当代一の人間知の人でした。人口二万五千人のバルト海沿岸の小都市から外へ出ることはありませんでしたが、日本の鎖国に同情的で、西洋の植民地搾取に反対でした。また人間の内にある悪を鋭く見すえる人でした。それゆえにこそ、傾向性を激しく斥け、純なる道徳を求めたのでした。けれども時は啓蒙時代、理性の世紀です。その理性を信じること厚かったカントは、人間の意志の脆さ弱さを思うことが、きわめて深かったとは言えないでしょう。人間は個としては悪いが、類としては進歩してゆくと見たのも、時代の進歩史観の制約を免れていないといえます。けれども、道義の根底を明らかにした人として、藤井は自己の精神遍歴と重ね合わせて、カントを尊敬するのです。カント哲学の源にはキリスト教の信仰があることを信じるのです。

五　むすび

藤井 武は道徳的完成をはげしく求めつつ、自らつまづき、罪を知らされ、十字架の福音に導かれたのでした。そして、良き師に就き、良き妻を与えられ、恩恵を余るほど浴び、それゆえにこそまた満ち足りるばかりに苦しむことをも与えられたのでした。

喬子夫人を天に送って、その意味を深く神に問いつづけて歌い出た「羔の婚姻」は、キリストの新婦たるエクレシアが、歴史の中で煉り浄められて、ついに終りの日に完成されるまでを詠じるものでした。さてこそ、この神の溶鉱炉において、不純物を取り除き、人の心を煉り浄めた第一人者として、イエスに学ぶとともに、カントにも学んだのでした。

そして、カント哲学をその長詩の中に歌いこみ、今日学んだ一四七行を、神の御前に奉納したのです。この世界無二の「純なるもの」を掲載した号に、カント研究の三としてのせた文中で、藤井は次のカント頌を記しています。最後にそれを引きましょう。

「カントが明かにしたる真理のうち或るものは、歴史上いづれの時代たるを問はず、永久的に独一の地位を要求すると。実に彼ならずして誰人の口よりも期待しがたき高貴なる真理を、人類はカントに学んだのである。それは何である乎。『人の心の最も純なるもの』これである。この真理は重い。殊に聖書に従うて人生を『羔の婚姻』の準備として見るとき、新婦たる教会が羔に対して終始渝《かわ》りなくいだくべきその真心の、およそ如何なる種類のものであるべきかが、ここにカントによりて明快に教示せられたのである。彼よりほか誰において之《これ》を学び得ようか。カントがその特殊の批判によって選びいだしたるところの『純なるもの』こそは、基督教史上前にも後にも類《たぐい》なき高貴なる真珠であると私は信ずる。」（六巻179頁以下）

哲学を、ことにカント哲学を、しかもその三批判書全体にわたって、的確に理解し叙述することはむつかしいことです、とりわけ専門家でないばあいには。まして、その哲学を詩にうたうのは、ほとんど不可能なわざであります。しかし藤井 武は、その困難とその不可能とを克服したのです。そこに、カント哲学を歌った無比の長詩が成りました。しかし、藤井がこれをうたってこのかた、この詩を本当に学んだ人はいません。今日はとても足りぬ乏しい力ではありますが、わが藤井 武がそこにこめた思いを、できるかぎりわかりやすい言葉で、少しでもお伝えしようと努力いたした次第です。「純なるもの」の失せ果てたかと思われる今こそ、カント哲学の目指した真理、藤井 武が生涯かけて究めた真実が、再び切に求められているのです。その真理と真実が再び輝き出る日を心から待ち望むものであります。

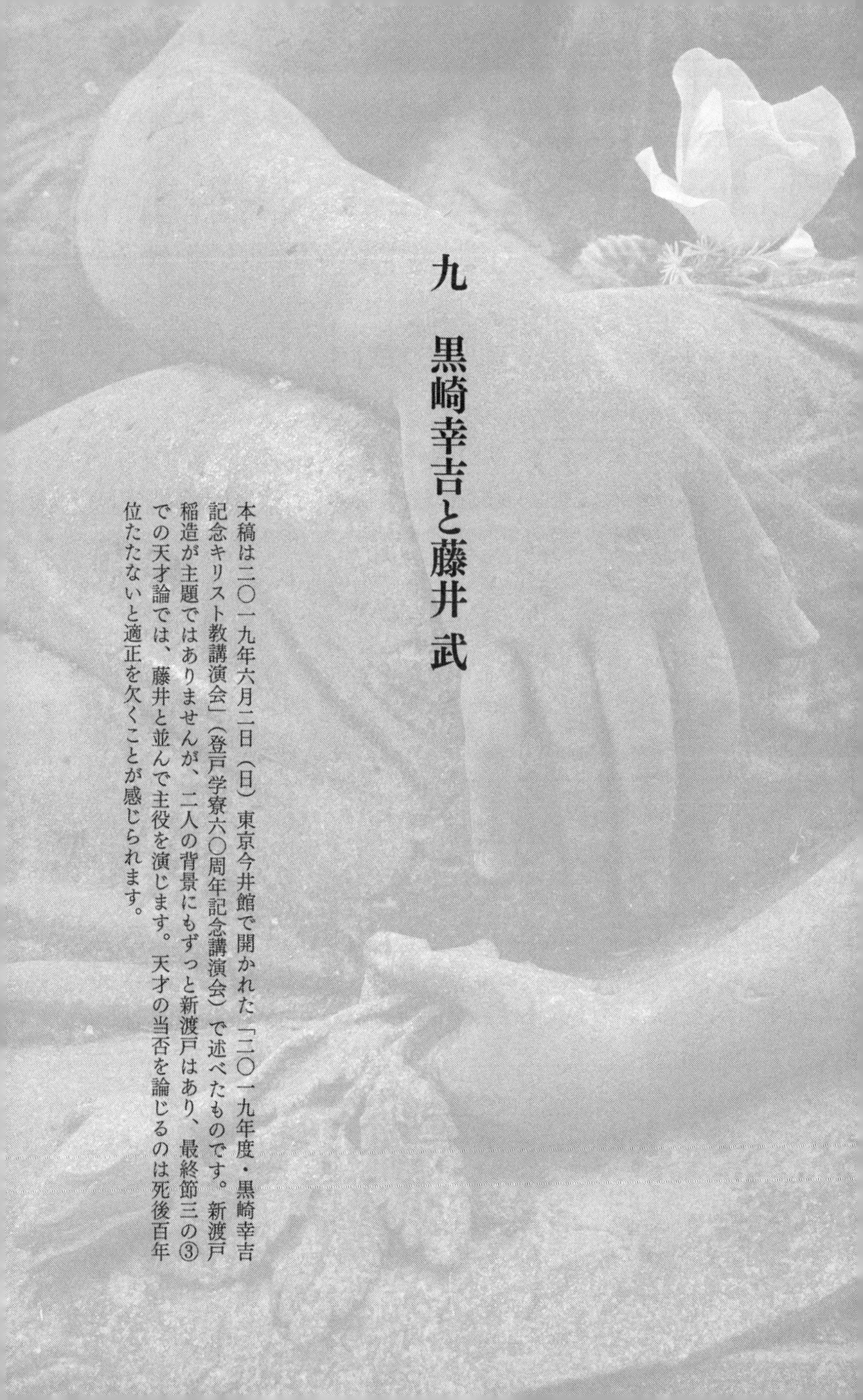

九　黒崎幸吉と藤井　武

本稿は二〇一九年六月二日（日）東京今井館で開かれた「二〇一九年度・黒崎幸吉記念キリスト教講演会」（登戸学寮六〇周年記念講演会）で述べたものです。新渡戸稲造が主題ではありませんが、二人の背景にもずっと新渡戸はあり、最終節三の③での天才論では、藤井と並んで主役を演じます。天才の当否を論じるのは死後百年位たたないと適正を欠くことが感じられます。

黒崎幸吉と藤井 武は、いわゆる無教会二代目の大先輩です。今日ここ今井館にお集まりの皆様方は、四代目以降の方々かと存じます。

まずお二方の生没年をあげますと、黒崎幸吉先生は一八八六年五月二日―一九七〇年六月六日、八四歳、藤井 武先生は二歳下で、一八八八年一月一五日―一九三〇年七月一四日、四二歳です。寿命は黒崎先生が藤井先生のちょうど倍です。

しかし、大学を卒業してから死ぬ迄をみますと、黒崎先生は二五歳で、藤井先生は二三歳で同じ一九一一年七月に卒業ですから、活動期間は、黒崎先生が五九年、藤井先生は一九年で、三対一の割合になります。藤井 武というと若々しい青年の気に満ちた姿が想い浮かびますし、黒崎幸吉は功成り名遂げた老熟の大人が脳裏を去りません。

一、二人の似通っている点

これについては、黒崎先生が「続著作集三」の「藤井と私」（一九三〇年九―一一月の「永遠の生命」）に随分入念にまとめて書き残しておられますから、それを多少修正して、列記致します。

① 武士の家の出

藤井先生は加賀百万石前田藩の武士の家の出、黒崎先生は庄内藩酒井家の連枝の家より出た名家の出で、父研堂は藩の漢学の師であり、書画に秀で、武道にも通じた人でした。

②　第一高等学校に入学

一九〇四年七月に二人は時を同じくして一高に入学、それも同一の科で、同じ教室で学びました。

③　一年の学年試験を共に休む

この大切な試験を、藤井先生は養父逝去のため、黒崎先生は自病のため休みました。

④　一九〇七年九月東大法科大学政治学科入学

⑤　一九一一年七月東大卒業

後述（三で）のように、二人は病気で一年遅れて卒業しています。

⑥　その年に結婚

二人ともその年に結婚しました。藤井先生は一九〇八年一二月に、同じ石川県士族の長女西永喬子《のぶ》と婚約していましたが、一九一一年七月九日、喬子（一七歳）と結婚しました。藤井は二三歳でした。黒崎先生は一年前に婚約していた高木寿美と、鶴岡で結婚しました。

⑦　子どもは二人とも長女、長男、次男の順に生まれる

藤井先生にはゆり子、洋《ひろし》、立《たつ》、黒崎は美与、信雄、義雄と生まれました。藤井先生にはそのあと*明《あかし》、園子と生まれ、計三男二女、黒崎先生にはそのあと康《やす》、愛、*潔、*薫、恵美、志津、*勇、千恵、和喜、*稔、恵津と生まれ、計六男八女と一四人の子沢山となりました。（＊は男子）

⑧ 同じ三四歳で妻を失う

黒崎先生の人生の大転換点は、夫人寿美を思いもうけぬインフルエンザで、一九二一年一月四日に失い、主の示しにより、厚遇を受けていた住友を辞《や》め、内村の助手として伝道の補助に当たることになった事でした。

もちろん、住友の人はきびしくそれを止《とど》めました。しかし黒崎先生の決意は堅く、住友は自主退職には出さない習わしの退職金を、黒崎先生に多額に与えることにしました。

その翌年の一月に、黒崎助手は内村鑑三の「藤井 武と和解したい」という意思を藤井に告げに行き、藤井はまだ堅い心をそのままに内村邸を訪れたのでしたが、二階の書斎から足音高く階段を下りた内村は、すぐ藤井のいる部屋へは来ずに、庭下駄をはいて庭に降り、しばらく無言の祈りを捧げたのち、応接間に来て、声高に久闊を叙して藤井の両手を握り、内村聖書研究会の現状を叙べて交わりの再開のしるしとしました。

その年（一九二二年）十月一日、藤井喬子は零歳の新生女児を含め五人の子を夫に委ねて世を去ったのでした。

喬子の葬儀は、交わりが再開した師内村鑑三が司式し、あの意義深い弔辞を述べ、藤井はその影響を魂深く受けとめて、あの「羔の婚姻」を歌い出で、死に至るまで歌い続けたのでした。

一方黒崎は、内村先生の助手になって一年余、女性問題で過ちを犯し、内村の勧めもあって、海外留学に出ることになります。

藤井は三四歳一〇か月で妻喬子を二八歳で亡くしましたが、喬子の霊は武の霊を高く神の在《い》ます天へと引き上げたのでした。「羔の婚姻」の歌がうたい継がれる限り、藤井 武の魂は、喬子の霊を慕い、高く高く導かれるのでした。

⑨　一高で個人主義に目覚む

二人は一九〇四年一高に入学しました。当時一高生は、一九〇三年五月二十二日華厳の滝に投身自殺した藤村 操《みさお》のことで大きな精神的衝撃を受けていました。藤村は投身前「巌頭の感」を傍《かたわ》らの樹の皮を剥いで墨書しましたが、この一文は全国の青年の魂を揺り動かしました。

人生をいかに生きるかが、青年男女の心の第一問題と自覚されたのでした。あたかも一八九八年から一九〇六年までの九年間は独特の思想家狩野亨吉《こうきち》が、そのあと一九〇六年から一九一三年まではクエーカーの新渡戸 稲造が校長となり、野にあっては内村鑑三、社会主義では片山 潜、幸徳秋水、堺利彦らがいました。

青年たちの飢えたる魂を率《ひ》きつけるだけの力をもつ主張は、きわめて多彩に展開されていたのです。黒崎も藤井もその中で魂を鍛えられました。

⑩　大学には失望

二人は一九〇七―一一年の間、東京帝大法科大学に籍を置いたのですが、一高と違って、大学はすでに専門職・高等官に就くべき青年訓練の場として、魂の問題に話を向ける教授は多くはありませんでした。青年たちは失望するほかなかったのでした。

⑪　フィッシャー師に聖書を学ぶ

このフィッシャーはGalen M. Fisher (1873~1955) で、日本でのＹＭＣＡの育成強化に尽くした人です。カリフォルニア州生まれで、同州立大学およびハーヴァード大学で学び、一八九八（明治三一）年来日し、一九一九年帰国するまで二一年間日本で尽くしました。二〇に及ぶＹＭＣＡ会館の建設、官立大学のＹＭＣＡ、寄宿舎、東山荘建設などに多大の功績を残しました。登山が好きで、日本アルプスの槍・穂高の初縦走に一九〇九年成功しました。聖書研究を重要視もしました。

二人がフィッシャー師から聖書の手ほどきを受けたのは、来日程なくのことです。

⑫　同時に内村鑑三に入門

新渡戸 稲造が一高校長になったのは一九〇六年で、新渡戸は早速毎週全校生徒に、人生の様々の問題を自己の体験をもこめて、平易に話して修身の授業としました。この授業には卒業生も大勢出席して、教えを受けました。

新渡戸は亦、学校外に一軒の家を借り、週に一度時間を決めて、自由参加で話題も自由に話し合う茶話会をずっと開きました。

在校生はじめ卒業生はこれにも参加し、それらの中から、新渡戸の紹介を得て友人の内村鑑三からキリスト教の話を聴きたいという希望が出、それが実現しました。

それら一高生や大学生の集団を迎えて、内村は彼らが熱心に福音に救いを求めているとは限らないと考えて、讃美歌も今の五二七番以外はうたえず、黙祷しかしない学生達には、むしろ一般道徳と福音の接続めいた話をしました。

しばらくして、この柏会の一人黒木三次（陸軍大将黒木為楨《ためもと》の息）が結婚式を、所もあろうに日比谷大神宮で挙げたことを、内村が厳しく咎め、この集団は蜂の巣をつついたように大騒動になりました。内村は「別れよう」との意志をかえず、永らく双方悩んだ末、内村が「柏会員が今後有声的祈祷をするなら、この一件は水に流してやろう」との寛大な条件を示しましたが、柏会の若者達はこれをめぐってでも大激論し、遂に柏会は七年で解散し、内村に従う連中が純信仰的団体として「エマオ会」を結成し、一九一八年、更に大きな「柏木兄弟団」となりました。

黒崎も藤井も、もちろんこの流れの中に在ったのです。

⑬　共に社会で仕事につくも、転じて伝道に入る

一九一一年七月、二人はともに東大法科大学を卒業して、藤井は内務省に、黒崎は住友総本店に就職しました。藤井はまず京都府に勤めましたし、黒崎は住友財閥の跡取り息子で少し精神症状のある寛一の家庭教師に任ぜられ、また別子鉱業所の課長、さらに製鋼所の部長となりました。

しかし、藤井 武は元々伝道の志がありましたので、卒業に当たり師の内村に、「先生の助手として

伝道の手習いをいたしたく思いますが」と言ったところ、内村は「学校からすぐ伝道というのでは、人の世の事は皆目判りはしない。暫くはまず俗世の仕事で人生勉強をすることだ」と訓したので、藤井は今の国家公務員上級職に相当する職に就くこととなりました。

しかし藤井は、伝道の熱い思いを消すことができず、妻喬子が初産の半年後、腸チフスの重患にかかり、祈りに祷って奇蹟的に治りましたので、夫妻共々心身をキリストに献げることに心を定めました。卒業後二年の時です。時に夫人一九歳、武は二五歳でした。

それから、職場は京都から山形県に転じ、警察部長直属となり、地方課長兼官房主事を命ぜられましたが、山形へ移って二年、地方官になって四年の一九一五（大正四）年十二月二五日、辞表を出し山形を去り上京、翌日内村に迎えられ、伝道の生涯に入りました。武二七歳、喬子二一歳の時でした。

黒崎幸吉は、住友に勤めて九年目の一九二一年の一月四日、妻寿美が十二月に二女康《やす》を産んだあと、折から流行のスペイン風邪にかかり、四児を遺して世を去りました。その病床の傍らで祈ってい て黒崎は住友を辞して伝道に入ることを決意し、二月には九年七か月勤めた住友を去って、内村鑑三の助手になりました。四人の子は一まず姪に託して。

先輩助手畔上賢造の隣りに住み、助手としての仕事、とりわけ原稿整理、執筆、校正、それに内村集会の五、六百名の聴衆に前座を務めたり、内村の体調の秀れぬ時は聖書講義も行いました。

しかし、こういう恵まれた環境に在って、息子を取り戻そうと父研堂が来て言ったように、「道を伝えようという者がこんな贅沢な家を新築するものではない、茅《かや》ぶきの小舎に住まうべし」という批判の精神は、黒澤幸吉には欠けていました。それゆえにサタンはその隙《すき》に乗じて、黒崎を内村の助手から追い出したのでした。黒崎はドイツへイギリスへ一九二二年九月には留学に出ます。帰国は一九二五年三月となります。

以上、黒崎幸吉が藤井 武の死去に当たり、「永遠の生命」誌の三か月にまとめた「藤井と私」により、多少の補いを加えて二人の似通っている点を述べました。次は、逆に二人の似通っていない点を申し上げましょう。これは黒崎の書いたものにはないので、私が考えて調べたところです。

二、二人の似通っていない点

1　寿命

さきに申し上げましたように、藤井 武は四二歳で女二人男三人計五人の子を残して、世を去りました。妻喬子は八年前二八歳で先立っていましたから、一九三〇年には長女ゆり子は一八歳、末子の園子は八歳でした。

藤井 武は一九三〇（昭和五）年七月一二日正午から持病の胃潰瘍が再発したか胃出血のもようで気

分が悪くなり、二日後七月一四日、午後三時四五分自宅で子供たちに見守られるなか、天に帰りました。妻喬子に遅れること七年十か月でした。喬子の妹愛子（矢内原忠雄の妻で男子二人あり）は、姉の最期まで看病しましたが、姉に続いて翌一九二三年二月二六日逝去しました。矢内原忠雄は欧州へ一九二〇年一〇月から留学を続けていましたが、打ち切って帰国し、二月九日横浜上陸、直ちに慶応病院に愛子夫人を見舞ったのでした。

藤井 武の死後、その遺児達の教育上のことは勿論、日常様々の問題にも矢内原忠雄は力を尽くしました。自分の子（男子三人）よりも藤井の遺児に多くの時を費やしたといって間違いありません。とくに、藤井の死後直ちに矢内原はその全集の刊行を企画し、初めは塚本虎二と二人で編集し、途中から矢内原独りで当たり、全一二巻を一九三二年一月に完結刊行しました。これは日本のプロテスタント・キリスト信徒の個人全集の最初であり、矢内原忠雄の藤井への愛と尊敬の結実でもあり、その事務的能力の優秀を証しするものでもありました。岩波書店刊のこの全一二巻の刊行が五人の遺児の生活に資するところも、勿論少なくはなかったでしょう。

ところで黒崎幸吉は八〇歳になる前から、老人性病気症状が次々と現れて来ました。視力が弱り、腹痛が頻繁に起こり、物忘れも進み、集会も解散し、月刊誌も終刊とし、それに加えて長男信雄の急逝の打撃で健康も急速に衰え、一九七〇年六月六日、東京の三男潔宅で滞在中風邪をひき、意識不明となり、東大附属病院で亡くなりました。八四歳でした。

黒崎幸吉の女婿大島智夫医博は、黒崎の病理解剖の結果、一四項目の病的所見が認められたとしています。その中には、動脈硬化、心肥大、脳軟化、全身の血管炎、慢性の胆管炎等があります。

2　海外遊学

藤井 武はその死因ともなった胃潰瘍の持病をもっていましたので、海外留学も遊学も旅行も全くできませんでした。夫人在世中はそれでも小田原に八月転地療養したこともあったのですが(一九一七年)。

黒崎幸吉のばあい、海外遊学は三回あります。

①住友寛一に随行しアメリカへ。一九一四年七月から翌一五年五月まで。(二八歳)

②ドイツ、スイス、イギリス留学。ルーテル、カルヴィン研究、かつイギリス先師研究。さらに聖地巡礼。一九二二年九月から二五年三月まで。住友退職慰労金を株券とし、さらに一万円の担保とする。(三六—三八歳)

③北アメリカ、南アメリカ、イギリス、ドイツ、スイス、インド、香港、台湾。旧知の人々と旧交を温め、講演もする。一九六〇年八月から六一年一月まで。(七四歳)

②の留学二年半に出る前、内村の助手をしていた時に、ドイツやアメリカ、イギリスから信仰の友

が来た時、黒崎は通訳を担当しました。英語、ドイツ語によく通じていたことがわかります。

3 再婚

藤井 武は離婚再婚非認論で有名です。結婚は二つの人格が一体となることで、男も女も自分独りでは全き人間とは言えません。その欠陥ある半身である二つの人格が結ばれて、初めて人間は全きを得るのです。配偶者が死んでもそのことは変わりません。人は死ねば消えてなくなるのではなく、その人の人格は永遠に残るのです。自分も死んで、先立った配偶者と相見《まみ》えた時、そして万人復活の朝が来た時、少しの心おくれもなく双手《もろて》を大きく開き、相抱くことができるのは、離婚や再婚をしていない時に限るのです。

藤井 武はこう信じて、少なくとも身内の人たちには、口でも、文字でも、この厳しいしかし恵みと愛に溢れる議論を勧めてやみませんでした。

喬子夫人の妹の矢内原愛子が、夫忠雄がヨーロッパへ留学している間に病重くなった時も、藤井武はこの問題を話し合いもしました。

黒崎幸吉は、一九二一年一月四日、前の年年末二七日に二女康《やす》を産んだ妻寿美が、黒崎が東京からもち帰ったスペイン風邪をうつされ、高熱、しゃっくり、吐気に苦しみ、年末年始で医者にもかかれず、医者に診てもらった時はすでに手遅れで、産まれたばかりの子に乳をのませることもできず、亡くなりました。

黒崎は妻の病が癒えるよう祈り続けましたが、そのとき「職を辞して伝道せよ」との神の声を聞きました。早速病床枕元に行き、神の声と自分の決意を伝えると、寿美は苦痛の中でも非常に喜んでいる様子でした。

妻を見送り、住友をかなり無理を通して辞め、四人の子供は姪にあずけ、黒崎は内村先生の助手として先輩助手畔上賢造に教わりながら、雑誌の編集、原稿作成、校正、講話、講演など多くの仕事を懸命につとめました。家の新築をしたのも、この仕事を永く勤める覚悟があったことを物語ります。しかし、この助手生活は充実した毎日でしたが、一年三か月しか続かず、一九二二年五月に、先述のように助手をやめ、内村の赦しと勧めもあってドイツへ留学することとなりました。

このような黒崎に、四人の子供を育てる後妻になるという申し入れが、津田塾出の佐々木かつ（のち結婚後黒崎身内にかつという名の女性がいるので光子と改名）からあり、黒崎は現状を詳しく伝え、二年半後帰国した時も同じ志でおられるならその時にお受けすると決め、かつは自由にして洋行しました。

こうして一九二五年三月、洋行から帰り、かつの志の変わらぬことを確かめ受けて、黒崎は再婚しました（同年五月）。子供たちは鶴岡で待っており、そちらに家を構えることとしました。東京には内村門下の俊秀が多く居り、黒崎の働く余地はなく、何よりも三年前の過ちはまだ記憶に新しく、内村も黒崎を再び直ちに助手にするつもりはなかったからです。

黒崎が関西に永住と決意し、家を新築するのは、一九三一年五月となります。

4　寮

今日は登戸学寮六〇周年記念でこの講演会が開かれています。無教会で東京に学生寮を設けているのは、登戸学寮と春風学寮の二つです。登戸学寮の方が先輩です。

登戸学寮は、地方から東京の諸大学へ入り、適当な設備をそなえ、費用も余り高くなく、勉学に適し、通学にも便利な学生寮を求める学生のため、黒崎先生が敗戦後十一年の一九五六年一〇月発起され、募金を始められ、高台の眺めの良い所の四〇〇坪（約一三〇〇㎡）の適地を奇特な方から寄附され、甚だ厄介で面倒な法人化申請を文部省と行われ、大阪東京間を何度となく往復され（古稀になられた躰で）、鉄筋コンクリート四階建ての全三六人（のち全個室二四人に改む）の美しい寮が、一九五八年五月に開寮されました。

当初寮費は、朝と夕の二食付きで月五八〇〇円で、これは当時の民間一般の学生寮と各大学が有する学生寮の寮費の中間の額でした。建築費は企業および一般人の寄附に仰ぎ、企業の寄附は黒崎自ら住友系の各社に出向き、好意的配慮を得て二四社から、またそれに加えて大丸からも多額の寄附を受けることができました。

一九七〇年前後の全国的な大学の安保反対闘争の時には、登戸学寮もセクトの争いの影響をうけ、随分苦労されましたが、今は女子寮も定員は少ないが設営することができて、良き寮生活が行われています。

5　研究・伝道

藤井 武も黒崎幸吉も、共に、一九一一年七月に東京帝大法科大学を卒業しました。

藤井は一九三〇年のその死まで、研究と伝道には一九年の歳月しかありませんでした。そして、藤井の最も藤井らしい詩と文と研究は、一九二二年一〇月一日の妻喬子の死以後の作にみられるとすれば、その七年九か月に集中したと見てよいでしょう。

その「羔の婚姻」は喬子夫人の葬儀の時、内村鑑三が告別の辞で述べた言葉を、神が藤井の魂の底に深く刻まれて成った一大詩賛歌であります。――「死はいずれも人生の謎でありますが、若き淑徳の婦人の死は最大の謎であります。……しかしながら神様にもまた申し分があると信じます。そしてかかる場合において、私どもは神様の御言葉を聞き、その聖業《みわざ》を義としまつるべきであります。……

今より後、ビヤトリスがダンテを助けしように、喬子さんが藤井君を助けらるるのであると信じます。喬子さんは決しておのれのために死んだのではありません。主のために死んだのであります。……」（「内村鑑三信仰著作全集」20巻329—330頁）

藤井は内村先生を介して神が発しられたこの言葉に魂の底から揺り動かされ、半年の後あの「羔の婚姻」を「旧約と新約」誌巻頭に、死ぬまで謳い続けたのです。「羔の婚姻」は日本人のペンに成る最大最高・至美至上の信仰詩です。

「羔の婚姻」は藤井の死により未完成に終わりましたが、遺されたものの合計は一二七九五行にのぼります。上、中篇は各々三六歌から成り、一歌は多少の長短があるものの、長きは一八〇行、短きは一二六行、多きは一四七行であります。神が藤井にあと一年九か月（二一か月）の寿命を許して下されば下篇も三六歌となり、もし各歌が平均の一五一歌から成るとすれば、下篇一六歌—三六歌まで四二〇一行が加わり、全体は一六九九六行となりましょう。

ダンテの「神曲」は一四二三三行、ミルトンの「楽園喪失」は一〇五五八行、「羔の婚姻」はその両者をしのぐこととなりましょう。

藤井はこの一大信仰詩作品に加うるに、神学、日本学（藤井当時にはこの語なし）つまり福音を受容する土台としての日本の精神的伝統の研究が加わり、日本史上他の何人も為し得なかった「一大詩的キリスト教的研究」が、人類の亦となき捧物として、神の御前に献げられたことでありましょう。

次に黒崎幸吉の研究・伝道について申し上げます。

黒崎は大学を藤井と一緒に出ましたが、八四歳で亡くなるまで、藤井の三倍以上の五九年の時を与えられました。ドイツの大学の神学部で秀れた学者の指導を受けたことだけでも、まず当時の無教会では唯一の人でした。

黒崎は聖書学全般を学んで帰りました。黒崎は何よりも、自分の学んだ知識を日本人信徒にできるだけ広く伝え役立てる為に、生涯努力を惜しみませんでした。秀れた弟子も育てました。

独力で多くのドイツその他の学者の本を活用して、詳しい注を昔の漢学の本のように、一句毎に小字二行の注を付け『新約聖書*－口語訳付改訂版』全十巻を出しました。（以下＊のついた本は私も活用しているもの）。

また友人数人と共に、分担して、一巻本の『新約聖書略註*（全）』、『旧約聖書略註*（上）』、『旧約聖書略註*（中）』、『旧約聖書略註（下）』、それに『新約聖書・語句索引*（希和）』、『新約聖書語句索引*（和希）』は版を重ねています。

これらの本は欧米にも類書があり、漢字はアルファベットと違い、小さい一字はなかなか見にくく、大きい虫眼鏡を使わねばなりません。八十半ばを超えればもう使わなくてもよい、逆に言えば若い時にしっかり使っておくように、ということでしょう。

三、藤井と黒崎 —— 天才の家系は三～四代で絶える

1 武曽眞理《むそまり》氏のこと

藤井 武には五人の子があったことは何度も申しました。ゆり子（一九一二・六・二四生）、洋《ひろし》（一九一四・一一・一九生）、立《たつ》（一九一七・三・一生）、明《あかし》（一九一九・九・二九生）、園子（一九二三・一・二〇生）です。眞理氏は二男立の子で、もちろん結婚しておられますが、子無しなのです。

眞理氏の父立は母喬子が死んだ一九二二年一〇月一日には五歳でした。父武が死んだときは一三歳です。

二〇一〇年に武曽眞理氏から手紙を受けました。私の二著『藤井 武研究』（一九七九年）、『藤井 武の結婚感』（一九八八年）はお読みとのことで、藤井 武の遺品の処分のことで相談に乗ってほしいとのことでした。

そこで同年春、東京練馬のお宅を訪ねました。近くの駅で姪御様が待ち合わせて案内して下さいました。東大教養学部大学院生でした。

お詫びと訂正

『わが心の愛するもの ― 藤井 武記念講演集Ⅰ』 三五〇頁以下で適切ではない表現と事実と異なる文言がございました。この内容に関しては、当社ホームページ上にて該当箇所の修正を掲載いたします。

二〇二〇年二月

株式会社ヨベル

お宅には夫君もおられました。

寄附先を決めねばならぬ藤井 武の遺品は次の二種類でした。

i　**藤井 武全集の校正刷**

これは一九三一～三二年にかけ一二巻で完結した全集初版の校正刷で、それには二種あり、塚本虎二と矢内原忠雄の二人で、校正の朱の入れ方が少し違っていて区別出来ます。この全集の編集は矢内原と塚本の二人で、全集進行中に塚本は編集を辞することになり、矢内原一人で完結に導いたことは、私も知ってはいたものの、その理由は納得がゆかず不審でした。

塚本も朱を念入りに入れており、その事が一層編集者を降りたことが理解できないと思いました。

ii　**黒崎研堂が藤井 武に進呈された西郷南洲の書軸と刀二振**

黒崎と藤井が共に東京帝大の三年のとき、一九一〇年四月、黒崎はチフスにかかり、駒込の避病院に入院しました。旧制帝大は三学年七月に卒業です。黒崎は勿論試験もうけられず、卒業は一年延ばすほかありません。学年末で最後の学年ですから、皆課目が整えば早々と郷里へ帰って、七月の卒業式を待つのです。

しかし藤井は違っていました。互いに親友と認め合って一高から六年間を共に過ごしてきた藤井は、黒崎を独り淋しく避病院に置いておけませんでした。毎日見舞い、その容態を父君研堂に手紙で詳しく知らせました――勿論便箋にペンでではなく、巻紙に墨と筆で。黒崎が病癒えて郷里へ帰った時、研堂は息子に「毎日手紙でお前の病状を知らせてくれた藤井 武とは、一体何者か」と尋ね、黒崎は父がキリスト教に反対なのを熟知していたので、短く「キリスト信徒です」と答えました。研堂は大いに驚き、深く感謝して、これらの品 —— 西郷隆盛の書、縦書の詩と横書の大字の二幅と、刀は長短二振、鞘の色は深紅と黒のものを、礼として贈りました。書はいずれも力のこもった伸びやかな草書、刀はどちらもきちんと磨きがかけられ美しくも深い輝きの名刀です。

西郷隆盛（号は南洲）は庄内藩士からも久しく敬慕を受けていました。維新戦争では庄内藩は勿論佐幕派で、秋田の半ばを制圧したりもしたが、奥羽南部の戦線は思わしくなく、藩防衛のため庄内へ総引揚げをしました。結局列藩同盟軍は続々と降り、庄内藩も降伏しました。西郷は黒田清隆と共に鶴岡入りをして、藩主酒井忠篤《ただずみ》にきわめて礼厚く思いやりある取扱いをしました。

明治三年（一八七〇年）年元藩主忠篤は七十余人の藩士をつれて鹿児島に赴き、そのことを知った黒崎研堂（一七歳）は許可を得て同地に六か月近く滞在し、練兵修行などを学んで翌年帰郷しました。忠篤、忠宝《みち》兄弟は西郷に師事し、その世話でドイツに留学しました。のち一八七七年（明治一〇年）西南の役が起こると、研堂は庄内で西郷と死を共にする者がいないのは忍びがたいと言って、藩の許可も得、同藩士一人と二人で横浜に赴き、意思の明らかでない同伴者を振り切り、独り鹿児島へ行こうとしましたが、当局の警戒きびしく乗船できず、断念帰郷しました。それが余程残念だったのは、帰ってから丸三日食を断ち、泣いて寝ていたと伝えられることで判ります。

西南の役の敗北によって、一切の栄誉を剥奪された西郷も、一八八九年（明治二二年）この年憲法発布ゆえ罪を赦され正三位を贈られました。そこで、明治三年百日西郷に接し、その時手控えに記した西郷の言葉を相寄り相集め、整えて編み、翌一八九〇年印刷刊行し、以来世に行われてきたのが、『西郷南洲遺訓』です（岩波文庫）。

黒崎の父研堂が、尊敬措くあたわざる西郷の書を二幅も差し出し、刀二振を藤井に贈ったのは、その恩義を感じる篤さを示すと同時に、その心根の浄さをも現す美挙でした。

2　寄附先予定所を訪問

そこで日を改めて、夫人と私とで、東京大学本部、日本近代文学館、拓殖大学、東京大学教養学部をまわり、見学すると同時に、寄附の是非について意見交換をしました。

i　東京大学本部

本部では全学部に関わりのあるものを受けて納めています。本は良いとしても、原稿、校正刷、とくに刀は受け付けられないとのことでした。

ii　日本近代文学館

この文学館の成立については、私はかねて高見順のことを調べて、その日記全集をも通読し、純粋な魂に好意を抱いていました。果たして美しく、至れり尽くせりの収集と展示、整理には感心しました。

例えば、地下室には雑誌が整然と棚を埋め、美しくゆとりをもって並んでいました。そこで、私が若かった時、京都大学の卒業生たちと一緒にかなり号を連ねた「京都文学」という同人誌や、大阪市立大学、関西大学を出た人達と共に小説、評論、詩、その他を盛って年に二回、後には一回刊行し、議論も尽くした「少数者」という雑誌、さらには近畿大学学長二代目の文学好きの方が、自分の作品を世に示す為に、その大学の文学好き評論好きの者を編集者にして、彼の声がかりで友人達もかなり加わって出し続けたかなり上等の同人誌「近代風土」も、驚いたことに美しく並んでおり、案内の人に雑誌名を告げれば直ちにその所在場所へ案内してくれたのには感心しました。

只本を蔵して閲覧に供するだけでなく、作家や詩人ごとの読書会、講演会や、広く文学一般の啓蒙を目的とする集まりも催されていて、おそらく日本一機能の充実した文学館であるとの印象を受けました。

しかし見学を終えて相談に入ると、原稿や校正刷などは良く、軸も有難いが、刀二振は絶対駄目とのことで、諦めるほかなかったのはとても残念でした。——館の説明では、前に時代小説家の遺品寄附を受け付けたとき、本や原稿、参考資料はよいとして、刀や槍も皆寄附してもらい、警察へ武器は届け出ねばと届けたところ、その保管の条件がとても難しく、刀剣武器武具類は今後二度と受けつけないことに決めた由でした。

iii　拓殖大学

拓殖大学は藤井 武と関係はないが、以前、私は新渡戸 稲造全集を編集したとき、新渡戸が大いに関わっていた（植民政策教授として）この学園が東京の適地にあり、建物も整いつつあるのを知っていたからでした。

久しぶりに訪ねてみて、新しい校舎がいくつも増築されているのが目に付きました。が、そのことは学内が少し窮屈になった感じもしました。図書館も余り余地はないような感じでした。

iv　東京大学教養学部

藤井 武は旧制第一高等学校一部甲類に入学しました（通称英法）。戦後学制改革でこの一高が教養学部になり、最初の学部長が矢内原忠雄であったことも、亦一つの縁ともいえます。

学部図書館の奥に事務室があり、さして大きくもないその室を訪ねますと、恰度その事務室の奥に、履物を脱いで上る特別室がこの度出来上がり、学部関係の遺品を納める檜の棚がゆとりをもって並んでいました。

今の所新渡戸 稲造の前に一高校長を一八九八年から一九〇六年まで八年つとめ、一高の校風に新渡戸とは異なる影響を及ぼした狩野亨吉《かのうこうきち》（一八六五—一九四二）の遺品を保存しているだけで、今なら何でも保存させていただきます、刀でも何でも喜んで、とのことでした。藤井も一高出ですから有難いことでした。

武曽眞理氏もとても喜んでおられました。今はもう寄附され、肩の荷をおろされて、教養学部図書館も整理を了えているでしょう。もうすでに展示もされたかもしれません。展示室はさして大きくない部屋ですが、室の周囲と中央にはガラスケースが展示品を受けつけようと待っています。

3 天才の家系は絶えること

このテーマは、ポール・トゥルニエ（Paul Tournier）の著作『苦しみは創造の力』（Suffering is the Power of Creation）（邦訳『苦悩』ヨルダン社）で呈示されます。

トゥルニエの友人ピエール・ランチニクが調べた興味ある事実が紹介されます。フランスの大統領でド・ゴールの下で首相をつとめ、やがて大統領になったポンピドー（Georges Jean Raymond Ponpidou,1911-74）が病気で早死にしたとき、政治家への病気の影響をと、西洋史上三〇〇人について調べました。すると、名を残す政治家は幼い時に皆、あるいは片親、孤児、あるいは親と生別れ、あるいは私生児だったという事実に逢着しました。――アレクサンダー大王、カエサル、カルル大王、リシュリュー、ルイ一四世、ロベスピエール、ワシントン、ナポレオン、ヴィクトリア女王、イスラエルの首相ゴルダ・メイア、ヒトラー、レーニン、スターリン、アルゼンチンの大統領夫人のエヴァ・

ペロン、カストロ。例外はビスマルクとド・ゴールですが、ビスマルクは親に捨てられた経験があります。

この事実をトゥルニエは解釈してこう言いました——幼い時不幸、不遇である子供の心には、とても大きな負担がのしかかります。そこから、「何くそ、今にみてろ！」という発奮が湧いてきて、それが一生を導く、というのです。

その事を知らされてランチニクは更に研究を広め深めました。——こんどは大宗教家を調べてみると、これも片親、孤児、生別れが多いことに驚きました。モーセは川の傍に赤坊のとき捨てられます。釈迦は生まれて一週間ぐらいで母マヤ夫人に死なれます。マホメットは一歳迄に両親が死にます。イエスは天父を去り地に生まれます。

思想家もそうです。孔子は一歳で父を失います。ルソーは生まれてすぐ母が亡くなります。デカルトは一歳で母を失います。

私が日本人を補うとしますと、新渡戸稲造は五歳で父を失い、九歳で母とも別れ、一八歳のとき母に九年ぶりで会おうと札幌から盛岡へ帰ると、二日前に母は死んでいました。福沢諭吉は二歳で父を亡くします。漱石は母が四十を超えての子だったので親類に養子に出され、養家は夜店の古本屋で、金之助を地べたに置いているのを姉たちが見つけて連れ帰ったといいます。

天才が生まれるとその家系は三—四代で絶えるのです。

名を重ねてあげますと、アレクサンダー大王、ソクラテス、モーツァルト、ゲーテ、リンカーン、カント（独身）、法然、空海（この二人は僧侶）、そして新渡戸 稲造、藤井 武……皆然りです。——血筋が絶えないように、神経をすりへらし、無理に無理を重ねて選んだりしている天皇家には、天才は絶対出ません。

新渡戸家はすでに絶えました。稲造の嫡子遠益《とおます》は生まれて八日で死にました。ほかに子はいません。養子・養女をとり、のち二人が結ばれて男女一人ずつを得ましたが、その二人も離婚し、二人の孫も一人は子なく、いま一人は女子一人を与えられましたが彼女は婚せず、三代目女子は昨年九六歳で召されました。私は招かれて、多磨墓地にある稲造に最も似たと称される坐像の近くにある、新渡戸 稲造、妻メリー、息 遠益、養女琴子、離婚したその夫孝夫《よしお》、二人の子（三代目）誠《まこと》の遺骨が、それぞれ西洋風の大きな金属製の壷に納められている墓に、最後に葬られる三代目の女武子《たけこ》の九七歳の納骨式にまいりました。天才新渡戸 稲造の家系は、絶えたのを確認しました。初夏の青々と晴れ上った美しい空の下《もと》でした。

そして、今一人、藤井 武のやはり三代目にあたる武曽眞理氏から、家が絶えるに当たって、藤井 武の召されたあと、矢内原忠雄があずかっていて、遺児 立（二男）に手渡された遺品の然るべき処理のお手伝いを頼まれ、今日申し上げたように、最善の保存場所に納まる約束を結ぶことが出来ました。その日も空は晴れやかに澄み切っていたことをはっきりと憶えています。

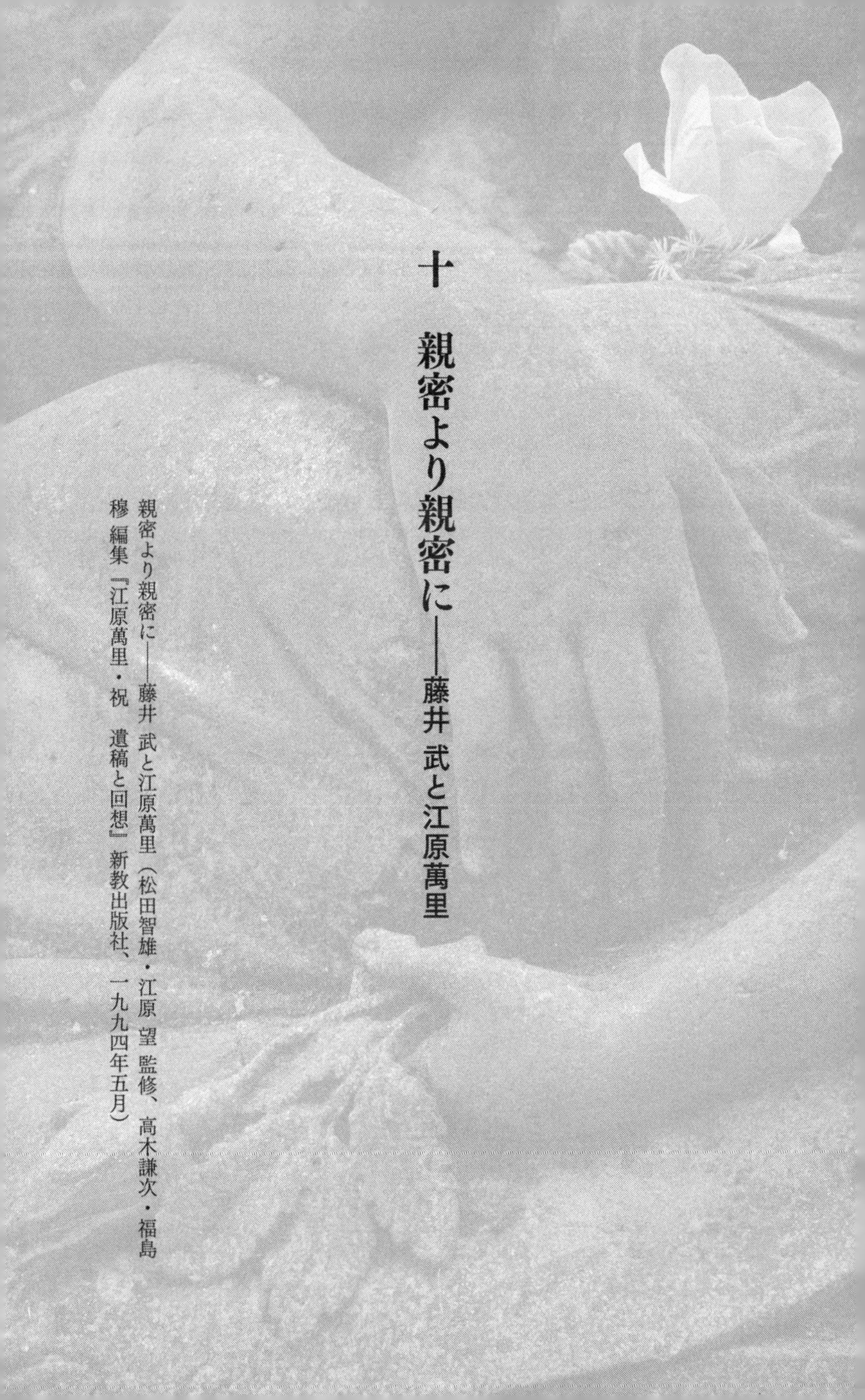

十

親密より親密に――藤井 武と江原萬里

親密より親密に――藤井 武と江原萬里（松田智雄・江原 望 監修、高木謙次・福島穆 編集『江原萬里・祝 遺稿と回想』新教出版社、一九九四年五月）

一

一九三三年は近代日本の至純の魂が相ついで天にかえった年である。三月十八日には吉野作造、八月七日には江原萬里、九月二十一日には宮沢賢治、十月十六日には新渡戸 稲造が世を去った。その年から六十年、本稿では藤井が江原にあてた二通の手紙を中心に、両者の友誼をかえりみてみたい。

『藤井 武全集』には二つしか入っていない第一信は、一九一九年十月十四日付、江原夫妻宛である。その一年前に江原は黒崎幸吉の妹祝《いはい》と結婚していた。あたかも再臨運動のさなか、前年一月東京の「聖書の預言的研究演説会」で火ぶたを切った内村鑑三の全国遊説は、この年もつづき、藤井も内村に従い、内村の講演筆記に、執筆に、講演に奮闘していた。この年九月には三男明《あかし》が与えられた。

「今や基督者の信仰が使徒時代の単純に帰るべき時が来たと僕は堅く信じます。五十年来の再臨信仰の復権は第一世紀以来見ざりし盛なる現象であるさうです。かかる時に生れ合した我らは何たる仕合者でありませうか。」とこの手紙でも藤井はいう（全集一〇巻570頁）。

当時住友に勤めて芦屋にいた江原萬里も、けっしてこの再臨運動の外にいたわけではなかった。そのことは『江原萬里全集』第二巻の口絵写真が物語る（余談ながら、写真は意外に多くの貴重なことを教えてくれるものである）。「大正七年十月十三日岡山にて」とある写真には、和服姿の矢内原忠雄夫妻（当時の伊作をだいて）、三谷隆正（岡山六高教授）、山岡 望（同）らとともに、江原は洋服をキチンと着用し、野の草（エノコログサか）を一茎右手にして写っている（山岡 望も一高・東大出で新渡戸門下、私の哲学の恩師坂田徳男先生も当時六高で化学を教わったキリスト者である）。学生以外の男性はみな中折帽をかむっているのも時代を示す。内村はこの時、岡山県会議事堂で再臨講演を行ったから、おそらく江原も矢内原も馳せ参じたのであろう。矢内原は当時住友別子鉱業所に勤務して、新居浜に住んでいた。

もう一つ、第一巻の口絵写真も見のがせない。「大正八年八月、須磨一ノ谷にて」とあるこの写真には、前列中央に説教のときの正装であるフロックコートに威儀を正した内村の左に、白の夏背広を着た江原が立ち、後列には和服の神田繁太郎とモード夫人、それに同じく和服の青木澄十郎牧師が写っている。植込のある傾斜地が背景で、おそらく一ノ谷の神田邸の庭であろう。ただし「八月」とあるのは「七月」の誤りである。

内村の日記によれば、この年一九一九年五月、神田YMCA会館の使用を禁止されて、丸ノ内大手町の大日本私立衛生会講堂に会場をうつした内村は、七月十日東京をたち、大垣に寄ったあと、十一日神戸へ着き、夕刻神田邸に客となり、翌十二日（土）、翌々十三日（日）と神戸で説教を行っている。十二日は青木澄十郎と壇を共にしたとあるので、写真はこの日であろう。住友に勤務し芦屋に住む江原は、この講演行の伴をしたのである。

二

藤井が江原にあてた第二信は、十年後の一九二九年七月九日付である。この十年間に江原は住友を辞め、新設の東京大学経済学部助教授となると同時に結核発病、休養につとめ、ついに一九二七年六月休職、二年後には退官、しかし一九二七年から月刊個人誌『思想と生活』を出し、二九年には家庭集会を始めていた。

この第二信は、藤井・江原の交友関係をよく示す。これは、この年の七月号に藤井が「私は言葉の人か」（全集一〇巻385頁以下）と題する文を発表したのに対し、江原が抗議の手紙をよせ、藤井がそれに応えたものである。

まずその「私は言葉の人か」をみよう。——世人が「美辞麗句」とかいって自分の文章を批評するのは問題にしないが、友人たちの言は聞き流しにできないとして、藤井は例を引く。

ある友人はある時壇上で藤井を紹介して、「藤井君の福音は文学的であって美はしい」といい、他の友人は〔これがじつは江原〕誌上に藤井の著書を紹介して、「その特徴は真理の詩人的洞察と表現とにある」といった。最も近い友人〔同じ新町に住む塚本虎二〕は、藤井に向ってしばしば「君は言葉の人だ」といい、一度は「巧言令色」とまでいって、厳しい抗議をうけ取り消しさえした。藤井はいう、「友人たちの批判によってみても、私の舌だけ、或は私のもつペンだけが天国へ往くのであって、私自身は棄てられる虞《おそ》れがある。」「私にとっては、自分の言や自分の文章などというものはない。私はただ語れといわれたことを語り、書けと命ぜられた事を書いているに過ぎない。責任は彼が背負ってくれるであろう。私はとにかく嘘だけは言っていないつもりだ。」藤井はこの荷物もすっかり主に委ねる。

江原の名はあげなくても、『思想と生活』誌上に引用の一句は記されていてすぐ誰とわかる。江原が黙らずに抗議したのは当然であった。藤井は弁明する。

「さてお叱りは覚悟していました。全く大兄には御気の毒しました。日頃の鬱憤いつかは爆発せずにはすまなかったのですが、友人たちといって大兄をも一つにしてしまったのは相済みません。併し特別に書きわけるわけにもゆかず、仕方がなかったのです。御推察のとほり大兄のお言葉の中では詩人的表現が特色であるといふところに躓いたのでありました。私は表現とか形式とかいふのを重く見ることが大嫌ひなのです。表現や形式を意識するときには必ずやそこに虚しさがある事を信じます。たとへば無教会主義にしてもそれに特殊の形式があることはもちろんですが、しかし形式が特色の一つと意識せられるときにはそれはもはや無教会主義ではなくして教会に堕しているといふのが私の信仰であります。／それゆえにお言葉に対しても満足のみを感じていなかったのは事実でありますが、併し「言葉の人」といふ批評と一つにしたのは悪くありました。何とぞおゆるし下さい。」（全集一〇巻676頁以下）

藤井は必ずしも自説を撤回しているわけではないが、江原はこの弁明を容れたようである。

それから一年後、一九三〇年七月号の『思想と生活』の「編輯余録」で、江原は記す。

「今月号所載の『恩恵と平安』は私の人生観の根本である信仰を明かにしたものであります。私はこれを以て聖書殊にパウロの言ふ福音と同一と信ずるものであります。先日藤井君から近来どこか私と人生観の根柢に相違があるやうだと云はれたので、果して、又どこが相違して居るか参考に供するためこれを書きました。（同君と感情には何の疎隔もありません。反って最近双方一層親しさを増しました。）」（全集二巻687頁）

この「恩恵と平安」という文は、父なる神の愛と、イエス・キリストの十字架の恩恵を、聖書により証言したもので、「主イエス・キリストを信ずること、是人の至上善」という死の二日前の江原の絶筆の信仰を明示し、それはそのまま藤井の信仰でもある。江原は藤井との友誼の底に、この信仰の一致をすえたのである。

三

江原のこの文を読むかよまぬかの同年七月十四日、藤井は急に召された。その訃報を受けた江原はついにその夜一睡もできなかったが、直ちに筆をはせて一文を草した。「噫　藤井 武君逝く」（全集二巻182―188頁）がそれで、藤井の信仰と生涯をじつに的確にまとめている。

藤井の生涯は「真実なる信仰と希望の生涯」である。今の世に純真、廉直、真摯、彼ほどの人を見ない。世の虚偽を憎み、頑固なほど潔癖、虚礼・虚飾・偽善をこととする世を極度に嫌悪した藤井は、それだけ天然を愛した。雨降るも風吹くも、武蔵野の森や小川を訪ね、まるで活きた人に対するように天然と交り、語り合った。

藤井は生れながらの詩人である。文藻の豊富、深い学殖、鋭い理解、聖書への精通——時流をぬく卓見を、学者のようでなく、詩人のように美わしい言をもって、毎月『旧約と新約』にのせた。

藤井は汚濁の世にあって天然によっても全き慰めをえず、純乎なる愛を求めて二つの所にそれを発見した。すなわち、彼を愛したもう神と、彼の愛する妻のうちに。藤井は特別に恵まれた結婚生活の経験を与えられ、キリストがわれわれを愛されるようにその妻を愛し、己れの全部をあげてその妻の内に生きた。ゆえに藤井の説く真理の創見はその結婚観と教会観にある。

江原は藤井の結婚観を要約していう——その大前提は「人は皆それ自身では只の半身である。……夫婦和合して一体となり、一人格となる」にある。小前提は「人は現世を生くるのみならず、その人格は来世に於て完成される」である。そして結論は「夫婦は絶対的に一体であり、死を以て之を分離することを得ない」であり、ここから離婚再婚非認論が出る。これは藤井が体験を通して得た希望の声であった。

江原はこの結婚観について、「尊敬を以て之を傾聴するも同意し得ない」と率直にいいつつ、藤井にとってその結婚観は、その上に築かるべきキリストの花嫁なる教会の基礎であったと道破する。花嫁のもとへ新郎キリストが来りたもうとき、全人類は一人格となり、歴史は光栄ある終局を迎え、救いは成り、宇宙は完成される。この教会観を主張すべく藤井は無教会主義者となったのである。

内村鑑三をおくり、今また藤井 武を失って、日本はついに神に棄てられたかとの思いを、江原は禁じえない。しかし、もし遺りの民があり、福音の種が芽吹きはじめつつあるならば、「神のため、同胞のため、すべてを犠牲として仕へ、己が子孫のために一銭も蓄へんとせざりし、神の忠信の僕、我が国の真の愛国者の遺しゆける孤児をして之を路頭に飢えしむること」があってはならぬとのべて、この心熱く、理透り、信仰に確立した友誼の文を結んでいる。

藤井は江原より二歳余の長、一高入学は四年早かった。二人はともに内村鑑三のもとで信仰の訓練をうけ、ともにイエス・キリストに直属し、ともに重い病を負いつつ福音のためにはたらき、ともに幼い子らを残して不惑をわずか出て召された。しかし、その真実、至純の友誼は、鎌倉の園に雪に耐えて香る早春の梅のように薫しく、武蔵野の大夏空をわたす七彩の虹のように美しい。

藤井をおくって「編輯余録」に江原は言う――「クリスチャンの交際が親密より親密になりゆく道が一つある。唯一つしかない。それは直接各自を見ず、互にキリストを信じる信仰を同じくすることである。双方彼を信ずること篤ければ篤きだけ、その友誼は深まる。」（全集二巻688頁）

アーメン、ほんとうにそうである。藤井 武と江原萬里の友誼は、主の祭壇に今もとこしえにその深い香りをそえているのである。

《初出一覧》

一 人はみな救われるか（「永遠の日本」一二八号、一九九一年三月）
二 日本のゆくえ――「亡びよ」ふたたび（「永遠の日本」一三九―一四一号、一九九三年一月―五月）
三 友誼の人――藤井 武（「永遠の日本」一四五―一四七号、一九九四年一月―五月）
四 小丘のうへ孤松のかげ――藤井 武の自然観（「永遠の日本」一五一―一五二号、一九九五年一月―三月）
五 バビロンを墓として（「十字架の言」三七〇号、一九九六年一月）
六 闉もなんじをほめたたう――藤井 武におけるエロースとアガペー（「十字架の言」三八二号一九九七年一月）
七 信仰における師弟（「十字架の言」四〇八号、一九九九年三月）
八 藤井 武とカント哲学（「十字架の言」四一九号、二〇〇〇年二月）
九 黒崎幸吉と藤井 武（二〇一九年六月、「黒崎幸吉記念キリスト教講演会」登戸学寮六〇周年記念講演会）
十 親密より親密に――藤井 武と江原萬里（松田智雄・江原 望監修、高木謙次・福島 穆編集『江原萬里・祝 遺稿と回想』、新教出版社、一九九四年五月）

わが心の愛するもの
——藤井 武記念講演集 I

2020年1月20日 初版発行

著　者 —— 佐藤全弘
発行者 —— 安田正人

発行所 —— 株式会社ヨベル　YOBEL, Inc.
〒113-0033 東京都文京区本郷4-1-1　菊花ビル5F
TEL03-3818-4851　FAX03-3818-4858
e-mail : info@yobel. co. jp

装丁 —— ロゴスデザイン：長尾 優
印刷 —— 中央精版印刷株式会社

配給元—日本キリスト教書販売株式会社（日キ販）
〒162 - 0814　東京都新宿区新小川町9 -1
振替 00130-3-60976　Tel 03-3260-5670

 ISBN978-4-907486-98-3 C0016
使用聖書は、聖書 新共同訳（日本聖書協会発行）を使用しています。

佐藤全弘・著書・訳書目録（2016.6.15 迄）			
No.	著訳書名	出版社	発行年
1	現在への問い——自然・人間・歴史（共著）	理想社	1974.5
2	藤井武研究	キリスト教図書出版社	1979.3
3	新渡戸 稲造——生涯と理想	キリスト教図書出版社	1980.1
4	矢内原 忠雄と日本精神	キリスト教図書出版社	1984.10
5	新渡戸 稲造の信仰と理想	教文館	1985.9
6	現代に生きる新渡戸 稲造（編著）	教文館	1988.10
7	藤井 武の結婚観	キリスト教図書出版社	1988.11
8	カント歴史哲学の研究	晃洋書房	1990.12
9	希望のありか——内村鑑三と現代	教文館	1991.8
10	愛は神から出る（聖書に学ぶ人間と世界 1）	キリスト教図書出版社	1995.11
11	マルタとイエス（聖書に学ぶ人間と世界 2）	キリスト教図書出版社	1995.12
12	キリストが私のうちに（聖書に学ぶ人間と世界 3）	キリスト教図書出版社	1995.11
13	人生の接点（聖書に学ぶ人間と世界 4）	キリスト教図書出版社	1995.11
14	信仰と哲学（聖書に学ぶ人間と世界 5）	キリスト教図書出版社	1995.6
15	新渡戸 稲造の世界——人と思想と働き	教文館	1998.5
16	日本のこころと『武士道』	教文館	2001.10
17	クリスマス講和——マリア、ヨセフ、おさなご、老人	教文館	2001.11
18	開いた心をもとめて——新渡戸 稲造とキリスト教世界	新渡戸基金	2006.5
19	聖書は性についてどう教えるか——雅歌に学ぶ	教文館	2006.11
20	新渡戸 稲造の精神——いま世界と日本を憂う	教文館	2008.6
21	夕陽丘随想録	新風書房	2011.1
22	新渡戸 稲造に学ぶ	教文館	2011.7
23	新渡戸 稲造と歩んだ道	教文館	2016.1
24	新渡戸 稲造事典（共著）	教文館	2013.10
25	A. H. Maslow　創造的人間——宗教・価値・至高人間（共訳）	誠信書房	1972.7
26	Kant　人倫の形而上学（徳論）（共訳）	中央公論社	1972.12
27	Basil Willy　イギリス精神の源流（共訳）	創元社	1980.5
28	Inazo Nitobe　日本国民（全集 17 巻）	教文館	1985.4
29	Inazo Nitobe　日本——その発展と問題の諸局面（18 巻）	教文館	1985.6
30	Inazo Nitobe　編集余禄（20 巻）	教文館	1985.11
31	Inazo Nitobe　随想録補遺・等（21 巻）	教文館	1986.4
32	Inazo Nitobe　フレンズ・レビュー・等（22 巻）	教文館	1986.8
33	J. B. Phillips　聖書翻訳者の栄光と挫折	教文館	1989.6
34	Inazo Nitobe　武士道——日本のこころ	教文館	2001.1

佐藤全弘（さとう・まさひろ）**略歴**

1931（昭6）大阪市東区南本町に生まれる。9人兄弟姉妹の第2子・長男。

1943（昭18）大阪府立堺中学校入学。1949年三国ヶ丘高校卒業。

1949（昭24）大阪市立大学法文学部文学科入学。1953年卒業(哲学専攻)。

1959（昭34）大阪市立大学大学院博士課程単位取得。

1954(昭29)1954年2月から1963年3月まで、大阪市立の定時制高校に勤務。

1963（昭38）4月、大阪市立大学助手。

1979（昭54）4月、大阪市立大学教授。1988年から1990年教務部長。

1994（平6）3月、大阪市立大学定年退職。4月、関西外国語大学教授。

1994（平6）3月、大阪市立大学　名誉教授。

2000（平14）3月、関西外国語大学退職。

◆カント哲学を中心とした西洋哲学全般を講じるとともに、倫理学を担当。医の倫理、環境倫理。人権問題なども講義する。
◆1959年「女性教養の会」から独立してできた『哲学の会』(1963年から「火曜研究会」）に、1963年から講師となる。
漱石、鴎外、武者小路、矢内原 忠雄、藤井 武、内村鑑三、新渡戸 稲造をテーマとして話す。また、〈キリスト教と他の宗教〉を講じ終わり、2014年9月会を閉じる
◆1980年8月から愛農聖書研究会の講師となる。関西合同聖書集会代表。なにわ聖研主宰。
◆現住所：〒543-0073 大阪市天王寺区生玉寺町 7-61-902
TEL 06-6774-0139
◆現在：愛農高校後援会会長；愛農学園高校理事，キリスト教愛真高校理事：財団法人　三愛教育振興会理事；新渡戸基金教育部会長
◆著書：『カント歴史哲学の研究』『藤井 武研究』『矢内原 忠雄と日本精神』『新渡戸 稲造―生涯と思想』『新渡戸 稲造の信仰と理想」『新渡戸 稲造の世界』
『日本のこころと「武士道」』『クリスマス講話』ほか。

訳書：『武士道』はか多数。

『新渡戸 稲造全集（全23巻と別巻2巻)』編集委員。
◆2008年6月　新渡戸・南原賞受賞。